公務員試験

出ると[illegible]過去問

15 社会科学

セレクト SELECT 55

国家一般職・地方上級レベル対応

新装第2版

TAC出版
TAC PUBLISHING Group

● はじめに ●

目指す場所に必ずたどり着きたい方のために――
『出るとこ過去問』は超実践的〝要点整理集＋過去問集〟です。

「公務員試験に合格したい」
この本を手にされた方は、きっと心からそう願っていると思います。

公務員試験に合格することは、けっして容易なものではありません。勉強すべき科目は多く、参考書は分厚い。合格に必要な勉強時間はおおよそ1500～2000時間と言われており、準備に半年～1年かける方が大半でしょう。覚悟を決め、必死で取り組まなければなりません。

たとえ予備校に通っていても、カリキュラムをひたすらこなすだけでせいいっぱいという方もいるでしょう。独学の場合はなおさら、スケジュールどおりに勉強を進めていくには、相当な自制心が必要です。試験の日程が近づいているにもかかわらず、「まだ手をつけていない科目がこんなにある」と落ち込んでしまう方もいるかもしれません。

そんな時こそ、本書の出番です。この『出るとこ過去問』は、公務員試験合格のための超実践的〝要点整理集＋過去問集〟です。絶対に合格を勝ち取りたい方が最後に頼る存在になるべく作られました。

おさえるべき要点はきちんと整理して理解する。解けるべき過去問はきちんと解けるようにしておく。それが公務員試験で合格するためには必須です。**本書は、合格のために〝絶対理解しておかなければならない要点〟の簡潔なまとめと、これまで公務員試験の中で〝何度も出題されてきた過去問〟だけを掲載しています。**だからこそ、超実践的なのです。

たくさんの時間を使い、たくさん勉強してきたけれど、まだ完全に消化しきれていない科目がある。そんな方にとって、本書は道を照らす最後の明かりです。**本書の重要事項スピードチェックやPointCheckを頼りに重要事項を整理して理解し、過去問が解けるところまで行けば、合格はもうすぐです。**

いろいろと参考書を手にしてみたものの、どれもしっくりとせず、試験の日程ばかりが迫ってきている。そんな方にとって、本書は頼もしい最後の武器です。**本書をぎりぎりまで何度も繰り返し勉強することで、合格レベルまで底上げが可能となります。**

道がどんなに険しくても、そこに行き先を照らす明かりがあれば、効果的な武器があれば、目指す場所に必ずたどり着くことができます。

みなさんが輝かしい未来を勝ち取るために、本書がお役に立てれば幸いです。

2020年3月　TAC出版編集部

● 本書のコンセプトと活用法 ●

本書のコンセプト

1. 過去問の洗い直しをし、得点力になる問題だけを厳選

その年度だけ出題された難問・奇問は省く一方、近年の傾向に合わせた過去問の類題・改題はしっかり掲載しています。本書で得点力になる問題を把握しましょう。

＜出題形式について＞
旧国家Ⅱ種・裁判所事務官の出題内容も、国家一般・裁判所職員に含め表記しています。また、地方上級レベルの問題は地方上級と表示しています。

2. 基本問題の Level 1 、発展問題の Level 2 のレベルアップ構成

Level 1 の基本問題は、これまでの公務員試験でたびたび出題されてきた問題です。何回か繰り返して解くことをおすすめします。科目学習の優先順位が低い人でも、最低限ここまではきちんとマスターしておくことが重要です。さらに得点力をアップしたい方は Level 2 の発展問題へ進みましょう。

3. 重要事項スピードチェックと見開き２ページ完結の問題演習

各章とも、**重要事項スピードチェック**で基礎力の底上げがはかれるように内容を整理しています。全体の把握、知識の確認・整理に活用しましょう。この内容は、Level 1 、 Level 2 の両方に対応しています。また、**Q&A**形式の問題演習では、問題、解答解説および、その問題に対応する **キーワードチェック** や**PointCheck**を見開きで掲載しています。重要ポイントの理解を深めましょう。

基本的な学習の進め方

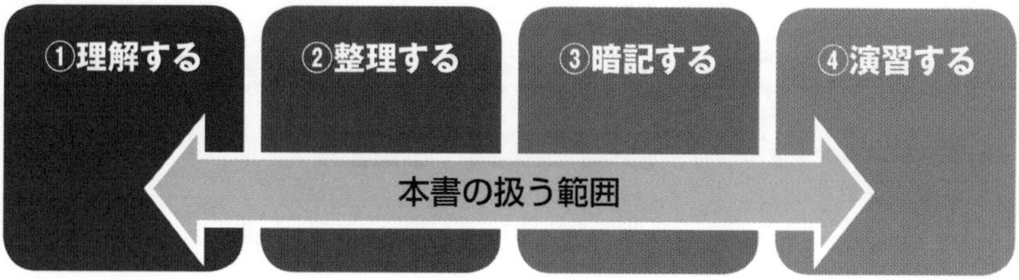

どんな勉強にもいえる、学習に必要な4つのポイントは次のとおりです。本書は、この①～④のポイントに沿って学習を進めていきます。

①理解する

問題を解くためには、必要な知識を得て、理解することが大切です。

②整理する

ただ知っているだけでは、必要なときに取り出して使うことができません。理解したあとは、整理して自分のものにする必要があります。

③暗記する　④演習する

問題に行き詰まったときは、その原因がどこにあるのか、上記①～④をふりかえって考え、対処しましょう。

本書の活用法

1. 重要事項スピードチェックで全体像をつかむ

重要事項スピードチェックの キーワードチェック や ミニ演習 で、問題を解くために必要な知識を確認しましょう。関連する**Q&A**のリンクも掲載しています。

2. Level 1 ・ Level 2 のQ&Aに取り組む

ここからは自分にあった学習スタイルを選びましょう。苦手な論点は、繰り返し問題を解いて何度も確認をすることで自然と力がついてきます。

Level 2 の **Level up Point!** は得点力をつけるアドバイスです。当該テーマの出題傾向や、問題文の目のつけどころ、今後の学習の指針などを簡潔にまとめています。

●本書を繰り返し解き、力をつけたら、本試験形式の問題集にも取り組んでみましょう。公務員試験では、問題の時間配分も重要なポイントです。

➡ 本試験形式問題集

『本試験過去問題集』（国家一般職・国税専門官・裁判所職員ほか）

●基礎力を底上げする重要事項スピードチェック

第1章 **政治・法律**

Level 1 p54～p81　Level 2 p82～p103

1 政治と国家

Level 1 ▷ Q01,Q03

おさえておきたい **Point**　キーワードチェック

1 政治の要素

人間社会を運営していくための意思決定をし､統一的な（ 1 ）をつくる政治の営みには、利害を異にする人々の間での争いを解決するために、（ 2 ）による支配・抑圧などの要素が含まれる。

2 国家の要素 ▶p54

一定の地域を基盤とし、そこに住むすべての人々の上に排他的な権威を持つ決定を行う権力機構は国家と呼ばれ、次の３要素が含まれる。

✧国家の３要素
（ 3 ）…領土・領海・領空を含む
（ 4 ）…一定の領域に生活する人々
（ 5 ）…独立・最高の支配力

✧国家の領域…領土・領海・領空

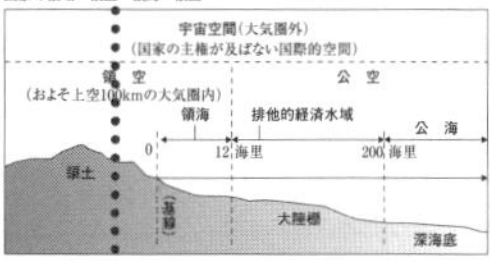

3 機関としての国家

国家の中で、意思決定やその執行に当たる機関を総称して、（ 6 ）という。

2

重要事項 **スピードチェック**

4 国家の本質に関する学説

国家有機体説	国家を一種の有機体と見なす学説。プラトンに始まり19世紀に盛んとなる。
（ 7 ）	国家を法的な主体としての法人と見なす学説。日本では美濃部達吉の（ 8 ）説が有名。
階級国家論	国家を階級支配の権力機構と定義し、プロレタリア革命後の社会において国家は死滅するとした（ 9 ）主義の国家論。
（ 10 ）	国家は、企業や労働組合などの社会集団の一つにすぎず、諸集団の利害対立を調整する役割を果たす点で相対的優位性を持つという学説。ラスキやマッキーヴァーらによって唱えられた。

5 国家の機能的変遷 ▶p54

近代国家の基礎	絶対王政と中央集権による民族的統一と経済的な国内市場の形成によって、近代国家の基礎が形成された。
近代国家の完成	市民革命による議会政治の確立、産業革命による資本主義社会の形成に基づいて､民族統一国家が完成した｡この時期の国家は､治安の維持・国防など、市民社会の秩序を守る最小限の機能に限定する（ 11 ）国家であった。
行政・福祉国家	資本主義の完成期には、自由放任の（11）国家の矛盾が顕在化し、政府の経済活動への直接的介入や労働者の保護、社会保障制度の整備が図られ、政府の機能が増大した。このような大きな役割を果たす国家を（ 12 ）国家ないし行政国家という。

1 社会秩序　2 権力　3 領域　4 国民　5 主権　6 政府　7 国家法人説　8 天皇機関　9 マルクス　10 多元的国家論　11 夜警　12 福祉

おさえておきたい **Point**　ミニ演習

1　領海は沖合12海里までとされていたが、沿岸国が領海域を拡大しようとする傾向が強まったため、1982年の国連海洋法条約によって、沖合200海里までが領海とされた。

× 1982年採択の国連海洋法条約は、12海里までを領海、200海里までを排他的経済水域（EEZ）とする。

2　領空は、領土の上空と領海の上空を指し、国家の主権を及ぼすことができる。ただし、1966年に採択された宇宙条約においては、宇宙空間は国家による取得の対象とならないと定められており、領土の上空であっても宇宙空間にまでは国家の主権が及ばない。

○ 宇宙空間（上空100km超または大気圏外）は宇宙条約により領有が禁止されている。

3

①**関連問題リンク**
各項目に関連する問題を表示

②**キーワードチェック**
問題を解くための基礎知識、発展知識を穴うめ形式で覚える

③**ミニ演習**
テーマごとの基礎知識を一問一答形式で確認

④**詳細解説リンク**
PointCheckの対応する解説を表示

●Q&A（Level 1・Level 2）

⑤**問題**
過去問題あるいは過去問題の類題・改題で構成

第1章 政治・法律 Level 2

Q15 各国の政治制度

問　大統領制に関する記述A～Dとそれを採用している国の組合せとして最も妥当なのはどれか。　（国家一般）

A　大統領は選挙人による間接選挙によって選出され、任期は４年、三選は認められていない。国家元首であり、同時に行政府の長である。全国民の代表として議会から独立して行政権を行使する。議会に対する法案提出権がない代わりに教書を送付する権利があり、法案拒否権をもっている。

B　大統領は連邦会議によって選出され、任期は５年で、三選は認められていない。国家統合の象徴であるという性格が強く、また、国家元首として、条約の締結、外交使節の信任・接受、連邦大臣・裁判官・上級公務員の任命などの権限をもっている。

C　大統領は国民の直接選挙により選出され、任期は５年である。第１回投票で過半数がとれない場合には、上位２人による第２回投票で選出される。首相や閣僚の任免権、国民議会の解散権などをもち、権限は非常に強大であるが、議会に責任を負う内閣も存在し、半大統領制ともいわれる。

D　大統領は国民の直接選挙により選出され、任期は６年、連続三選は認められていない。国家元首であり、首相任命権、国家会議（下院）の解散権、非常大権をもち、軍最高司令官を兼ねるなど､強大な権限をもっている｡また､議会の法案に対する拒否権をもっている｡

	A	B	C	D
1	アメリカ合衆国	ドイツ	フランス	ロシア
2	アメリカ合衆国	フランス	ロシア	ドイツ
3	ドイツ	フランス	アメリカ合衆国	ロシア
4	フランス	ロシア	ドイツ	アメリカ合衆国
5	フランス	ドイツ	ロシア	アメリカ合衆国

PointCheck

◉アメリカ大統領制

⑴強大な大統領権限

対外的に国家元首であり、かつ国内の行政・外交・軍事の最高責任者である。

⑵厳格な権力分立制

行政・立法・司法の権力が強力に分立し、相互に抑制均衡を保っている。加えて、連邦制により地方分権が確立している。

82

問題でPoint を理解する
Level 2 **Q15**

◉イギリスの議院内閣制

⑴立憲君主制

主権者としての君主が存在するが、統治権の行使は憲法に規制される。

⑵内閣と議会の関係

下院の多数党が組閣（責任政党内閣）。下院の信任に基づき内閣は議会に連帯責任を負う。

◉中国の民主主義的中央集権制（民主集中制）

⑴特色

民主制と中央集権制を折衷した、共産党指導の社会主義体制。

⑵主要統治機関

①全国人民代表大会：国権の最高権力機関。年１回開催。
②常務委員会：全国人民代表大会の常設機関。全人代とともに立法機関の役割。
③国務院（行政）・最高人民法院（司法）

◉ロシア連邦・フランスの大統領制

①ロシア連邦：国民の直接選挙で選出される大統領は、アメリカ大統領に近い強い権限。
②フランス：大統領制と議院内閣制の折衷型（半大統領制）。

出題Point：政治制度　**権力の抑制と均衡**

①米大統領制…議会からの不信任・議会解散なし。議会による弾劾訴追裁判は可能。
②英議会…与野党の討論に重点を置くアリーナ型議会、内閣と「影の内閣」が論争。
③独政党解散…連邦憲法裁判所は反自由体制の政党に解散命令を出すことができる。
④ドイツの建設的不信任…独連邦議会の内閣不信任は次期首相が指名された場合のみ成立する。不信任濫用で首相が決定しない事態を防ぐため。

Level up Point!　各国の大統領制、議会内閣制の異同と、歴史的背景を確認すると同時に、実際の国際政治情勢、大統領選挙、具体的な政策とリンクさせて理解できれば、知識は確実に定着する分野。

A15　正解－1

A－アメリカ　確認するポイントは、①間接選挙、②任期は４年、③議会から独立して行政権を行使、④法案提出権がない、⑤教書を送付、⑥法案拒否権、これら厳格な国家権限の分立である。
B－ドイツ　連邦大統領は中立性を確保するために、連邦・州政府・立法機関への所属が禁じられ、地位としては形式的儀礼的である。
C－フランス　確認するポイントは、①直接選挙、②二回投票制、③首相や閣僚の任免権、④国民議会の解散権など、「半大統領制」といわれる特質である。
D－ロシア　ロシア大統領制は、フランス大統領制をモデルとしており、強大な権限を有する。憲法改正により2012年の当選者から任期は６年となった。

83

⑥**PointCheck**
問題のポイントに対応した、論点の体系、参考資料、発展テーマなど

⑦**解答解説**
正誤のポイントをわかりやすく解説

● 効率的『出るとこ過去問』学習法 ●

1周目

教養分野の一般知識は、学習範囲が膨大で、一定レベルの基礎知識があることを要求されます。だとすれば、**知識分野の学習は「点数になる範囲」をできるだけ多く見つけ出すことが最初の目標です。**スケジュールを重視して、細かいところはとばし、すでに学習した内容の再確認を目指しましょう。

法律・経済などの専門科目のように、最初に内容を理解することは、一般知識の分野では必要ありません。むしろ理解していることが前提なのです。**細かい知識をインプットするためにも、全体の流れや科目の体系を過去に学習していなければなりません。**そのためにも、本書を利用してスピード感のある学習を心がけてください。興味がある分野は参考資料などに当たって理解を深めるのも楽しいのが一般知識分野ですが、得点にならなければ深い学習も意味がありません。まずは、自分の既習範囲で1問でもプラスできる部分を見つけ出すことです。

1. 重要事項スピードチェックの キーワードチェック にトライ

効率よく作業を進めます。大切なのは**覚えている部分を見つけ出して、そこから広げていく**ことです。

知識の学習ですから深く考える時間は不要です。小中学校の夏休みのドリルのように、**作業を仕上げる感覚で穴埋め部分をチェック**していきましょう。できるかどうか、知っているかどうかではなく、作業と割り切って処理していきます。

(1) **キーワードチェック の各項目を概観**（3分程度）

次の3点をテンポよく行ってください。

① キーワードチェック の内容の構成を確認
②中心的なテーマと、どのあたりが難しそうかを把握
③全体を流し読みして、理解できる部分を探す

学習範囲を確認して目標設定をする段階です。何を確認し、どこが得点になるかを探します。理解できそうもない部分は、軽く確認する程度でかまいません。

(2) **穴埋め作業**（10～30分程度）

はじめから解答欄をみて、知っているかどうかを確認します。

①知っている、わかる部分には、書き込みはしません。
②まったく知らない用語は、解答を書き込みます。
③自信がない、しっかり覚えたい部分は、頭文字だけヒントとして書いておきます。

全体像を確認したら、次にやることは「道しるべ」を作っておくことです。作業としてのスピード感が大切です。すべてに頭文字だけ穴埋めしてもいいでしょう。

2. 重要事項スピードチェックの ミニ演習 にトライ

ポイントとなる理解を試します。 ミニ演習 が楽にできる部分は得点力があり、ピンとこないところはある程度の努力が必要とされる部分です。

絶対正解できる自信がある問題は解答を塗りつぶしましょう。わからない問題には、問題文・解答解説に覚えるポイントを書き込みましょう。

3. Level 1 の問題にトライ（問題・解説１問あたり１５分以内が目標）

まずは読む訓練と割り切りましょう。正解をみてもかまいません。むしろ○×を確認してから、どこが間違っているのか、理解が難しいのかを判断する程度で十分です。問題を読んで理解できない場合は、すぐに解説を読んで正誤のポイントを理解するようにしてください。

はじめは、問題を自力で解くことや、答えの正解不正解は全く考慮しません。また、ここで深く考える必要はありません。大切だとされる知識を「初めて学ぶ」感覚で十分です。問題で学ぶメリットを最大限に生かしましょう。

4. Level 1 の キーワードチェック を確認（10分程度）

問題の背景や別の視点を キーワードチェック の穴埋めで把握します。問題を解くための、整理の仕方、解法テクニックなどを確認する作業です。暗記が必要な部分は印をしておき、目につくようにします。

5. Level 2 の問題の正誤のポイントを確認

Level 1 の問題と同様に読む訓練だと考えて、正誤のポイントを確認するようにしましょう。また、 Level 1 の キーワードチェック と同様、暗記用に印をしておきます。

Level 2 は1周目はとばしてもかまいません。ただ、眺めておくだけでも役に立ちます。「なんとなくわかった」レベルで先に進んでも大丈夫です。

2周目以降

ここからは、単純に覚える作業です。目を通すだけでキーワードの暗記が補強されていきます。穴埋めや解答にチェックマークを入れて、再確認を進めてください。

過去問学習が重要視される公務員試験ですが、一般知識の分野では過去問を数多く解くことが効率的だとは限りません。必要なのは知識を利用して本番の試験で得点することなのです。ここからは知識を広げ、得点力アップを心がけてください。

「ここだけ覚えればいい」「もう忘れない」と感じた問題は切り捨てて、「反復が必要」と感じる問題にチェックをしていきます。

ここまで本書で学習を進めれば、3周目は1日で全体の確認・復習ができるようになります。一覧性を高め、内容を絞り込んだ本書の利点を生かして、短期間のスピード完成を目指してください。

出るとこ過去問　社会科学セレクト55

第３章　社会

重要事項スピードチェック

公務員試験

国家一般職
地方上級レベル対応

出るとこ過去問

15

社会科学

セレクト55

第1章 # 政治・法律

Level 1 p54～p81　Level 2 p82～p103

1 政治と国家

Level 1 ▷ Q01,Q03

おさえておきたい **Point** キーワードチェック

1 政治の要素

人間社会を運営していくための意思決定をし、統一的な（　1　）をつくる政治の営みには、利害を異にする人々の間での争いを解決するために、（　2　）による支配・抑圧などの要素が含まれる。

2 国家の要素 ▶ p54

一定の地域を基盤とし、そこに住むすべての人々の上に排他的な権威を持つ決定を行う権力機構は国家と呼ばれ、次の３要素が含まれる。

❖国家の３要素
（　3　）…領土・領海・領空を含む
（　4　）…一定の領域に生活する人々
（　5　）…独立・最高の支配力

❖国家の領域…領土・領海・領空

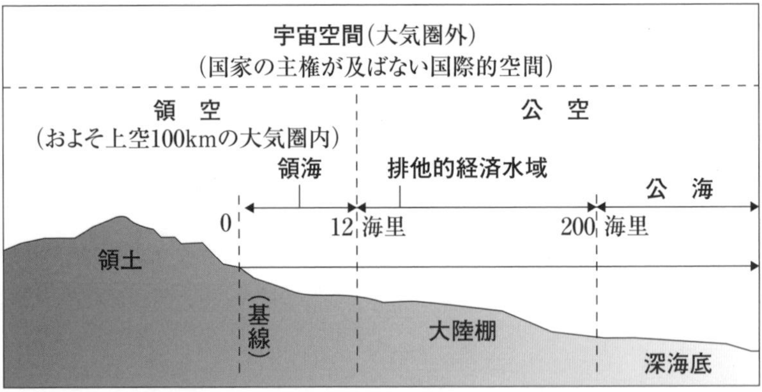

3 機関としての国家

国家の中で、意思決定やその執行に当たる機関を総称して、（　6　）という。

4 国家の本質に関する学説

国家有機体説	国家を一種の有機体と見なす学説。プラトンに始まり19世紀に盛んとなる。
（ 7 ）	国家を法的な主体としての法人と見なす学説。日本では美濃部達吉の（ 8 ）説が有名。
階級国家論	国家を階級支配の権力機構と定義し、プロレタリア革命後の社会において国家は死滅するとした（ 9 ）主義の国家論。
（ 10 ）	国家は、企業や労働組合などの社会集団の一つにすぎず、諸集団の利害対立を調整する役割を果たす点で相対的優位性を持つという学説。ラスキやマッキーヴァーらによって唱えられた。

5 国家の機能的変遷 ▶p54

近代国家の基礎	絶対王政と中央集権による民族的統一と経済的な国内市場の形成によって、近代国家の基礎が形成された。
近代国家の完成	市民革命による議会政治の確立、産業革命による資本主義社会の形成に基づいて、民族統一国家が完成した。この時期の国家は、治安の維持・国防など、市民社会の秩序を守る最小限の機能に限定する（ 11 ）国家であった。
行政・福祉国家	資本主義の完成期には、自由放任の（11）国家の矛盾が顕在化し、政府の経済活動への直接的介入や労働者の保護、社会保障制度の整備が図られ、政府の機能が増大した。このような大きな役割を果たす国家を（ 12 ）国家ないし行政国家という。

1 社会秩序　2 権力　3 領域　4 国民　5 主権　6 政府　7 国家法人説　8 天皇機関
9 マルクス　10 多元的国家論　11 夜警　12 福祉

おさえておきたい Point ミニ演習

1　領海は沖合12海里までとされていたが、沿岸国が領海域を拡大しようとする傾向が強まったため、1982年の国連海洋法条約によって、沖合200海里までが領海とされた。

2　領空は、領土の上空と領海の上空を指し、国家の主権を及ぼすことができる。ただし、1966年に採択された宇宙条約においては、宇宙空間は国家による取得の対象とならないと定められており、領土の上空であっても宇宙空間にまでは国家の主権が及ばない。

× 1982年採択の国連海洋法条約は、12海里までを領海、200海里までを排他的経済水域（EEZ）とする。

○ 宇宙空間（上空100km超または大気圏外）は宇宙条約により領有が禁止されている。

3　沿岸国は、その領海の外であっても、排他的経済水域を設けることができる。この海域における漁業資源については、沿岸国が排他的開発権をもつことができるが、海底資源については人類共有の資源とされ、沿岸国の排他的開発権は及ばない。

> ✕ 200海里の排他的経済水域については、漁業資源だけでなく、鉱物資源などの非生物資源についても経済的主権を行使できる。

4　ベヴァリッジは『ベヴァリッジ報告』の中で、国家は国民に対し「ゆりかごから墓場まで」最低限度の生活を保障するべきとする、福祉国家論を唱えた。この報告の影響を受けて英国ではチャーティスト運動が盛り上がり、ドイツではワイマール憲法が制定された。

> ✕ 第二次大戦後、イギリスが福祉国家へ進むきっかけとなった報告であり、チャーティスト運動（1830年代後半～）やワイマール憲法（1919年制定）よりも後のものである。

5　マルクスは『共産党宣言』の中で、私有財産を否定する空想的社会主義を唱えた。この理論を『資本論』で科学的社会主義に発展させると、エンゲルスとともにロシア革命を指導し、ソビエト連邦を成立させた。

> ✕ マルクス、エンゲルスは、彼ら以前の社会主義（フーリエ、サン=シモンら）を空想社会主義と呼んだ。ロシア革命の指導者は、ボリシェヴィキのレーニン。

2 法と社会

Level 1 ▷ Q02　Level 2 ▷ Q19,Q20

おさえておきたい **Point**　**キーワードチェック**

1 法規範

近代国家の法は、社会生活における人々の権利・義務の関係を定める（　1　）規範、紛争が生じた場合に、その紛争をいかに裁き、いかなる制裁を加えるかを定めた裁判規範、法を定立する組織について定めた組織規範の３形態があり､その効力を確保するために（　2　）を持つ。法のうち、公の立法機関によって一定の目的の下に意識的に定立されるものが法律である。

2 法の支配と法治主義 ▶ p57

「（　3　）」とは、「人の支配」に対する言葉で、イギリスの慣習法である（　4　）を背景に発達した。「権利請願」の起草者でもあるイギリスの法律家（　5　）は、ブラクトンの言葉「王といえども神と法の下にある」を引用した。

それに対し、（　6　）は、公権力の行使は法律によらなければならないとする立場で、ドイツで発達した。法の内容的な正当性を必ずしも必要とせず、議会の制定した法律による行政という形式面を重視する点で、法律の内容を重視する「（3）」とは異なる。

❖法の支配と法治主義の比較

法の支配	摘要	法治主義
イギリス・アメリカ合衆国	発達した国	ドイツ・フランスなどの大陸諸国
立法権の優位（立法国家） 普通法と司法裁判所の発達	権力的特色 司法的特色	行政権の優位（行政国家） 行政法と行政裁判所の発達
判例法重視 人権保障のための法制定 →普通法に基づく国家権力の制約	法の主体 立法精神	制定法重視 統治のための法制定 →社会的法治国家
行政委員会の発達=司法的機能の導入 人権保障と裁判国家	行政的特色 権力的効果	行政裁判に司法的機能を加える 国権伸張と法律万能の国家
日本国憲法の人権保障規定と違憲立法審査権	日本への影響	明治憲法と官僚制の発達

3 法の分類 ▶p56

憲法を最高法規とする実定法の法体系においては、法律関係の内容を定める（　7　）とそれを実現するための手続を定める（　8　）とに大きく二分することができる。民法・商法・刑法などは（7）、民事訴訟法・刑事訴訟法などは（8）に分類することができる。

4 私法関係の原則 ▶p90

近代社会においては、個人はそれぞれ自由・平等であるとされているが、そのような個人を拘束し、権利義務関係を成り立たせるものは、それぞれの意思であるとする考え方を（　9　）の原則という。このような考え方は、自然法学の影響を受けながら形成され、自由な商品交換を前提とする初期資本主義によって支えられたものである。

5 財産・所有権の保護と制限

1776年のヴァージニア権利章典、1789年のフランス人権宣言など、近代諸国の権利宣言は、（　10　）の不可侵を定めていたが、資本主義の発展とともに貧富の差が大きくなると、(10) の制限が認められるようになった。1919年のワイマール憲法に「所有権は義務を伴う。その行使は同時に（　11　）に役立つべきである」と定められたのは、そのあらわれである。

6 刑事法の原則

行為時にその行為を犯罪とし、科されるべき刑罰を定めた法律がなければ、その行為を処罰することはできないとする原則を（　12　）という。その淵源は、18世紀末のフランス人権宣言に発し、日本国憲法では、憲法の（　13　）の保障（第31条）などがこれを定める。

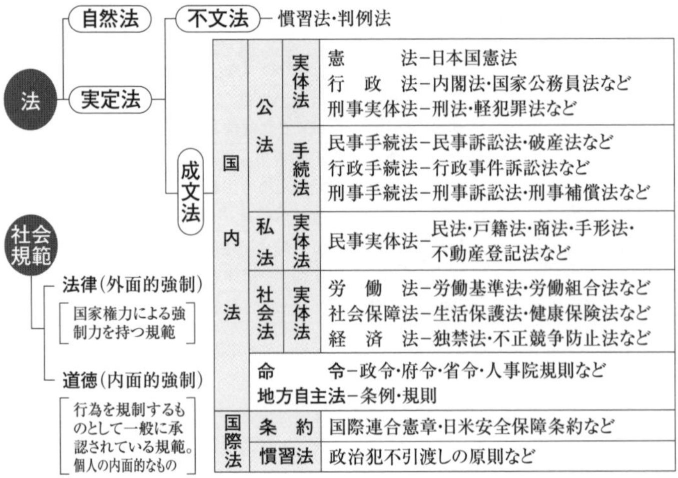

1 社会　2 強制力　3 法の支配　4 コモン=ロー　5 クック（コーク）　6 法治主義　7 実体法　8 手続法　9 私的自治　10 財産権〔私有財産〕　11 公共の福祉　12 罪刑法定主義　13 適正手続〔法定手続〕

おさえておきたい Point　ミニ演習

1　イギリスでは、市民革命期に国王と市民との裁判を担当した裁判官エドワード・クックがブラクトンの言葉を引用して、国王も中世以来の慣習法であるマグナ・カルタに従うべきであるという法の支配の考え方を主張した。

× ジョン王に対するマグナ=カルタ（大憲章）は君主の権限を制限したが、慣習法ではない。クックはジェームズ1世に対する「権利請願」を起草した。

2　法の支配とは、ドイツで発展した考え方であり、法の内容よりも、行政権の発動が法律に従ってなされなければならないとする、法の形式に関する原則である。

× 法の支配はイギリスのコモン=ローを背景に、国家権力が正しいほうに拘束されるという原理。ドイツで発達したのは法治主義。

3　現行法では、憲法、刑法、刑事訴訟法、民事訴訟法は公法に、民法、商法は私法に属する。

○ 広義では、刑法・訴訟法などを含めて公法とされる。

4　実体法は、権利義務の実体を規律するものであり、手続法は、このような実体法を具体的事件に適用する手続に関する法である。

○ 法律関係の内容を定めるものが実体法で、法律関係を実現する手続を定めるものが手続法。

5　一般法と特別法との区別は絶対的なものであるから、特別

× 一般法・特別法の区別は相

法である商法は、手形法、小切手法と競合する場合でも優先して適用される。

対的であり、商法は、民法の特別法だが、手形法に対しては一般法である。

6　日本国憲法に明文規定された契約の自由は、当事者間の力関係に不平等が生ずることのないよう、国家があらかじめ定めた範囲内において当事者が自由に契約を締結し得るという考え方であり、近代資本制社会の基本原則の一つである。

× 憲法の財産権の保障は、資本主義経済の基本原理として、私的自治＝契約自由の原則を前提とするものであるが、契約自由についての明文規定は存在しない。

7　私法上の規定は、私的自治の原則が支配するため任意法規であり、強行法規となることはない。

× 公の秩序に関わる内容は、強行法規とされ、当事者による変更は許されない。

8　わが国では、公序良俗に反しない慣習は、法令の規定により認められたもの及び法令に規定がない事項に関するものに限り、法律と同一の効力を有する。

○ 法の適用に関する通則法3条。慣習法の効力を認める規定である。

9　民法では、任意法規に関して、当事者に任意法規と異なる慣習による意思があると認められる場合でも、任意法規と異なる慣習に従うことを認めていない。

× 民法92条は、当事者が慣習による意思を有している場合は、慣習に従うとする。

10　過失責任主義は、損害の発生につき、故意又は過失がある場合にのみ損害賠償責任を負うとする原則で、個人の自由な活動を保障するものであるが、この原則では十分な被害者救済ができない場合があり、製造物責任法のような無過失責任主義に基づく立法も行われている。

○ 例外として、無過失であっても責任を負わせる立法政策がとられることがある。

11　わが国では、裁判所の判例に先例拘束性を認めており、上級審の判例は当該事件に限らず下級審を拘束する。

× 日本でも「事実上の」先例拘束性が認められるが、下級審を拘束するのは当該事件に限定される。

12　拡大解釈とは、法文の字句が狭すぎて、文理解釈によって法の適用範囲をおおいがたい場合に、文理解釈で得た意味を広げて解釈する方法である。

○ 法文の文言から意味を拡げるのが拡大解釈、意味を狭めるものが縮小解釈。

13　補正解釈とは、文理解釈の結果が明らかに法の趣旨に反したり用語法の誤りが明らかである場合に、法文の字句を本来の用語の意味と異なる意味に変えて解釈する方法である。

○ 趣旨から考えて明らかに誤りのある文言を、正しいものに変えて解釈することである。

14　類推解釈とは、法文がある事項についてだけ規定している場合に、その規定外の事項について、その法文が示す効果と反対の効果を生ずべきことを、反面において規定している

× 反対解釈の説明である。類似した事項に対しても法文の趣旨を及ぼすように解釈

と解釈する方法である。

するのが類推解釈である。

15　文理解釈とは、法文の字句にとらわれることなく、法典全体の組織や論理的関連等を考慮して論理的に法規の意味を解釈するものである。

× 論理解釈の説明である。法文の文言の意味に忠実に解釈するものが文理解釈である。

16　罪刑法定主義は、犯罪と刑罰は法律によって定めなければならないとする法律主義を含む。それゆえ、地方公共団体の条例によって罰則を定めることは、法律の授権の範囲内であっても、法の秩序において条例が法律より下位にある以上は許されない。

× 法律により相当程度に具体的な委任がなされていれば、条例によって罰則を定めることも許される（判例）。

17　罪刑法定主義は、刑罰法規が施行前の行為に遡って適用されてはならないとする遡及処罰の禁止を含む。それゆえ、実行の時点で既に処罰対象であった行為を、当該刑罰法規の解釈により、事後的に遡ってより軽く処罰することは許されない。

× 遡及「処罰」は禁止されるが、事後的に遡って軽く処罰することや処罰の対象から外すことは許される。

18　罪刑法定主義は、犯罪と刑罰は法律によって定めなければならないとする法律主義を含む。それゆえ、立法者が刑罰法規で禁止・処罰していない行為について、裁判所が他の刑罰法規を被告人に不利になる方向で類推解釈し、処罰することは許されない。

○ 被告人に有利な類推解釈は可能であるが、不利な類推解釈は許されない。

19　犯罪構成要件に該当する行為であっても、正当防衛が成立する場合は違法性が阻却され、犯罪とはならない。

○ 正当防衛、緊急避難、正当業務行為などは、構成要件に該当しても、違法性が阻却され犯罪が成立しない。

20　未成年者、心神喪失者及び心神耗弱者は、責任無能力者とされ、責任の阻却が認められているため、これらの者の行為は犯罪とはならない。

× 心神耗弱者は責任能力が減退しているので刑が減刑されるが、犯罪自体は成立する。

3 民主主義

Level 1 ▷ Q02～Q04　Level 2 ▷ Q15

おさえておきたい **Point**　**キーワードチェック**

1 民主主義の意義

民主主義の語源は、ギリシャ語のデモス＝人民とクラティア＝権力を結合したデモクラティアで、人民の支配を意味する。民主主義に基づく政治は、（　1　）の原理により、国民の意思に従うものである。

2 民主主義の政治制度 ▶p58

国民全体の参加による政治は、（　2　）といい、古代アテネの民会やスイスの一部の州民集会、有権者全員による国民投票がその方法として考えられる。これらは、民主主義の原則からいえば望ましいが、大規模な国家の実態からみれば実施は困難である。そこで、国民が選出した代表による（　3　）が一般に採用されるようになった。

ルソーは、『社会契約論』において、「イギリス人民は自由だと思っているが、それは大間違いだ。彼らが自由なのは、議員を選挙するあいだだけのことで、議員が選ばれるやいなやイギリス人民は奴隷となってしまう」と述べ、イギリスの議会制民主主義を批判している。

3 議会制民主主義

議会制民主主義は、具体的には代表相互間の（　4　）による政治となる。（4）による政治は、相互の異質性を前提とする社会において唯一可能な共存条件発見の方式だといえる。民主政治は、（　5　）によって論議の決着がつけられるが、ともすると、多数派主導の形式に陥りやすい。多数者の専制にならないよう（　6　）の尊重などが求められる。このような議会制民主主義は、およそ次の3つの原理のうえに成り立っている。

代表の原理	国民代表の原理をいう。議会は国民の意思を代表する機関であるという意味である。
審議の原理	公開の議場で与野党が討論を積み重ね、その中から最も多くの国民に支持されるような結論を見いだすこと。
監督の原理	議会は、国民のための行政が公正に行われているかどうかを厳重に監督する必要がある。

4 民主主義と選挙

国民主権は、国民に主権の行使に参加する権利を認めなければ成り立たない。この権利を（　7　）という。近代初期の民主政治では、財産所有や納税が市民の資格だと考えられた。しかし、産業革命以降、財産を持たない労働者が増えると、イギリスでは、普通選挙などの政治的要求を（　8　）に掲げる（　9　）運動が始まった。

5 民主主義と権力分立

権力を分立させて権力の濫用を抑制しようとする理論や制度を（　10　）という。イギリスの（　11　）は、近代的な議会の意義を重視したため、立法権優位の（10）を主張した。それに対し、フランスの（　12　）は、立法権・執行権・裁判権の分立と三権相互間の（　13　）を主張した。集中された権力に対する恐怖から（10）を可能な限り制度化した国家は（　14　）である。

6 立憲民主制

憲法による統治権力の制限を通じて個人の権利と自由を保障する考えを（　15　）という。元来、自由主義的な発想から生まれたものではあったが、統治権力の有効な制限のためには国民の政治参加が必要だとされるに及んで、民主主義とも結びついた。これを立憲民主主義という。その最初の形態は、イギリスの「（　16　）」で、統治権を制限する法は（　17　）であり、成文憲法を必ずしも必要としなかった。しかし、1787年に初の成文憲法である（　18　）が制定されてからは、成文憲法による権力の制限が（15）の主流となった。アメリカでは、判例を通じて、法令が憲法に適合するか否かを審査する（　19　）を確立させた。

1 国民主権　2 直接民主制　3 間接民主制〔議会制民主主義〕　4 討論　5 多数決
6 少数意見　7 選挙権　8 人民憲章　9 チャーチスト　10 権力分立　11 ロック
12 モンテスキュー　13 抑制と均衡　14 アメリカ合衆国　15 立憲主義　16 法の支配
17 慣習法　18 アメリカ合衆国憲法　19 違憲立法審査権

7 市民革命と民主政治の成立

16～18世紀のヨーロッパでは、（　1　）と呼ばれる君主の専制的な政治体制が生まれ、その権力は君主の権力は神から与えられたものとする（　2　）説によって正統化された。商工業の発達とともに力をつけてきた市民階級は、経済活動の自由や政治参加を求めて（　3　）を成し遂げた。17世紀イギリスの清教徒革命・名誉革命、18世紀アメリカの独立革命、フランス革命が知られている。

8 民主政治の理念 ▶p59

政治や国家の成り立ちを、一種の契約に基づくものと考える（　4　）説は、人民の同意に基づく政治という民主政治の理念の土壌をつくった。（4）説の代表的な思想家には、次の3人がいる。

ホッブズ	イギリスの（　5　）革命期の社会的混乱を経験。主著『（　6　）』において自然状態を「（　7　）」の状態と考え、人々は自己保存のために契約を結んで国家をつくり、自然権を放棄して主権に従うのだとした。
ロック	イギリスの（　8　）革命を正当化した。主著『（　9　）』で、すべての人間は（　10　）という自然権を持っており、この権利を確保するために各人が契約により国家をつくったと考えた。したがって、政府が自然権を侵したとき、人民は（　11　）を持つとした。彼の思想は、1776年の（　12　）の起草者にも大きな影響を与えた。
ルソー	ルソーは、主著『（　13　）』で、自然状態を人間本来の自由・平等な状態としたが、この状態が維持できなくなるとき、人民は新たに共同の力をつくって契約を結ぶと考えた。契約によって生まれる主権は、人民の（　14　）をあらわすものでなければならず、譲渡も分割もすることができないと説いた。彼の思想は、1789年の（　15　）に影響を与えた。

9 民主政治の反動

民主政治の困難から生まれた政治現象の一つが、（　16　）である。1920～30年代にかけてイタリア・ドイツなどの後発資本主義国で発生した。経済の危機を打開するため国民の不満に訴えて、対外的には民族主義・膨張主義を唱え、対内的には反対勢力を暴力的に排除する（　17　）主義の政策をとった。

10 民主政治からの転換

1917年、（　18　）らに指導されたロシア革命によって社会主義政権が誕生した。これは、第一次世界大戦で疲弊したロシアを、生産手段の社会的所有・管理で立て直そうとするものであった。他方、アメリカやイギリスは、社会危機や議会制民主主義の困難を福祉国家によって解決する方向をとった。1930年代アメリカの（　19　）、第二次世界大戦後のイギリスの社会保障政策は、いずれも政府の介入によって民主主義の困難を克服しようとするものであった。

❖民主政治の発展史

年	事　　項	年	事　　項
1649	（英）清教徒革命	1875	（仏）第三共和国憲法
1688	（英）名誉革命	1889	（日）大日本帝国憲法発布
1689	（英）権利章典	1911	（英）議会法成立,下院の優越確立
1776	（米）アメリカ独立宣言	1914	第一次世界大戦（～18）
1787	（米）アメリカ合衆国憲法制定	1917	（ソ）ロシア革命
1789	（仏）フランス革命,フランス人権宣言	1919	（独）ワイマール憲法制定
1803	（米）違憲立法審査権の確立	1920	国際連盟成立
1804	（仏）ナポレオン法典	1925	（日）普通選挙法成立
1837	（英）チャーチスト運動（～48）	1933	（独）ナチス政権成立
1848	（仏）二月革命,共和制の樹立	1936	（ソ）スターリン憲法制定
1863	（米）奴隷解放宣言	1939	第二次世界大戦（～45）
1868	（日）明治維新	1945	国際連合成立
1871	（仏）パリ＝コミューン	1948	世界人権宣言採択
1874	（日）民撰議院設立建白書	1966	国際人権規約採択

1 絶対王政　2 王権神授　3 市民革命　4 社会契約　5 清教徒　6 リバイアサン
7 万人の万人に対する闘争　8 名誉　9 市民政府二論　10 生命・自由・財産
11 抵抗権〔革命権〕　12 アメリカ独立宣言　13 社会契約論　14 一般意志
15 フランス革命　16 ファシズム　17 全体　18 レーニン　19 ニューディール政策

おさえておきたい Point　ミニ演習

1　ロックは『市民政府二論（統治二論）』の中で、国家権力による権利の侵害を防止するために、国家権力のうち立法権、行政権及び司法権の三権は分離されるべきとする、三権分立論を唱えた。この三権分立論は、英国の名誉革命に多大な影響を与えた。

✕ ロックは立法・行政の二権分立。三権分立はモンテスキューが主張した。

2　ホッブズは、人間は、自然状態では「万人の万人に対する闘争」となるので、契約により統治者に自然権を委譲して、

〇 闘争回避のため契約により国家を形成、自然権を放棄

秩序を維持する必要があるとした。

して国家主権に従うと考えた。

3　ルソーは、社会は各個人の自由意志による相互契約によって成立し、主権は常に人民にあり、人民の「一般意志」に基づいて行使されるとした。

○ ルソーは、一般意志に基づく社会契約により国家主権が行使されるとした。

4　ロックは、主権という概念を初めて理論的に明らかにし、主権は国家の最高権力であるとした。

× 国家の混乱回避のため、主権は君主に委託されているものとして、主権概念を確立したのはボーダンである。

4 基本的人権保障の歴史

Level 1 ▷ Q03,Q05

おさえておきたい **Point** キーワードチェック

1 革命と人権宣言

基本的人権の保障は、18世紀の市民革命に伴って出された多くの人権宣言によって確立した。1776年のアメリカ独立宣言は、「われわれは自明の真理として、すべての人々は（　1　）に造られ、造物主によって一定の譲ることのできない天賦の権利を付与され、その中に生命・自由・（　2　）の追求が含まれる」と規定した。

1789年のフランス人権宣言は、「人は自由かつ権利において（1）なものとして出生し、かつ生存する」（第1条）、「あらゆる政治的決断の目的は、人の消滅することのない（　3　）を保全することである。これらの権利は、自由、（　4　）、安全および圧制への抵抗である」（第2条）、「権利の保障が確保されず、権力の分立が規定されないすべての社会は、（　5　）を持つものでない」（第16条）と規定した。

2 人権の広がり

市民革命時代に宣言された基本的人権は、主として生命・自由・財産など個人の人格的、経済的な（　6　）であった。こうした権利を保障するために国家に求められたのは、私的な生活や社会関係に立ち入らないことであった。（6）を社会の基本に置く考え方は、自由な市場が社会全体の繁栄をもたらすという（　7　）らの経済思想につながり、自由放任（レッセ=フェール）の原則の下に、国家の役割を治安の維持など最小限の機能に限定する政策を生んだ。このような国家をドイツの社会主義者F.ラッサールは（　8　）と呼んだ。しかし、自由競争に基づく市場経済は、産業革命以降、貧富の格差や階級対立などの社会問題を引き起こし、（6）の保障だけでは救われない人々を生み出した。このため、労働者や社会的弱者の労働・生存・福祉を権利として認め、保障すべきだとする主張が広がり、労働基本権、生存権など、総称して（　9　）と呼ばれる新しい人権の思想に発展した。ここでは、国家が市民社会に積極的に加入し、労働者や社会的弱者の生存や福祉を保障し、社会的平等の実現が求められるようになった。このような大きな役割を果たす国家を（　10　）という。1919年にドイツで成立した（　11　）は、最初の（10）の憲法である。

3 人権の国際的保障

今日、人権は、国内問題としてだけではなく、国際的に保障する仕組みが整ってきている。

世界人権宣言(1948年)	「すべての人民とすべての国とが達成すべき共通の基準」国連総会で採択、前文と本文30か条からなる。
国際人権規約(1966年)	法的拘束力を持つ人権規約（1976年発効）。 ①「経済的、社会的及び文化的権利に関する国際規約」 （＝社会権規約ないしＡ規約） ②「市民的及び政治的権利に関する国際規約」 （＝自由権規約ないしＢ規約） 日本は、1979年に一部留保つきで両規約を批准。
国連による主な個別的人権条約	①女子差別撤廃条約（1979年採択。日本は1985年の男女雇用機会均等法などの条件整備を経て1985年に批准） ②子どもの権利条約（1989年採択。日本は1994年に批准） ③人種差別撤廃条約（1965年採択。日本は1995年に批准） ④死刑廃止条約（1989年採択。日本は未批准） ⑤拷問等禁止条約（1984年採択。日本は1999年に批准） ⑥難民条約（1951年採択。日本は1981年に批准） ⑦障害者権利条約（2006年採択。日本は2013年に批准）

1 平等　2 幸福　3 自然権　4 所有　5 憲法　6 自由権　7 アダム=スミス　8 夜警国家
9 社会権　10 福祉国家　11 ワイマール憲法

おさえておきたい
Point　**ミニ演習**

1 「人および市民の権利宣言」（フランス人権宣言）には、「あらゆる主権の原理は、本質的に国民に存する。いずれの団体、いずれの個人も、国民から明示的に発するものでない権威を行い得ない」と規定されている。

〇 フランス人権宣言は、ロック、ルソーら啓蒙思想家の影響を強く受けている。

2 「人および市民の権利宣言」（フランス人権宣言）には、「権利の保障が確保されず、議会制民主主義原則が規定されないすべての社会は、憲法をもつものではない」と規定されている。

× モンテスキューらの権力分立思想も反映し、「権力分立」がなければ憲法ではないと規定した。

3 「難民の地位に関する条約（難民条約）」は、人種、宗教、国籍、政治的信条による迫害や、経済的貧困などの理由で他国に逃れた人々を難民と認定し、保護する条約である。我が国は、国内法の整備が完了しておらず、2015年末現在、この条約は未批准である。

× 1981年の条約加入に伴い出入国管理および難民認定法が改正され、難民認定制度が整備されている。

5 主要国の政治制度

Level 1 ▷ Q04,Q12　Level 2 ▷ Q15,Q22

おさえておきたい
Point キーワードチェック

1 アメリカの大統領制 ▶p60 ▶p82

大統領制を採用している国は、アメリカ合衆国が典型である。それは、（　1　）を厳格に規定しており、議会と大統領それぞれが国民によって選挙され、お互いに独立性が強い。行政府の長官である大統領は、議会に議席はなく、議会への法案提出権や解散権は持たないが、議会が可決した法案に（　2　）を発動したり、議会に政策を示す（　3　）を送る権限を持つ。裁判所が持つ（　4　）は､法の支配の原則を議会に対しても適用したものである。

2 イギリスの議院内閣制

イギリスで発達した（　5　）は、内閣が議会（下院）の信任によって組織され、内閣は連帯して議会に責任を負う。議会が内閣を信任しない場合、内閣は総辞職するか、下院を（　6　）して選挙で国民の信を問わなければならない。このような内閣の連帯責任制は、1742年に下院の不信任に従って（　7　）内閣が総辞職したことに始まる。イギリス議会は上院と下院から構成されるが、1911年の議会法によって（　8　）が確立した。イギリス議会の選挙制度は（　9　）を採用し、そのもとで二大政党制が形成された。野党は「（　10　）」として次期政権担当の準備をする。

❖アメリカ大統領制

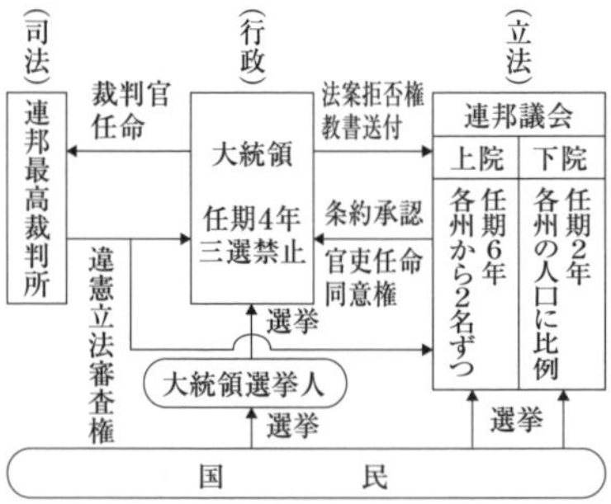

❖イギリス議院内閣制

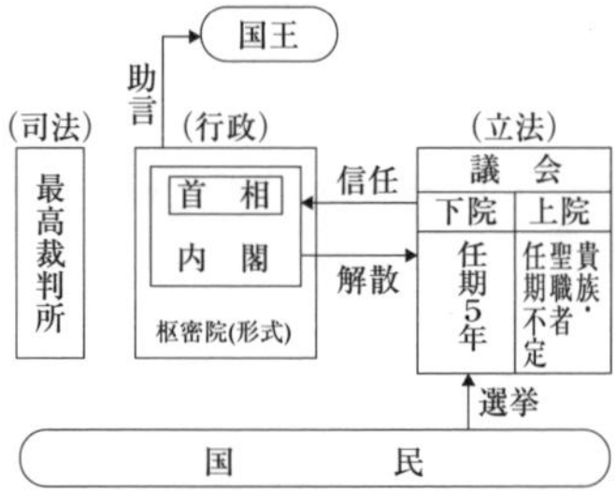

3 フランス・ドイツの大統領制

フランスとドイツも大統領を置いているが、その地位は大きく異なる。フランスの大統領は、1962年以降は国民による直接選挙で選出される。任期は５年（連続した任期は2期まで）で、首相や閣僚の任命権、閣議の主催、非常大権、国民議会（下院）の解散権などを持つ。また、重要案件を（　11　）に付す権限も有する。フランスでは、内閣が下院の不信任を受けるため､大統領は国民議会（下院）の多数党から（　12　）を選ぶのが通例である。そこで、大統領と首相の政党が異なる場合も生じうる。これを（　13　）という。これに対して、ドイツ大統領の権限は形式的・儀礼的であり、実質的には議院内閣制が採用されている。大統領は、選出のための連邦会議を通して間接的に選出され、任期は５年である。

❖主な国の政治制度一覧 ▶p76 ▶p83

	イギリス	アメリカ	フランス	ドイツ	中国
政治形態	議院内閣制	大統領制	議院内閣制と大統領制の混合型（半大統領制）	議院内閣制（大統領は儀礼的存在）	民主集中制
議会	上院・下院の二院制（下院が優越）	上院・下院の二院制（上院が若干優越）	上院・下院の二院制（下院が優越）	上院・下院の二院制（下院が優越）	一院制
行政府	内閣は議会の信任によって存立	大統領は間接選挙で選出	大統領は国民選挙で選出、大統領が首相・閣僚を任命	下院で信任された者を大統領が首相に任命	首相は主席の指名に基づき全国人民代表大会が決定
行政府の責任	内閣は議会に責任を負う	大統領は議会に責任を負わない	政府は議会に責任を負う	政府は議会に責任を負う	国務院は全人代に責任を負う

1 権力分立　2 拒否権　3 教書　4 違憲立法審査権　5 議院内閣制　6 解散　7 ウォルポール
8 下院優越の原則　9 小選挙区制　10 影の内閣　11 国民投票〔レファレンダム〕　12 首相
13 コアビタシオン〔保革共存政権〕

おさえておきたい Point　ミニ演習

1　イギリスでは、首相には、議会の上院において多数の議席を占める政党の党首が選出され、首相は上院の解散権を有している。

× 上院ではなく、下院（庶民院）が正しい。イギリスの上院は名誉職的な存在である。

2　イギリスの議会は、上院と下院からなり、下院優越の原則が確立しているが、上院は違憲立法審査権をもっている。

× イギリスは不文憲法であり、違憲審査はない。かつて上院の機関であった最高裁判所も2009年に独立機関となっている。

3　イギリスの内閣は、議会の多数を占める政党の党首が首相になって組織し、連帯して議会に責任を負い、議会が内閣を信任しない場合、内閣は総辞職するか、上院と下院を解散して選挙で国民の信を問わなければならない。

× イギリスの上院には解散制度はない。

4　アメリカ大統領選挙は、18歳以上の有権者が州ごとに「選挙人」を選び、その選挙人が大統領を選出する間接選挙方式を採用している。

○実際は選挙人が投票するのは所属政党の候補と決まっているが、形式的には間接選挙である。

5　アメリカ大統領選挙では、下院で多数を占める政党の大統領候補者が必ずしも大統領選挙で勝利するとは限らないし、有権者の一般投票数で勝っても、選挙人得票数で敗れることもありうる。

○得票数で選挙人を比例配分するのではなく、州で一番多く得票した候補がその州の選挙人を全て獲得するためである。

6　アメリカの大統領は、議会に議席が無く、議会の解散権はもたないが、議会への法案提出権をもち、議会が可決した法案に拒否権を発動することができる。

×大統領には議会への法案提出権はなく、三権分立が堅持されている。

7　アメリカの議会は、各州２名の代表からなる上院と各州から人口に比例して選出される下院からなり、いずれも大統領が拒否した法案の再可決権をもつほか、上院は行政府の主要人事への同意権をもつ。

○上下両院ともに3分の2以上の賛成で、大統領の法案拒否権を覆すことができる。

8　ドイツでは、大統領制が採用され、大統領は、国民による直接選挙で選出され、連邦議会の解散権を有している。

×ドイツ大統領は連邦会議により選出される間接選挙制である。

9　フランスでは、大統領は、国民による直接選挙で選出され、首相の任免権や議会の解散権を有している。

○他に軍の指揮権、外交権、国民投票を求める権利が大統領の専権である。

10　中国では、民主集中制が採用され、首相は、全国人民代表大会で選出され、国家主席を指名する。

×国家主席と首相が逆である。

11　中国では、最高行政機関である国務院は、国家の最高権力機関である全国人民代表大会の下におかれ、司法機関である最高人民法院は、国務院の下におかれている。

×最高人民法院の院長や判事は、全国人民代表大会により選出され、全人代の監督の下にあるとされる。

6 日本国憲法の成立

Level 1 ▷ Q05,Q07　Level 2 ▷ Q21

おさえておきたい **Point**　**キーワードチェック**

1 大日本帝国憲法の特質

大日本帝国憲法（明治憲法）において、天皇は、統治権の（　1　）とされ、立法・行政・司法の三権も究極的には天皇に属した。議会は、天皇の立法権の（　2　）機関であり、各国務大臣は天皇を（　3　）して行政権を行使するものとされ、裁判所も天皇の名において司法権を行うものとされた。また、陸海軍の指揮命令権は、議会や内閣もこれに関与できず、（　4　）の独立という。大日本帝国憲法は、天皇が制定した（　5　）憲法である。

2 臣民の権利

国民の権利・自由は、天皇が臣下の民に与えた権利として（　6　）の範囲内で保障されるものにすぎなかった。これを（　7　）型の人権保障という。1925年には男子による普通選挙制が確立されたが、同時期に（　8　）が制定され、労働運動や自由主義的な言論の弾圧にも用いられた。

3 日本国憲法の成立

日本国憲法は、形式的には旧憲法の改正手続によって制定されたが、実質的には（　9　）・基本的人権の尊重・平和主義を基本原理とする、全く新しい憲法である。これにより、天皇の地位は、国民の総意に基づく「日本国および日本国民統合の（　10　）」となった。天皇は、政治的な権能を持たず、憲法に定められた形式的儀礼的な（　11　）のみを行う。天皇の国事行為には、常に（　12　）の助言と承認が必要とされる。

4 日本国憲法の特質 ▶p62

日本国憲法は、国の（　13　）として位置づけられており、それに違反する法律・命令その他一切の国家行為は無効である。(13）である憲法は、その改正について特に慎重な手続が求められる（　14　）憲法である。日本国憲法の改正には、衆参各議院の総議員の（　15　）以上の賛成のほかに、国民投票の（　16　）の賛成が必要とされる。

❖大日本帝国憲法と日本国憲法との比較

	大日本帝国憲法	日本国憲法
憲法の性格	欽定憲法（成文憲法・硬性憲法）	民定憲法（成文憲法・硬性憲法）
主権	天皇主権	国民主権
天皇	神聖不可侵・統治権の総攬者	日本国および日本国民統合の象徴
戦争と軍隊	天皇の陸海軍の統帥権、国民の兵役の義務	戦争放棄、戦力不保持、交戦権の否認
国民の権利	臣民の権利、法律の範囲内で保障	永久不可侵の基本的人権としての保障
議会	天皇の協賛機関、貴族院の非民選	国権の最高機関、衆議院の優越
内閣	天皇の輔弼《ほひつ》機関	議院内閣制、最高の行政機関
裁判所	天皇の名において裁判をする（特別裁判所あり）	司法権の独立、特別裁判所の廃止
憲法の改正	天皇の発議・帝国議会で議決	国会の発議によって国民投票

5 日本国憲法第９条と安全保障

日本国憲法第９条は、（　17　）の放棄と戦力の不保持、交戦権の否認を定めている。しかし、米ソ間対立と中華人民共和国の成立という状況の中で、アメリカの対日占領政策は転換した。1950年に朝鮮戦争が始まると、マッカーサーの指令で（　18　）が設立された。1951年、（　19　）の調印と同時に、（　20　）が締結され、米軍が引き続き、日本に駐留することになった。1952年、(18) は（　21　）へと増強改組され、1954年には（　22　）が成立した。

6 日米の安全保障体制

旧安保条約は、基地提供条約としての性格が強かったが、これを相互防衛条約としての性格を持つものに改定しようとする動きが強まり、1960年、新安保条約が成立した。新安保条約は、次の特徴を持つ。

- 日本および（　23　）の安全のために米軍が日本国内に基地を設置することを認める。
- 日米両国は憲法上の規定に従うことを条件として（　24　）を増強させる義務を負う。
- 日本の領域内で日米のいずれかが攻撃を受けたとき、両国は（　25　）を取る。
- 内乱に関する条項の削除、在日米軍の配置・装備に関する事前協議制度。

1 総攬者　2 協賛　3 輔弼　4 統帥権　5 欽定　6 法律　7 法律の留保　8 治安維持法
9 国民主権　10 象徴　11 国事行為　12 内閣　13 最高法規　14 硬性　15 3分の2
16 過半数　17 戦争　18 警察予備隊　19 サンフランシスコ平和条約　20 日米安全保障条約
21 保安隊　22 自衛隊　23 極東　24 防衛力　25 共同行動

おさえておきたい Point　ミニ演習

1　明治憲法下では、内閣は天皇を補佐する機関として規定されていたが、日本国憲法は、内閣を行政権の主体として位置づけた。なかでも、内閣総理大臣は各国務大臣の「同輩中の首席」としての地位を与えられ、国務を総理するなどの強い権限が与えられている。

× 旧憲法で「同輩中の首席」とされた内閣総理大臣は、現憲法では「内閣の首長」となる。また､「国務の総理」は内閣の権能である（憲法73条1号）。

2　恩赦や栄典の授与は、伝統的に君主の権限とされてきたが、象徴天皇制を採用した日本国憲法においては、双方について内閣が行い、天皇の国事行為には含まれないこととされた。

× 大赦、特赦、減刑、刑の執行の免除および復権の「認証」、栄典の「授与」は天皇の国事行為である。

3　財産権の不可侵は、私人が保有する財産を自由に管理・処分する権能が国家により奪われたり、制限されたりしてはならないとする原則で、大日本帝国憲法においてはこれに関して規定がなされておらず、日本国憲法によって明文化された。

× 明治憲法にも、臣民の所有権不可侵が規定されていた。

4　武器輸出三原則とは、武器、武器製造技術及び武器製造関連設備について、アメリカとイギリスを除くすべての国への輸出を禁じるとする原則であり、田中内閣が政策としてこれを表明し、国会で議決された。

× 原則に関する佐藤栄作首相の答弁は、共産圏・国連の武器禁輸措置国・紛争地域への輸出禁止であり、武器輸出の全面禁止ではない。

5　1960年に結ばれた「日本国とアメリカ合衆国との間の相互協力及び安全保障条約」では、在日アメリカ軍の配置等に関する日本の拒否権を伴う事前協議制度が設けられ、毎年協議が実施されている。

× 新安保で設置された事前協議制度であるが、協議が実施されたことは一度もない。協議に関する日本の拒否権も認められていない。

6　2015年に策定された「日米防衛協力のための指針」（新ガイドライン）では、有事から平時まで軍事的協調行動を行う「切れ目のない対応」や、周辺国有事の際の後方支援に限らない自衛隊の後方支援などが定められた。

○ 周辺事態の対応が中心であった従来の指針から、世界規模での協力・支援体制、およびグレーゾーン事態への対応などが、新たに定められている。

7 日本国憲法の基本的人権

Level 1 ▷ Q05

おさえておきたい
Point　キーワードチェック

1 基本的人権の保障 ▶p63

基本的人権は、「人類の多年にわたる自由獲得の努力の成果」（第97条）であるがゆえに、「侵すことのできない（　1　）の権利として、現在及び将来の国民に与へられる」（第11・97条）のである。憲法第13条は、「すべて国民は、（　2　）として尊重される。生命、自由及び（　3　）に対する国民の権利については、（　4　）に反しない限り、立法その他の国政の上で、最大の尊重を必要とする」と規定している。

2 平等権

「すべて国民は、法の下に（　5　）であつて、人種、信条、（　6　）、社会的身分又は門地により、政治的、経済的又は社会的関係において、差別されない」（第14条）。最高裁は、刑法第200条の尊属殺人重罰規定が、普通殺人罪を定める刑法第199条に比し罰則が厳しすぎ不合理な差別であるとして、憲法第14条に照らし初の（　7　）判断を下した。

3 自由権

自由権には、（　8　）の自由、人身の自由、経済活動の自由がある。（8）の自由の中には、思想の自由、信教の自由、表現の自由、学問の自由がある。表現の自由は、民主主義を支える人権として、表現活動の事前抑制は許されないとする「（　9　）の禁止」規定が置かれている。信教の自由について、最高裁判所は、愛媛玉ぐし料訴訟において、愛媛県が靖国神社に納めた玉ぐし料などを公費で負担したのは（　10　）を定めた憲法に違反するとした。人身の自由については、（　11　）として逮捕される場合を除いては（　12　）の発する令状を必要とするほか、公平で迅速な公開の（　13　）権利が保障されている。また、刑事被告人はすべての証人に対して審問する機会が与えられ、（　14　）を依頼する権利が保障されている。自己に不利益な唯一の証拠が本人の（　15　）である場合には、有罪とされない。

4 社会権

社会権には、「健康で（　16　）的な最低限度の生活を営む権利」である（　17　）のほか、教育を受ける権利、勤労権・労働三権がある。最高裁判所は、朝日訴訟において、憲法第25条の（17）は、国民の生存を確保すべき政治的・道徳的義務を課したにとどまり、個々の国民に対しては具体的な権利を保障するものではないとする（　18　）説を採用した。教育を受ける権利として、憲法は義務教育の（　19　）を定めている。また、憲法は、労働者に（　20　）・団体交渉権・争議権を認めているが、公務員の労働三権は制限されている。

5 新しい人権

社会の発展は、従来知られていなかった新たな問題を生じさせたため、憲法には規定されていない新しい人権の確立が主張されるようになった。環境破壊を未然に防止するために、(17) と幸福追求権を根拠とする（　21　）、情報社会の中で国民が政府や地方自治体の保有する情報を入手するための（　22　）、他人に私生活を干渉されたり、自己に関する情報を勝手に収集されない権利として（　23　）がそれぞれ主張されている。

❖日本国憲法が保障する基本的人権の体系　［　］内は条文番号

⑴平等原則
- ・法の下の平等［14］
- ・男女の本質的平等［24］

⑵自由権
- ①精神の自由
  - ・思想・良心の自由［19］
  - ・信教の自由［20］
  - ・表現の自由［21］
  - ・学問の自由［23］
- ②経済活動の自由
  - ・居住・移転・職業選択の自由［22］
  - ・財産権の保障［29］
- ③人身の自由
  - ・奴隷的拘束・苦役からの自由［18］
  - ・適正手続の保障［31］
  - ・刑事手続上の権利［33 ～ 40］

⑶社会権
- ・生存権［25］
- ・教育を受ける権利［26］
- ・労働権・労働基本権［27・28］

⑷人権確保のための権利
- ・国家賠償請求権［17］
- ・裁判を受ける権利［32］
- ・請願権［16］

⑸参政権
- ・公務員の選定・罷免権［15］
- ・選挙権［44］

重要事項 スピードチェック

1 永久　2 個人　3 幸福追求　4 公共の福祉　5 平等　6 性別　7 違憲　8 精神　9 検閲　10 政教分離　11 現行犯　12 司法官憲〔裁判官〕　13 裁判を受ける　14 弁護人　15 自白　16 文化　17 生存権　18 プログラム規定　19 無償　20 団結権　21 環境権　22 知る権利　23 プライバシーの権利

おさえておきたい Point ミニ演習

1　最高裁判所は、朝日訴訟において、生存権の解釈として、憲法の規定は、個々の国民に具体的な権利を保障したものではなく、国の責務を宣言したに留まるとするプログラム規定説をとった。

○ 憲法ではなく生活保護法が権利を具体化するものとして、国の裁量権を認めている。

2　生存権は、精神、身体及び経済活動の自由とともに、個人が国家権力による束縛や社会的身分から自由に行動する権利を保障する自由権に含まれる。

× 生存権は、人間らしく生きることができるよう国家に対して保障を要求する「社会権」である。

3　日本国憲法に明文規定された職業選択の自由は、職業を選択する自由のみならず営業する自由をも含むものとされており、公務員が休日に職務とは無関係の自営業を営むことについて法的な規制はできないものと解されている。

× 職務の公益性から、例外的に許可を受けた場合を除いて、公務員の副業は禁止されている（国家公務員法103条・地方公務員法38条）。

4　婚外子国籍訴訟に関して最高裁判所は、父母の婚姻を国籍取得の要件とする国籍法の規定は憲法第14条第1項に違反し、違憲であると判断したが、上告人らの日本国籍の取得は、具体的な立法を待つ必要があるとして、日本国籍を認めなかった。

× 最高裁は、原告全員の日本国籍を認め、父親から認知されても両親が結婚していないという理由で国籍を認めない国籍法の規定は、憲法第14条の「法の下の平等」に反するとした。

5　平成29年9月に最高裁判所が判決を言い渡した参議院議員選挙定数訴訟で、最高裁判所は、公職選挙法の改正により定数是正を行った結果においても、投票価値の平等という観点からは、なお大きな不平等が存する違憲状態であるとした。

× 平成27年改正後の定数配分規定の下では、違憲となる著しい不平等には至っていないと判断された。衆院選でも最高裁は平成30年12月に合憲判断をしている。

8 国会

Level 1 ▷ Q06　Level 2 ▷ Q16,Q17

おさえておきたい **Point** キーワードチェック

1 日本の政治制度（議会制民主主義・権力分立制）

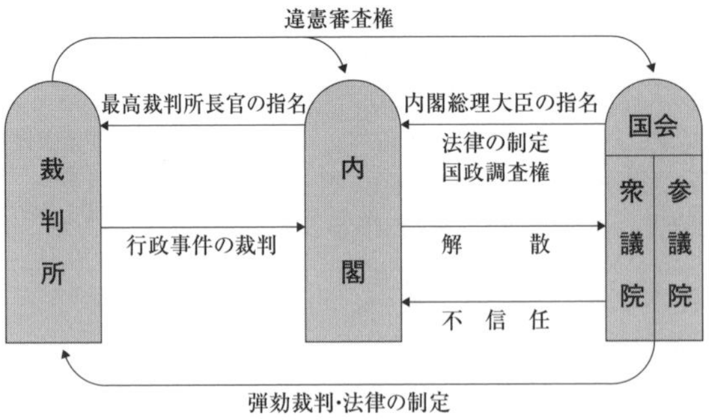

2 国会の地位と二院制 ▶ p84

憲法は、「国会は、国権の（　1　）であつて、国の唯一の（　2　）である」（第41条）と定め、国会中心主義を採っている。これは、主権者である国民を直接に代表する機関であることに基づいている。国会は、二院制を採るが、両院の議決が異なった場合は、（　3　）により協議がなされる。ただし、（　4　）の議決、予算の議決、（　5　）の承認、内閣総理大臣の指名について、最終的には（　6　）の優越が認められている。

❖二院制

	議員数	選挙区	任期	解散	被選挙権
衆議院	465	176・比例代表区 289・小選挙区	4年	あり	25歳以上
参議院	248	100・比例代表区 148・選挙区	6年（3年ごとに半数改選）	なし	30歳以上

3 国会と議院の権能 ▶p64 ▶p86

❖国会の権能

（ 7 ）の発議権	日本国憲法の改正は、各議院の総議員の３分の２以上の賛成で、国会が発議する。
法律の議決権	国会は「唯一の立法機関」である。
条約承認権	条約の締結・批准は（ 8 ）の権限だが、国会の承認が必要。
財政に関する議決権	（ 9 ）は（8）が作成し、国会の議決によって成立する。
内閣総理大臣の指名権	内閣総理大臣は、（ 10 ）の中から国会の議決で指名される。
（ 11 ）の設置権	罷免の訴追を受けた裁判官を裁判することができる。

❖議院の権能

議院の自律権	両議院は議院（ 12 ）制定権や議員の懲罰権などが認められている。
（ 13 ）	両議院は、証人の出頭・証言・記録の提出を要求できる。

4 国会の審議 ▶p86

国会の審議	両議院はアメリカ型の（ 14 ）制度を採用し、(14) で可決された議案は本会議に上程される。重要事項の審議には利害関係者や学識経験者らの意見を聴く（ 15 ）が開かれることになる。	
国会の運営	定足数	本会議は総議員の（ 16 ）以上。
	議決	原則として出席議員の（ 17 ）。
	一事不再議の原則	議会で一度議決した事項は、同一会期中に再び審議しない。

1 最高機関　2 立法機関　3 両院協議会　4 法律案　5 条約　6 衆議院　7 憲法改正　8 内閣　9 予算　10 国会議員　11 弾劾裁判所　12 規則　13 国政調査権　14 委員会　15 公聴会　16 3分の1　17 過半数

おさえておきたい
Point ミニ演習

1　国会には、毎年１月に召集され150日間を会期とする通常国会、内閣が必要と認めたときに召集される特別国会及び衆議院解散後の総選挙の日から30日以内に召集される臨時国会がある。

✕ 特別国会と臨時国会の説明が逆である。

2　参議院には、国政一般について調査することができる国政調査権があり、証人の出頭、証言及び記録の提出を求めることができるが、証人が偽証をした場合に罰則を科す法律はない。

✕ 偽証をしたり、正当な理由なく証言を拒んだ場合、罰則が科される（議院における証人の宣誓及び証言等に関する法律6条、7条）。国政調査権は衆参両院にある。

3　衆議院は予算の先議権を持ち、衆議院で可決した予算を参議院が否決した場合、衆議院が出席議員の３分の２以上の多数決で再可決すれば、衆議院の議決が国会の議決になる。

× 予算に再議決はなく、両院協議会でも不一致の場合、衆議院の議決が国会の議決になる。

4　国会は、議案に関心を持つ人々、専門的な知識や経験を持つ者の意見を聴くために、本会議に限り公聴会を開くことができる。

× 公聴会は委員会で開くことができ（国会法51条1項）、本会議では開催できない。

5　国会の実質的な審議は、議案の内容により常任委員会あるいは特別委員会で行われ、最終的な議決は本会議でなされる。

○ 国会での議員の活動の中心は、本会議から委員会に移っている。

6　国会は、衆議院と参議院の二院制を採用している。衆議院は、予算案の議決などにおいて参議院に優越するなど相対的に強い権限が与えられていることから、参議院に比べて議員の定数が多く、その任期も長い。また、被選挙権が与えられる年齢も高くなっている。

× 衆議院のほうが任期も短く（4年）、被選挙権の年齢も低い（25歳以上）。

7　国会の種類の一つに、毎年必ず召集される常会がある。常会は年度の初めの４月に召集され、会期を150日間とすることが憲法第52条に定められており、他の時期に召集することや会期を延長することは認められていない。

× 通常国会は、年1回、1月召集とされ、会期は150日で、1回の会期延長が可能である。

8　一定数以上の国会議員が要求したときには、臨時会と呼ばれる国会を召集することができる。臨時会の召集に必要な国会議員の数は、定数の多い衆議院では総議員の４分の１以上、定数の少ない参議院では総議員の３分の１以上となっている。

× 内閣は必要があるとき臨時会を召集することができ、また、いずれかの議院の総議員の4分の1以上の要求があれば、内閣は召集しなければならない。

9　衆議院を解散した場合、憲法第54条によって、解散後の総選挙の日から30日以内に、内閣の意向や当選した議員の要求の有無にかかわりなく、特別会と呼ばれる国会を召集しなければならない。

○ 議長選出選挙と内閣総理大臣指名選挙が行われる。解散ではなく任期満了後の場合は、臨時会が召集される。

10　衆議院を解散した場合、衆議院議員は、その時点から議員としての活動を停止するが、総選挙の結果が出るまでは議員としての身分を保有しており、この間に国に緊急の事態が発生した場合には臨時会と呼ばれる国会の召集を要求することができる。

× 衆議院議員は解散により任期を終了する。緊急の事態には、参議院の緊急集会が開かれる。

11　国会の本会議の運営は、議長の任務であり、議長はその任務を遂行するために議院運営委員会という直属機関をもっている。この委員会では、本会議の運営に関する事項のほか、議院の諸規則に関する事項について協議し、最近では、各党の幹事長が参加することから、与野党が対立する法案に関する折衝も行なわれることが多い。

× 議院運営委員会は、議院運営・国会法及び規則・弾劾裁判所等を所管する、国会の常任委員会の一つである。議長に属する機関ではない。

12　議員立法は、議員が法案を発議する立法であり、予算を伴わない法案を発議する場合には、衆議院では30人以上、参議院では20人以上の議員の賛成が必要である。議員の立法作業を補佐する政策スタッフなどが限られていることもあり、いわゆる「男女雇用機会均等法」が成立した1985年以降は、議員立法で成立する法律の数は減少している。

× 法案の成立件数では内閣提出が多いが、議員立法が減少しているわけではない。また議員発議は原則、衆院は衆院議員20人以上、参院は参院議員10人以上の賛成が必要と定めている。

13　委員会には、常設の常任委員会と案件ごとに設置される特別委員会がある。法案審議は委員会を中心に行われており、原則として、法案はまず委員会に付託され、そこで実質的な審査がされた後に、本会議での審議に入る。本会議では、委員会での議決内容がそのまま可決されることが多く、本会議での審議は形式化しているともいわれている。

○ 戦前は本会議中心主義（読会制）であったが、戦後はアメリカ議会制度にならって、委員会が事前協議、実質審議を行う。

14　予算委員会は、両院ともに最大の委員会であり、衆議院は50人、参議院は45人から構成される。この委員会は、予算を審議する常任委員会ではあるが、実際には、国政全般に関する質疑の場となっており、2001年からは、正式に両院の予算委員会の合同審査会で党首討論（クエスチョン・タイム）が行われている。

× 予算委員会では国政のあらゆる事項を審議するが、党首討論については、国会審議活性化法の成立により、2000年から、原則、国会開会中週1回、衆参両院の国家基本政策委員会で行われている。

15　国会議員は、国庫から相当額の歳費及び手当を受けることが保障されているが、財政再建のため、平成20年4月以降、手当は一切支給されていない。

× 財政再建・震災復興財源のための歳費削減がされたが、徐々に復活しており、手当も支給されている。

16　国会議員は、院外における現行犯罪の場合及び所属する議院の許諾がある場合を除き、国会の会期中逮捕されることはない。

○ 国会議員の不逮捕特権（憲法50条）。会期前逮捕の場合も、議院の釈放決議があれば、会期中は釈放しなければならない。

17　国会議員は、国民の代表であるため、議院で行った表決について、院外において民事責任を問われる。

× 演説・討論・表決について、院外での刑事・民事の責任は問われない。

18　国会議員は、院内の秩序を乱した場合においても、総議員の３分の２以上の多数による議決がなければ除名されない。

✕ 除名には、「出席議員」の3分の2以上の議決が必要となる（憲法58条2項）。

19　国会議員は、議案の発議権を有し、予算を伴う法律案を発議する場合を除き、議員単独で発議することができる。

✕ 議員発議は、衆20人以上・参10人以上（予算伴う場合、衆50人以上・参20人以上）が必要。

9 内閣

Level 1 ▷ Q07,Q08　Level 2 ▷ Q21

おさえておきたい **Point** キーワードチェック

1 内閣と国会 ▶ p66

内閣は、国会の信任によって成立し、国会に対して連帯して責任を負うという（　1　）を採っている。衆議院が内閣不信任の決議をしたとき、内閣は（　2　）か衆議院の解散かのいずれかを選択しなければならない。衆議院の解散の日から（　3　）日以内に衆議院の総選挙が行われ、選挙の日から（　4　）日以内に（　5　）が召集される。

2 内閣総理大臣 ▶ p68

内閣は、その首長である内閣総理大臣とその他の（　6　）から構成される合議体である。内閣総理大臣および（6）は、（　7　）でなければならない。内閣総理大臣は国会議員の中から国会の議決で指名され、天皇が任命する。その他の（6）は、内閣総理大臣が任命するが、その過半数は（　8　）でなければならない。

3 内閣の権能と内閣総理大臣の権限 ▶ p69 ▶ p94

⑴内閣の権能

（　9　）の執行と国務の総理、外交関係の処理と条約の締結、予算の作成、（　10　）の制定、恩赦の決定、最高裁判所長官の指名とその他裁判官の任命、天皇の（　11　）に対する助言と承認など。

⑵閣議

国務大臣全体の会議を閣議といい、内閣は、閣議によってその職権を行使する。

⑶内閣総理大臣の地位

内閣総理大臣は、内閣の（　12　）として他の国務大臣の上位にある。旧憲法下の内閣総理大臣が、制度上は他の国務大臣と対等の地位にあった［＝（　13　）中の首席］のと異なる。

⑷内閣総理大臣の権限

国務大臣の（　14　）を持つ。内閣を代表して議案を国会に提出し、（　15　）を指揮監督する。

❖日本の行政機構

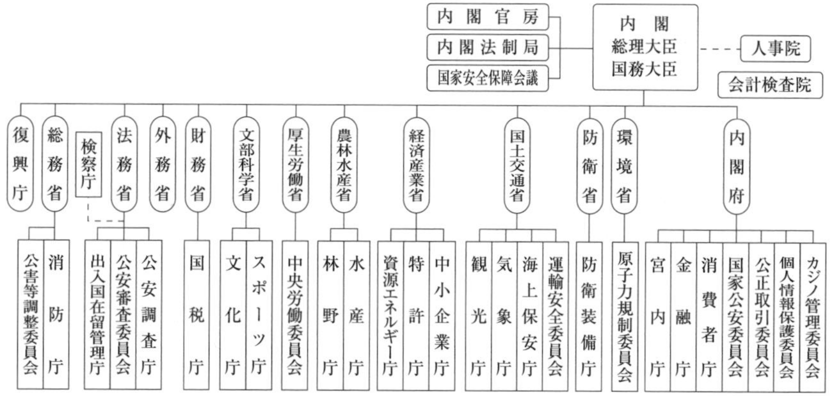

4 行政権の拡大

現代の国家は、国家が市民社会に介入し、国民福祉の向上を図ることが求められるようになり、（　16　）と呼ばれている。国家の機能が拡大し、複雑化すると、国会の立法行為だけでは対応しきれないため、中央省庁の官僚機構が政策決定に大きな役割を果たすようになる。行政権の役割が増大した20世紀の国家を（　17　）という。その特徴は次の通りである。

⑴（　18　）提出法案の増大…法案作成において官僚の力が不可欠。

⑵（　19　）の増大…国会では法律の大枠だけを定め、細部は政令に委任する。

⑶行政府の自由裁量の拡大

⑷法令上根拠のない（　20　）…企業などに自発的な協力を求め、行政目的を達成する。

5 行政の民主化

⑴（　21　）…一般行政機関から独立した合議機関。労働委員会・公正取引委員会など。

⑵（　22　）…行政運営の公正の確保と透明性の向上をめざし、聴聞・理由付記などの行政手続について定めた法律。

⑶（　23　）…国民に代わって政府や自治体に対する苦情の解決や行政の適正運営を確保するための専門委員の制度。

⑷（　24　）…行政機関の持っている情報を請求に応じて公開する法律。1999年制定。

1 議院内閣制　2 総辞職　3 40　4 30　5 国会〔特別会〕　6 国務大臣　7 文民　8 国会議員　9 法律　10 政令　11 国事行為　12 首長　13 同輩　14 任免権　15 行政各部　16 福祉国家　17 行政国家　18 政府〔内閣〕　19 委任立法　20 行政指導　21 行政委員会　22 行政手続法　23 オンブズマン　24 情報公開法（行政機関の保有する情報の公開に関する法律）

おさえておきたい
Point ミニ演習

1　内閣は、行政権の行使について、国会に対して責任を負い、衆議院又は参議院で内閣に対する不信任決議案が可決されたときは、10日以内に衆議院が解散されない限り、総辞職をしなければならない。

× 法的効力のある不信任決議は衆議院のみ。参議院では問責決議で内閣の政治的責任を問う。

2　議院内閣制を採用しているため、内閣総理大臣は国務大臣の過半数以上を衆議院議員の中から任命しなければならない。また、国務大臣を衆議院議員以外から選任した場合には、その者の任命について衆議院での承認を必要とする。

× 国務大臣の過半数は「国会議員」から選ばれればよく、他の国務大臣を任命し、任意に罷免することは内閣総理大臣の専権である。国会の承認等は不要。

3　合議体としての内閣の意思は閣議によって決定されるが、明治憲法下において、大臣が一人でも重要問題で強硬に反対すれば、閣内不一致で内閣の総辞職を余儀なくされた反省から、日本国憲法では、多数決により内閣の意思を決定できることが明記された。

× 閣議の意思決定は全員一致が原則となっている。内閣が国会に対し連帯して責任を負うためである。

4　内閣総理大臣は、同輩中の首席として内閣を代表し閣議を主宰するが、行政各部を指揮監督する権限はない。

× 内閣総理大臣は、内閣の首長として内閣を代表し、行政各部を指揮監督する。

5　内閣は、憲法の規定を実施するために政令を制定することができるが、政令は、法律の委任がなければ、義務を課し、又は権利を制限する規定や罰則を設けることはできない。

○ 憲法・法律の実施のための執行命令と法律の委任に基づく委任命令があり、法律の委任があれば義務を課し、または権利の制限、罰則を設けることができる。

6　内閣は、大赦、特赦、減刑、刑の執行の免除及び復権を決定することができる。これらの執行は、三権分立の原則の下で司法が決定した判断を行政が変更する結果となるため、国権の最高機関である国会の承認を必要とする。

× 恩赦は歴史的に君主の権限とされるもので、内閣の決定を天皇が国事行為として認証する。

7　責任内閣制を採用していることから、法律の執行に関しては、内閣が国会に対し連帯して責任を負う。他方、法律の制定に関しては、三権分立の原則に基づき国会が唯一の立法機関とされているため、内閣が閣議決定した法律案は、与党の衆議院議員によって発議される。

× 内閣提出法案は、内閣総理大臣が内閣を代表として国会に提出する。

8　内閣は予算を作成して国会に提出できるが、国の財政を処理する権限は国会の議決に基づいて行使しなければならない。また、内閣は外交関係を処理し、条約を締結することができ

○ 憲法は財政民主主義を規定し、条約についても国会の承認を必要としており、行

るが、条約締結については、事前に、時宜によっては事後に、国会の承認を必要とする。

政に対する民主的コントロールを規定している。

9　内閣は、最高裁判所長官を指名し、その他の裁判官を任命することができる。裁判官に罷免に相当する著しい職務義務違反や非行が認められた場合には、内閣は、すみやかに国会に対し弾劾裁判所の設置を求め、その裁判官を訴追しなければならない。

× 弾劾裁判所は、司法に対する国会の民主的コントロールであり、内閣に訴追権はない。

10　租税法律主義は、租税の賦課・徴収は必ず法律の根拠に基づき、法律に従って行わなければならないとする近代税制の基本原則の一つであり、課税要件と租税の賦課・徴収の手続を政令、条例に委任することはできないものと解されている。

× 条例は法律に準ずるものとして委任が認められ、政令についても個別具体的な委任があれば、課税要件を定めることができるとされる。

11　憲法は、国会の議決を経ない財政の処理を禁じており、内閣の責任で支出する予算の費目を認めていない。そのため、災害の発生など予見し難い事情が生じた場合には、内閣は予備費の支出について事前の国会の承諾を得なければならない。

× 予備費の支出は、事後に国会の承諾が必要である。事後に承諾が得られなくても、支出自体は有効で、内閣の政治責任が問われることになる。

12　憲法は、予算の作成には三権分立主義の原則が適用されており、行政機関の業務遂行に供される予算は内閣が、また、国会及び裁判所の業務遂行に供される予算はそれぞれの機関がその責任において作成し、個別に国会での議決を経ることになっている。

× 予算の作成、国会提出の権限は内閣にあり、財務省が行政機関以外の機関とも協議の上作成し、閣議決定された後、国会に提出される。

13　憲法は、公金その他の公的財産を公の支配に属しない慈善、教育若しくは博愛の事業のために支出することを禁じている。そのため、私立の大学などの教育機関や福祉事業法人などの事業を補助する目的で、国の予算から助成金を支出することはできない。

× 憲法89条後段で公の支配に属さない支出は禁じられているが、政府見解では、私立学校などへの助成は「公の支配」に属するものとして合憲としている。

14　憲法は、国の収入支出の決算に対する会計検査院の監督責任を定めており、会計検査院が国の収入支出の決算を毎年検査し、この検査の結果を国会に提出するとともに、国民に対して、国の財政状況を報告するものとされている。

× 会計検査院がすべての決算検査を行うが、国民に対する財政状況の報告は内閣が行う。

10 司法権と裁判所

Level 1 ▷ Q09　Level 2 ▷ Q18

おさえておきたい
Point　キーワードチェック

1 人権保障と司法権 ▶p70

裁判が公正に行われ、人権の保障が確立されるためには、政治的な圧力や干渉は一切排除されなければならない。日本では、旧憲法下における（　1　）事件を経て、（　2　）の原則が確立されてきた。(2）には、①他の国家機関からの裁判所の独立、②裁判官の（　3　）の独立という二つの意味がある。

❖**裁判官の身分保障…裁判官は次の場合以外は罷免されない。**

①裁判官が（　4　）の故障のために職務遂行不能を裁判によって決定された場合。
②国会に設けられる（　5　）の裁判による場合。
③最高裁判所裁判官に限り（　6　）で罷免を可とする投票が多数を占める場合。
（6）は、任命後最初の（　7　）の際に行われ、その後10年を経過するごとに行われる。

2 司法権の行使

司法権は、すべて最高裁判所を頂点とする裁判所に属する。旧憲法下では（　8　）の系列に属する一般の裁判所とは別に、行政裁判所や軍法会議などの（　9　）が置かれていたが、日本国憲法は（9）を認めていない。裁判は、審理の慎重を期するため、第一審・（　10　）・上告審の（　11　）を採っている。

3 司法の民主化

裁判の民主化を図るため、裁判そのものに一般市民の直接的な参加を認める制度がある。戦前の日本でも行われていた（　12　）は、事実審理を一般市民が行い法律判断は裁判官が行うものだが、一般市民が事実審理・法律判断に参加する参審制もある。日本では、2004年に（　13　）法が公布され、(13）制度が導入されている。また、検察官の不起訴処分の当否等を審査する（　14　）がある。

4 司法の違憲審査 ▶p88

国家行為が憲法に適合するかしないかを決定する権能を（　15　）といい、アメリカの判例法として確立した。今日の世界には、特別の（　16　）が具体的事件を離れて抽象的に法令の違憲審査を行う方式（ドイツ型）と、普通の裁判所が具体的事件を裁判する際に法令の違憲審査を行う方式（アメリカ型）とがある。日本は、アメリカ型を採用しているが、最高裁判所が（　17　）裁判所であることから「（　18　）」と呼ばれる。しかし、日米安保条約の合憲性が問われた（　19　）事件では、最高裁は「一見極めて明白に違憲・無効と認められない限り、裁判所の（15）は及ばない」とする（　20　）論を採用した。

❖最高裁判所の法令違憲判決（法律を違憲とした例）

違憲判決（判決年月日）	違憲とされた条文	根拠となる憲法条文	違憲理由	判決後の取り扱い
尊属殺重罰規定違憲判決（1973.4.4）	刑法200条	14条（法の下の平等）	尊属殺の法定刑は普通殺に比べ著しく重く、不合理な差別的な取り扱いである。	1995年の刑法改正で同条項削除。
薬事法距離制限違憲判決（1975.4.30）	薬事法６条	22条1項（職業選択の自由）	薬局開設の距離制限は必要かつ合理的規則と認められない。	国会は同条項削除。
衆議院議員定数違憲判決（1976.4.14）（1985.7.17）	公職選挙法別表第1、附則７～９項	14条、44条（議員・選挙人の資格と差別の禁止）	議員１人あたりの選挙人数（有権者）の格差が、投票価値の不平等を招いている。	1986年５月、格差を３倍以内とする改正が行われた。
共有林分割制限違憲判決（1987.4.22）	森林法186条	29条1項（財産権の保障）	共有林の分割制限は、必要な限度を超えた不必要な規則で、合理性もない。	国会は同条項削除。
郵便法違憲判決（2002.9.11）	郵便法68・73条	17条（国家賠償請求権の保障）	故意・重過失がある場合まで国の責任免除は不合理。	2002年の郵便法改正で修正。
在外邦人選挙権制限違憲判決（2005.9.14）	在外国民の国政選挙権を認めない公職選挙法	15条1項、3項、43条１項、44条ただし書	在外選挙制度を創設しないまま放置したことは、やむを得ない事情があったとはいうことができない。	2006年、衆院小選挙区・参院選挙区の在外投票を認める公職選挙法改正。
非嫡出子国籍取得制限違憲判決（2008.6.4）	国籍法3条1項	14条1項	国籍取得につき合理性を欠いた過剰な要件を課するものとなっている。	2008年、婚姻要件を削除する国籍法改正。
非嫡出子法定相続分違憲判決（2013.9.4）	民法900条4号ただし書前段	14条1項	立法府の裁量権を考慮しても法定相続分を区別する合理的根拠はない。	2013年、民法改正で同条項前段を削除。
再婚禁止期間違憲判決（2015.12.16）	民法733条	14条1項、24条2項	100日を超えて再婚禁止期間を設ける部分は不合理な差別。	2016年、民法改正で100日の期間に短縮。

1 大津　2 司法権の独立　3 職権　4 心身　5 弾劾裁判所　6 国民審査　7 衆議院議員総選挙
8 大審院　9 特別裁判所　10 控訴審　11 三審制　12 陪審制　13 裁判員　14 検察審査会
15 違憲立法審査権　16 憲法裁判所　17 終審　18 憲法の番人　19 砂川　20 統治行為

おさえておきたい
Point　ミニ演習

1　最高裁判所は、司法権の最高機関で、民事・刑事事件等の訴訟に関しての終審裁判所である。このような重要性にかんがみ、その裁判官15名は、天皇が任命するほか、衆議院議員総選挙が行われる度に国民審査を受けることになっている。

✕ 長官は内閣の指名に基づき天皇が任命するが、他の判事の任命は内閣が行い天皇が認証する。国民審査は、任命後初の衆院総選挙日と、10年後の再審査が定められている。

2　地方裁判所は、下級裁判所のうち最上位にある裁判所で、三審制において第二審裁判所である。他方、簡易裁判所は三審制において第一審を扱う裁判所である。しかし、内乱罪のような政治的刑事事件などでは、地方裁判所が第一審としての裁判権をもつ。

✕ 下級裁判所の最上位は高等裁判所で、二審裁判所となる。一審裁判所は地方裁判所。簡易裁判所が一審となる場合、最高裁への特別上告が認められると、四審まであることになる。

3　日本国憲法は、特別裁判所の設置を禁じ、法の下の平等と司法権の独立を明確にしているが、皇室裁判所と行政裁判所については、特定の身分の者や特殊な性質の問題を取り扱う裁判所の必要性にかんがみ、その設置を例外として認めている。

✕ 特別裁判所は設置することができず、行政機関が終審となる裁判は禁止される。三権分立からの例外は、裁判官の弾劾裁判所と、議員の資格争訟裁判。

4　最高裁判所の判例の変更は、その判例が大法廷のものであるときは大法廷で、その判例が小法廷のものであるときは小法廷で、それぞれ行われなければならない。

✕ 最高裁の判例変更は、必ず大法廷でなされなければならない。

5　最高裁判所の判例は、制定法の欠缺《けんけつ》を補充し、法文に規定のない一般法理を定立し、法文を実質的に修正するなどの機能を果たしていることから、法律と同一の効力を有するとされている。

✕ 最高裁の判例は、判例法としての効力を有するが、立法権に基づき制定する法律と同一の効力とはいえない。

6　特別上告とは、刑事訴訟において、高等裁判所が上告審として行った判決や仮処分などに対して、憲法違反などを理由に最高裁判所に不服を申し立てることである。他方、民事訴訟では、最高裁判所が必ず上告審となるので、この制度は存在しない。

✕ 刑事訴訟と民事訴訟が逆になっている。たとえば、民事訴訟で、簡裁→地裁→高裁と上訴し、高裁が終局判決を行った場合に、最高裁へ不服申し立てを行う場合である。

7　再審は、確定判決に対して、主として事実認定の不当を理由として、もう一度裁判をやり直すための手続である。再審は、被告人の利益のための手続とされており、無罪の確定判決に対しては認められない。

○ 事実認定不当の根拠には、証拠の偽造や虚偽、証拠としての裁判の変更、新証拠などがある。

8　裁判員制度は、「裁判員の参加する裁判に関する法律」の規定に基づき、国民が裁判員として、地方裁判所で行われる刑事裁判及び民事裁判に参加する制度である。

× 地裁の刑事裁判で一定の重大な事件に適用される。民事裁判や上訴審には参加しない。

9　刑事裁判における裁判員は、裁判官と一緒に法廷に立ち会い、被告人が有罪か無罪かを裁判官と一緒に評議し、評決することになるが、有罪の場合にどのような刑にするかには関与しない。

× 裁判員は、裁判官と一緒に証拠調べを行い、有罪か無罪かの判断と、有罪の場合の量刑の判断を行う。

10　我が国の裁判員制度のように、国民が裁判に参加する制度は、不文法主義を採るアメリカ、イギリスでも行われている一方、成文法主義を採るフランス、ドイツでは行われていない。

× 陪審員制は英米法系の国で行われているが、国民の裁判参加制度は、フランス、ドイツ、イタリアでも行われている。

11　裁判員となることによる国民の負担が過重なものとならないようにし、負担の公平化を図るため、過去５年以内に裁判員を務めたことのある人は、裁判員に選ばれることはない。

× 裁判員に選定された場合、過去5年以内に裁判員に従事した者は辞退ができる。

12　裁判員制度は、特定の職業や立場の人に偏らず、広く国民が参加する制度であるから、原則として辞退できないが、会期中の地方公共団体の議会の議員であることは、辞退事由として定められている。

○ 70歳以上、学生、地方議会議員（会期中)、重い疾病又は傷害などが辞退事由として規定される。

13　裁判員の参加する合議体では、裁判官の員数は２人とされ、裁判員の員数は５人とされている。

× 裁判官3人、裁判員6人が原則である。

14　裁判員は、日本国内に住居を有する者の中から抽選で選ばれることとされ、日本国籍を有する必要はない。

× 衆議院議員の選挙権者の中から選任されるので、日本国籍は必要である。

15　裁判員は、守秘義務を負い、これに反した場合、刑事罰として罰金刑や懲役刑が科されることがある。

○ 6月以下の懲役または50万円以下の罰金とされる。

16　裁判員制度においては欠格事由のほかに就職禁止事由が定められており、国会議員、都道府県知事及び市町村長は裁判員の職務に就くことができない。

○ 就職禁止事由として、国会議員・大臣・司法書士・司法警察職員・自治体首長など多くが挙げられている。

17　法科大学院は、学校教育法上の大学院として設置されるものではなく、法曹界と大学の連携により法曹養成のための専門機関として設置されるものである。

✕ 法科大学院は学校教育法上の専門職大学院である。

18　特許権、著作権等の知的財産権に関する訴訟事件の増加に対応するため、既存の高等裁判所から独立した組織として知的財産高等裁判所が創設された。

✕ 知財高等裁判所は知的財産事件を専門に扱う東京高等裁判所の特別の支部であり、独立組織ではない。

11 地方自治

Level 1 ▷ Q05

おさえておきたい **Point**　キーワードチェック

1 憲法上の地方自治

イギリスの政治学者ブライスは、「地方自治は（　1　）の学校である」と述べたが、日本の場合、旧憲法には地方自治の規定はなく、地方制度は中央政府の意向を国の隅々に徹底させるためのものだった。日本国憲法第92条は、「地方公共団体の組織及び運営に関する事項は、（　2　）に基いて、法律でこれを定める」と規定した。（2）を生かすためには、地方公共団体の政治・行政が、その住民の意思に基づいて行われる（　3　）と、地方公共団体が国などの指揮・監督を受けることなく、独立して政治・行政を行う（　4　）という2つの側面での自治が保障されなければならない。

2 地方公共団体の立法

日本国憲法第94条は、地方公共団体の自主的な立法権である（　5　）制定権を「（　6　）の範囲内」においてのみ認めているが、具体的な場合で判断が分かれることも多い。

3 地方公共団体の事務

憲法では、地方自治を保障しているが、実際には、地方公共団体を国の出先機関として扱う傾向が強く残り、国の事務の執行を地方公共団体の機関に委任する（　7　）が広く実施されてきた。そこで、国と地方公共団体の関係を対等で協力的な関係とすることをめざして、1999年に（　8　）が制定された。これは、地方自治法の改正を中心とする関係法律の整備を指す。これによって、従来の（7）は廃止され、地方公共団体の事務は、固有の事務として独自に処理できる（　9　）と本来的には国が行うべき事項を国から委託されて処理する（　10　）の二つとなった。

❖地方公共団体の事務の変化

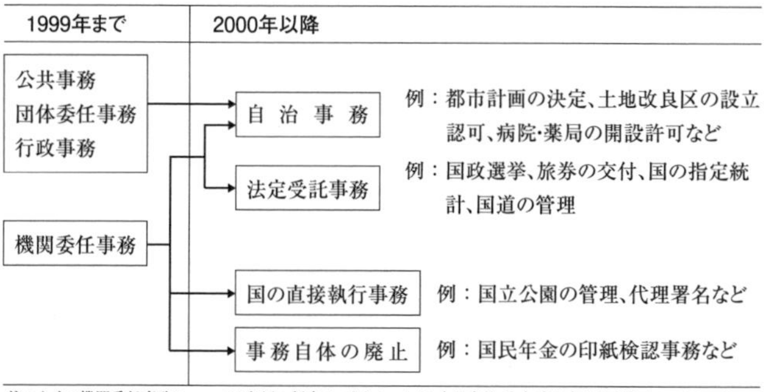

注:これまで機関委任事務については条例の制定はできなかったが、自治事務・法定受託事務を制定することができる。

4 地方公共団体の財政

地方公共団体の財政の中で（　11　）の占める割合は４割程度にすぎず、残りの財源は国からの配分に頼らざるをえないという問題が起きている。（　12　）は、地方公共団体の財政力の格差を是正するため、国税の一定割合を国が配分するものであるが、（　13　）は、公共事業や社会保障など、地方公共団体が行う特定の事務に関する経費の全部または一部を、使途を指定して国が支給するものである。その対象や補助率は国が定めるものであるため、地方自治が侵害されているとの批判がある。

5 住民の直接参加

憲法は、地方公共団体の長・議会の議員その他の公務員を直接選挙する選挙権のほか、特定の地方公共団体にだけ適用される（　14　）の住民投票権を定めている。地方自治法は、（5）の制定・改廃の請求権、長・議員らの（　15　）、地方議会の（　16　）請求権、監査の請求などの、（　17　）を保障している。

❖直接請求権の一覧表

請求の種類	必要署名数	請求先	請求後
条例の制定・改廃	有権者の50分の１	首長	議会での採決
事務監査	有権者の50分の１	監査委員	監査の実施
議会の解散	有権者の３分の１	選挙管理委員会	住民投票
首長・議員の解職	有権者の３分の１	選挙管理委員会	住民投票
主要公務員の解職	有権者の３分の１	首長	議会での採決

1 民主主義　2 地方自治の本旨　3 住民自治　4 団体自治　5 条例　6 法律　7 機関委任事務
8 地方分権一括法　9 自治事務　10 法定受託事務　11 地方税　12 地方交付税交付金
13 国庫支出金　14 地方特別法　15 解職請求権〔リコール〕　16 解散　17 直接請求権

おさえておきたい **Point** ミニ演習

1　地方公共団体の長は、その地方公共団体の住民の直接選挙によって選出することとされているが、条例に特別の定めがあれば、その地方公共団体の議員による選挙によって選出することができる。

× 地方公共団体の長は「直接これを選挙する」とされているので、地方議会議員の選挙で選出するのは憲法違反となる。

2　地方公共団体は、地域における事務に関し条例を制定することができるが、刑罰は必ず法律で定めなければならないことが憲法で定められているため、罰則を条例で定めることはできない。

× 法律の授権が相当程度に具体的で限定されていれば、条例で罰則を定めることも可能とするのが判例である。

3　特定の地方公共団体のみに適用される特別法は、その地方公共団体の議会において過半数の同意を得なければ、国会はこれを制定することができないとされている。

× 議会の同意ではなく、その地方の住民投票による過半数の同意が必要となる。

4　都道府県及び市町村の事務は、地方自治法上、公共事務、機関委任事務及び行政事務から成る自治事務と、法律によって地方公共団体が受託している法定受託事務に分けられる。

× 公共事務、機関委任事務は廃止され、地方公共団体の事務は自治事務・法定受託事務である。

5　都道府県及び市町村の事務の処理に関して国が関与を及ぼす場合には、法律又はこれに基づく政令の根拠が必要である。

○ 地方自治法245条の2。

12 日本の戦後政治

Level 1 ▷ Q14

おさえておきたい **Point** キーワードチェック

1 占領下の政党

第二次世界大戦の敗戦国日本は、アメリカを中心とした（　1　）の占領下に置かれた。（1）は、日本の政府を通じて統治する（　2　）の方式を採用し、日本の非軍事化と民主化を進めた。戦後活発化した労働運動を背景に（　3　）党が結成され、戦前は非合法化されていた（　4　）党が再建された。保守勢力の側は、日本自由党などに組織され、農村に大きな基盤を持った。占領期の1947年には（3）党の（　5　）内閣も誕生したが、1年足らずで崩壊し、自由党優位の下で戦後保守政治の基礎が固められた。

2 日米安全保障の成立 ▶ p80

アメリカは、米ソの冷戦が激化する中で、日本を社会主義陣営に対する極東での安全保障のかなめとする方向に占領政策を転換した。（　6　）内閣は、対米協調を基本とした政策を採り、1951年に（　7　）条約に調印して独立を回復すると同時に、（　8　）条約にも調印した。これにより占領終了後も米軍が日本に駐留することとなった。

3 55年体制

1951年の「片面講和」を巡って左右両派に分裂していた（3）党が（　9　）年に再統一すると、保守政党も自由党と民主党が合同し、（　10　）党を結成した。これによって、保守政党と革新政党が保守優位の下で対抗し合う体制が定着し、この体制は（　11　）と呼ばれた。1960年、（　12　）内閣は、（8）条約の改定を強行したが、これに対しては安保反対闘争が高まり、新条約自然成立後に（12）内閣は退陣へと追い込まれた。

4 高度成長期の政治 ▶p81

（12）内閣に代わって登場した（　13　）内閣は、「（　14　）計画」を掲げ、政策の重点を経済成長に置いた。高度成長に伴う都市化の進展によって（10）党の得票率は次第に低下したが、（3）党も勢力を減らした。一方で、1960年代には民主社会党（後の民社党）、公明党が相次いで結成され、多党化が進んだ。1972年に成立した（　15　）内閣は、「日本列島改造論」による成長の継続を掲げたが、1971年のドル＝ショック、1973年の（　16　）によって破たんし、高度成長に幕が降ろされた。1976年には（　17　）事件で、（15）前首相が逮捕され、保守政権は大きな危機を迎えた。1983～1986年には（10）党は、（　18　）と連立政権を組み、政権を維持したが、1986年の総選挙で大勝し、再び単独安定政権を復活させた。（　19　）内閣は、行財政改革などを進めた。

5 55年体制の崩壊

1980年代末から1990年代にかけて、未公開株の譲渡に絡んだ（　20　）事件や佐川急便事件などの政治腐敗が相次いで表面化した。1993年の総選挙での（10）党の過半数割れを契機に、8党派による非自民連立政権が誕生し、（11）は終えんを迎えた。

1946	戦後初の衆議院選挙 第一次吉田茂内閣	1956	日ソ共同宣言 日本、国連加盟	1982 1983	中曽根康弘内閣 自民党・新自由クラブと連立政権
1947	日本国憲法施行 片山哲社会党連立内閣	1960	新日米安保条約調印 岸内閣退陣 池田勇人内閣「国民所得倍増計画」	1986	衆参同日選で自民圧勝
1948 1950	GHQ占領政策転換声明 警察予備隊設置	1964	東京オリンピック 佐藤栄作内閣	1988 1992	リクルート事件 PKO協力法
1951	サンフランシスコ平和条約 日米安保条約	1972	田中角栄内閣 日中国交正常化	1993 1994	細川非自民連立内閣 政治改革関連法成立 村山自社さ連立政権
1952	警察予備隊が保安隊に	1973 1976	石油危機 ロッキード事件 福田赳夫内閣	1996	自民単独政権 民主党結党
1954	自衛隊発足	1981	第二次臨時行政調査会（土光臨調）	1997 1998	新ガイドライン発表 参院選・自民大敗
1955	日本社会党再統一 自由民主党結成				

1999	自民・自由連立政権 ガイドライン関連法 情報公開法、国旗国歌法、通信傍受法 自自公連立政権
2000	自公保連立政権 九州沖縄サミット
2001	小泉内閣 参院選自民過半数 テロ対策特別措置法
2003	民主党と自由党が合併 自衛隊イラク派遣
2005	郵政民営化法案可決
2006	第一次安倍晋三内閣
2007	福田康夫内閣
2008	新テロ対策特措法を衆院再可決 麻生太郎内閣
2009	衆院選で民主党圧勝 鳩山由紀夫連立内閣
2010	菅直人内閣 参院選・民主党大敗
2011	東日本大震災 野田佳彦内閣
2012	衆院選・自公圧勝 第二次安倍晋三内閣
2014	消費税８％に増税 衆院選・自公圧勝
2016	参院選・自公大勝 改憲勢力2/3以上に

1 GHQ　2 間接統治　3 日本社会　4 日本共産　5 片山　6 吉田　7 サンフランシスコ平和　8 日米安全保障　9 1955　10 自由民主　11 55年体制　12 岸　13 池田　14 国民所得倍増　15 田中　16 石油危機　17 ロッキード　18 新自由クラブ　19 中曽根　20 リクルート

おさえておきたい
Point　ミニ演習

1　1947年、初の社会党連立政権である片山内閣が誕生し、1954年まで一貫して政権を担い、その間、アメリカを中心とする西側諸国と平和条約を結んだ。

× 片山社会党連立内閣は翌1948年までの短命。次の社会党政権、村山富市内閣は、1994年から1996年まで。

2　1955年、左右に分裂していた日本社会党が統一され、また、自由党と日本民主党が合同して自由民主党が結成されて、二大政党制が誕生したが、その後、日本社会党が国会で占める議席が伸びず、「1と2分の1政党制」とも呼ばれた。

○ 社会党の議席が自民党の半分であることから、二大政党制ではなく、「1と2分の1」政党制と揶揄されたのである。

3　1957年、吉田内閣に代わって登場した岸内閣は、国鉄の分割民営化や防衛費の国民総生産比１％枠突破などを推し進めた。

× 石橋内閣後に成立した岸内閣といえば安保改定。国鉄民営化などは中曽根内閣時。

4　1993年、政治改革問題をめぐる党内対立をきっかけに自由民主党が分裂し、衆議院で中曽根内閣に対する不信任案が可決された。

× 宮沢喜一内閣に対する不信任案が可決し、解散総選挙後、細川非自民政権が誕生し、55年体制が終結する。

5　1993年、総選挙の結果、自由民主党の単独政権は崩壊し、７党１会派による村山連立内閣が誕生したが、翌年には再び自由民主党単独の橋本内閣が成立した。

× 細川政権後に、短命の羽田（予算管理）内閣があり、その後に村山自社さ連立政権が成立する。

13 政党政治

Level 1 ▷ Q10,Q13

おさえておきたい **Point** キーワードチェック

1 政党の成立 ▶p72

政党は、共通の主義・政策を有する人々が結成し、政策の実現と（　1　）の獲得をめざして活動する団体である。（1）の獲得をめざす点で、集団固有の利益など特殊利益の実現をめざして結成された（　2　）とは異なる。政党は時代によって組織や活動内容を変えてきた。制限選挙の時代には、教養と財産を持つ各地方の有力者が議員となり、（　3　）政党と呼ばれた。しかし、普通選挙制度によって有権者が増大した今日では、政党は有権者である大衆の利益を反映した政党に脱皮し（　4　）政党となった。

2 政党政治の形態 ▶p73

政党政治は、政党の数や勢力関係によって、次のようなタイプに分けられる。

	二大政党制	多党制	一党制
長所	大政党の存在によって政権が安定しやすい。	国民の多様な意見や利益を政治に反映できる。	強力な政治の実現が可能になる。
短所	国民の多様な意思や利益が反映されにくい。	小党分立によって政治が不安定になりやすい。	独裁政治の恐れがあり、民主的な政権交代が困難。
代表例	イギリス　アメリカ	フランス　イタリア スウェーデン	中国　北朝鮮

（　5　）制は、政権担当能力を持った大政党の存在によって政治は安定しやすいが、小政党は議会からほぼ締め出されるという欠点を持つ。（　6　）制は、小政党の議会への進出を可能にするが、小党分立となって政治が不安定になるともいわれる。しかし、政党間の連立が成功すれば、安定した（6）制も可能である。（　7　）制は、主に社会主義国で見られたが、1989年以来、東欧・ソ連では次々に複数政党制に移行した。

3 日本の政党政治 ▶p80

戦後日本の政党政治の最大の特徴は、1955年の結党以来、（　8　）党がほぼ一貫して単独政権を構成してきた点にあった。政権交代の可能性を持った政党間の競争が欠けていたことは、与党と官僚の癒着傾向や議会と行政の間の抑制・均衡の弱さ、政党の政策能力の弱さなどの弊害を生んだ。日本の政党政治の問題点には、次のものがある。

①議員政党的性格 日本の政党は、一般に国民の間に広い支持基盤がつくられていない。党員数が少なく、選挙においても議員個人の（　9　）や利益団体に依存する傾向が強い。
②党財政の未確立 政党が政治資金を党費でまかなえず、外部団体からの政治献金に依存する傾向が強く、金権政治の温床になりやすい。そのため、1994年に（　10　）が改正されたが、企

業・団体の政治献金の全面禁止には至らなかった。同時に、政党に公費の助成を行う（　11　）が新たに制定された。

③官僚機構への依存
政策立案の詳細は、官僚機構に依存する傾向が強く、政党機能の強化が指摘されている。

1 政権　2 利益集団〔圧力団体〕　3 名望家　4 大衆　5 二大政党　6 多党　7 一党
8 自由民主　9 後援会　10 政治資金規正法　11 政党助成法

おさえておきたい
Point ミニ演習

1　ウェーバーは、政党は伝統型政党、カリスマ型政党、合法型政党という段階を経て発達するとし、伝統型は「地主─小作関係」に基礎をおく政党であり、カリスマ型は革命家や戦争のヒーローをリーダーとする政党であり、合法型は政府によって結成が認められ、官僚によって動かされる政党であると論じた。

×ウェーバーは政党の発展を、貴族主義的政党、名望家政党（幹部政党）、大衆政党（組織政党）に分類した。伝統・カリスマ・合法は、ウェーバーの支配の正統性の区分である。

2　ミヘルスは、イギリスの労働党を研究し、民主主義を標榜する政党であっても党内では少数支配の傾向があることを発見し、それを「民主集中制」と名付けた。この傾向は、組織の効率的運営の必要性、リーダーの権力維持動機、大衆の無能力と指導者願望に由来すると論じた。

×ミヘルスは、ドイツの社会民主党の分析から、少数の指導者と多数の被指導者という少数支配は、被民主的組織となると主張した（寡頭制の鉄則）。

3　サルトーリは、政党の数と政党間のイデオロギー的な距離などの基準を用いて、政党システムを、一党システム、ヘゲモニー政党システム、一党優位政党システム、二党システム、穏健な多党システムなどに類型化し、一党優位政党システムの代表例として日本のいわゆる「55年体制」を挙げた。

○サルトーリは政党の数、政党間のイデオロギー距離を中心に、政党制を7種類に分類した。

4　デュヴェルジェは、政党の起源と組織構造から政党を幹部政党と市民政党に二分し、党組織が階統的で党幹部が大きな発言力をもつ社会主義政党などを幹部政党と呼び、個人のネットワークを基礎に党員を構成する一般市民が大きな発言力をもつ緑の党などを市民政党と呼んだ。

×デュヴェルジェは、ウェーバーの類型に基づき、政党の構成単位に着目した組織論的分類で、幹部政党・大衆組織政党・中間政党の3つに分けた。

5　キルヒハイマーは、民主化後の旧東欧社会主義諸国に出現した政党を包括政党と名付け、その特徴は、民主化の中で社会主義イデオロギーを放棄し、市場経済体制を支持し、特定

×キルヒハイマーは戦後ドイツの政党研究から、政党が脱イデオロギー化し、多く

の社会階層や地域に限定せず、あらゆる階層の選挙民から広く支持を集めようという戦略を採用することにあると論じた。

の利益を代表する包括政党になると主張した。

6　1955年、保守合同で誕生した自由民主党と、左右両派が統一した社会民主党による、55年体制と呼ばれる二大政党制が確立した。

× 55年体制下の日本は、サルトーリの一党優位政党システムにあたる。

7　自民党の分裂と内閣不信任案の可決を受けて行われた1993年の総選挙を経て、村山富市を首班とした非自民連立政権が誕生し、55年体制は終わった。

× 1993年の総選挙後、非自民8会派連立の細川護熙内閣が成立し、55年体制は終わる。

8　政党助成法は、国会議員の数などの条件を満たす政党に対して、政党活動にかかる費用の一部を、国家予算から政党交付金として交付するための法律である。

○ 政治献金を制限する代わりに、国庫から助成金を交付するものである。

9　政治資金規正法は、政治資金を受けた政治団体や政治家の収支報告義務、団体献金の量的制限などを定め、政治の公明・公正を確保しようとして制定された法律であり、同法の一部改正で、政治献金の制限や公表基準が改正された。

○ 政治資金の収支公開と、政治資金授受の規正を目的とし、政治団体・公職候補者に、報告義務・寄附制限を課す法律である。「規制」ではなく「規正」である。

14 選挙と世論

Level 1 ▷ Q10,Q13　Level 2 ▷ Q22

おさえておきたい **Point**　キーワードチェック

1 選挙の原則

選挙制度は、どの国でもはじめは身分・財政・性別などによって選挙権・被選挙権を制限した（　1　）であった。日本でも、第1回衆議院議員選挙では、直接国税（　2　）円以上を納める25歳以上の男性だけに選挙権を認めていたが、（　3　）の高揚の中で、1925年に治安維持法と同時に（　4　）が制定され、25歳以上の男性に対する普通選挙が実現した。男女普通選挙は、1945年の婦人参政権の採用によってようやく実現した。現在、公職選挙法は満18歳以上の者の選挙権を規定している。

❖選挙の原則

①（　5　）選挙 一定の年齢に達した国民すべてに選挙権・被選挙権を認める。
②（　6　）選挙 選挙人の投票価値を平等に扱う。

③（　7　）投票
各人の投票の自由を保障するため、投票の秘密を守る。

④（　8　）選挙
有権者本人が直接候補者に投票する。

2 選挙制度の特徴 ▶p78 ▶p96

選挙制度は、各国の歴史的事情により多様な形態がある。その特徴は次の通りである。

❖選挙制度

	小選挙区制	大選挙区制	比例代表制
方　法	1選挙区から1人を選出	1選挙区から得票順に定数分まで当選	各党の得票数に比例して総議席を配分
長　所	・多数党ができやすく政権が安定する	・有権者の民意を比較的正確に反映する ・少数派も議席を確保	・民意を正確に反映し少数派も議席を確保 ・死票が少ない
短　所	・多数党が議席の大半を独占する危険 ・落選者に投じられる死票が多い	・小党が分立し、安定した政権が確立しにくい	・小党分立となり、政治が不安定になりやすい

3 日本の選挙制度 ▶p97

日本の選挙制度については、衆議院は、1947年以来1選挙区から原則として3～5名の代議員を選出する（　9　）制（理論的には大選挙区制の一種）を採用し、参議院では、1982年に都道府県単位に2～8名を半数改選する選挙区制と（　10　）式比例代表制を採用してきた。しかし、衆議院の（9）制は、「金のかからない選挙」「二大政党制を実現する」などを理由に、1994年に（　11　）制が採用された。また、参議院では2000年の法改正で、都道府県単位の選挙区選挙と全国を単位とする（　12　）式比例代表制が併用されることになった。

4 日本の選挙制度の問題点

①議員定数の不均衡問題
選挙区ごとの有権者と議員定数の比率に大きな不均衡が生じ、一票の価値に不平等が起こっている。最高裁判所は、衆議院の定数配分規定について、1976年に5：1、1985年に4.4 対1の格差をそれぞれ（6）原則（憲法第14・44条）に違反するとしたが、抜本的改善には至っていない。

②選挙運動の制限
公職選挙法には、選挙運動中の（　13　）訪問の禁止や文書配布の制限などが定め

られている。

③選挙資金を巡る問題
選挙違反の大半は買収であり、悪質な選挙違反に対しては、候補者自身には直接関係がなくても当選が無効となる（　14　）制の一層の強化が求められる。

5 政治参加と無関心

政治的無関心には、次のタイプがある。

①伝統的無関心
政治参加の機会から排除されたり、政治的無知から、政治は支配者にまかせておけばよいとする。

②現代的無関心
参政権や政治知識を持ちながら、政治に背を向ける。

1 制限選挙　2 15　3 大正デモクラシー　4 普通選挙法　5 普通　6 平等　7 秘密　8 直接
9 中選挙区　10 拘束名簿　11 小選挙区比例代表並立　12 非拘束名簿　13 戸別　14 連座

おさえておきたい Point　ミニ演習

1　国政選挙においては、選挙区間の議員１人当たり有権者数に格差が生じる、いわゆる議員定数不均衡問題が指摘されており、最高裁判所は、平成17年９月の衆議院議員総選挙における小選挙区の区割りについて、同19年６月、憲法の平等原則に反するという違憲判決を下した。

×平成になってからの衆院総選挙の定数不均衡訴訟で、最高裁は違憲判決を出していない。ただ、平成5・23・25・27年に「違憲状態」とする判断をしている。平成19年は合憲判決であった。

2　選挙権及び被選挙権、選挙運動、選挙手続等に関し、衆議院議員及び参議院議員の選挙については公職選挙法によって定められており、地方公共団体の議会の議員及び長の選挙については、公職選挙法ではなく各地方公共団体の条例によって定められている。

×公職選挙法の対象は、衆議院議員・参議院議員・地方公共団体の議会の議員・地方公共団体の長の選挙である。

3　衆議院議員総選挙においては、小選挙区と比例代表の重複立候補が可能であり、小選挙区で落選した場合でも、比例代表で当選することがあり得るが、小選挙区での得票数が有効投票総数の一定割合に達しなかった重複立候補者は、比例代表選挙においても当選人となることができない。

○重複立候補者でも、小選挙区での得票が有効投票の10%に満たない場合は、当該選挙の比例名簿から除外され、比例区で復活当選することはできない。

4　海外に在留する有権者については、従来、国政選挙に参加することができなかったが、平成18年の公職選挙法の改正により在外選挙制度が設けられ、衆議院及び参議院の比例代表選出議員選挙に限り、平成19年６月以降、投票を行うことが可能となった。

× 平成10年から認められた在外投票は比例代表選挙に限定されていたため、最高裁が違憲判決を下し、平成18年の公職選挙法改正で選挙区選挙も可能となった。

5　参議院議員選挙においては、非拘束名簿式による比例代表制を採用していたが、平成13年以降、各政党からあらかじめ提示されている候補者名簿の順位に基づき、各政党の総得票数に応じて当選者数が比例配分されて当選者が決まる、拘束名簿式比例代表制に改められた。

× 参議院では、平成13年に拘束名簿式から、名簿順位のない非拘束名簿式に変更された（個人名得票で順位を決める）。衆議院の比例区は拘束名簿式である。

15 国際政治

Level 1 ▷ Q11　Level 2 ▷ Q24

おさえておきたい
Point　キーワードチェック

1 近代国家体制の成立

1648年に（　1　）条約が締結され、ここに（　2　）を単位とする近代国際社会が形成された。国際社会のこのようなあり方は、1815年の（　3　）会議において明確な形を取り、近代国家は、(2)であると同時に、(　4　)でなければならないという観念が徐々に広がった。

2 国家間同盟の形成

各国は、自国の安全保障のために展開した（　5　）政策を取り、当面の平和の維持にとどまらず、しだいに軍事力偏重へと傾斜し、対抗し合う軍事同盟の結成へと発展した。

3 国際法

「国際法の父」と呼ばれる（　6　）は、30年戦争を背景に『(　7　)』を著し、国家間の対立に際しても守らなければならない法があることを明らかにした。国際法は、すべての国家を規律し、国家間の黙示の合意によって形成された（　8　）と、特定の国家間のみを規律し、国家間の明示の合意によって形成される（　9　）からなる。

勢力均衡による安全保障

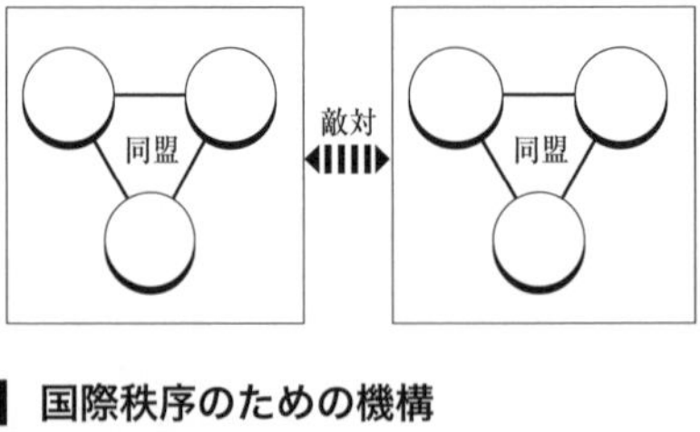

集団安全保障

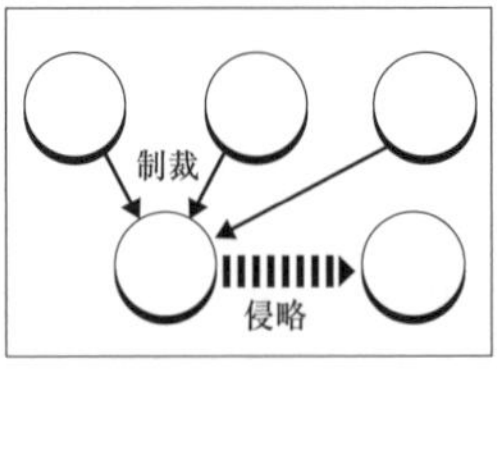

4 国際秩序のための機構

1918年、アメリカ大統領（　10　）は、第一次世界大戦後の国際秩序について（　11　）を発表し、初めての世界平和機構として（　12　）の設立を提唱した。1920年に42カ国の参加で発足した（12）は、（　13　）体制・軍備縮小・紛争の平和的解決により世界の平和を達成することを目的とした。(13）は、戦争その他の武力行使を条約によって禁止し合い、これに違反した当事国に対して集団的に（　14　）を加えることによって、平和の維持・回復を図ろうとする体制である。

5 国際連盟の問題点

（12）は、敗戦国ドイツや社会主義国ソ連などの参加をみて強化される面もあったが、現状維持の体制に不満な日本・ドイツ・イタリアがあいついで脱退し、（　15　）を結成し侵略行為を重ねたのに対して、(12）は有効な措置を取ることができないまま、第二次世界大戦の勃発とともに事実上崩壊した。

❖国際連盟機構図

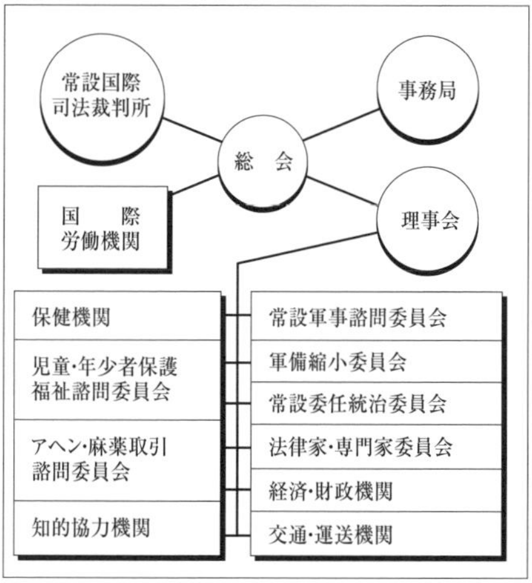

❖国際連盟の欠陥

①総会と理事会の（　16　）制のため、構成国間の重大な対立に際しては、有効な決定が困難であった。

②決定は、原則として単なる勧告にすぎず、侵略国に対しても軍事的措置を取ることができず、（　17　）にとどまった。

③国際連盟の提唱国であるアメリカが、孤立主義を望む上院の反対で一貫して加盟せず、革命まもないソ連は当初国際連盟と対立関係にあり、国際連盟の普遍主義は大きく限定されていた。

1 ウェストファリア　2 主権国家　3 ウィーン　4 国民国家　5 勢力均衡　6 グロティウス
7 戦争と平和の法　8 慣習国際法　9 条約　10 ウィルソン　11 十四カ条　12 国際連盟
13 集団安全保障　14 制裁　15 三国同盟　16 全会一致　17 経済的制裁

おさえておきたい
Point　ミニ演習

1 「主権国家」とは、国家は領土内で排他的権利を持つという概念であり、ナポレオン戦争を処理するためのウィーン会議で認められた。それ以来、主権国家が外交や国際会議の主要単位であったが、最近、国際機関、NGO、多国籍企業の発言力が大きくなったため、主権国家を強化しようという動きがある。

× 主権国家の概念は、絶対王政下での君主主権の主張（ボーダン）に始まり、三十年戦争後のウェストファリア条約によって各国に認められた。

2　グロティウスは、自然法に基づく国際法の概念を提唱し、その著作『永久平和のために』で、主権国家の上位に立つ国際組織の設立を呼びかけた。

×『永久平和のために』で国際組織の設立を主張したのはカントである。

3　すべての国際法は、統一的な立法機関である国際連合で作られ、そこで成立した国際法はすべての国に対して拘束力をもつ。

× 一般的な国際法の概念と、国際機関である国際連合を、直接結びつけることはできない。

4　条約とは、国家間の合意事項を成文化したものであり、すべての条約は国家の代表者によって調印された時点で成立し、効力を発する。

× 条約は、交渉→調印→批准（→国会承認）という手続きをとり、一般的には批准によって効力を有する。

5　国際慣習法は、広く国際社会の中で行われていた慣行が、法として国家間で認められたものである。

○ 条約とともに、国際法の法源として一般的に認められている。

16 国際連合

Level 1 ▷ Q11　Level 2 ▷ Q23,Q24

おさえておきたい **Point**　**キーワードチェック**

1 第二次大戦後の国際秩序

連合国による第二次世界大戦後の国際平和構想は、1943年モスクワ宣言、1944年の（　1　）、ヤルタ会談などで協議が続けられ、1945年4～6月の（　2　）において（　3　）が採択された。同年10月24日に必要な批准数を得て国際連合が誕生した。

当初の加盟国は51カ国。日本は56年に加盟。71年に中華民国（台湾）に代わり中華人民共和国が加盟。91年にソ連をロシアが承継、大韓民国（韓国）・朝鮮民主主義人民共和国（北朝鮮）が同時加盟。2002年にスイスがオブザーバー参加から正式加盟。

❖国際連盟と国際連合の比較

国際連盟

成立	1920年
加盟国	原加盟国42カ国 アメリカ不参加
主要機関	総会・理事会・事務局 常設司法裁判所
表決方法	全会一致制
制裁措置	経済的制裁

国際連合

成立	1945年
加盟国	原加盟国51カ国 2019年9月現在193カ国
主要機関	総会・安全保障理事会・経済社会理事会・信託統治理事会・事務局 国際司法裁判所
表決方法	多数決制（安全保障理事会では5大国に拒否権）
制裁措置	経済的制裁のほかに軍事的強制措置

2 国際連合の基本構成 ▶p74

国際連合の（　4　）は、全加盟国の代表から構成され、国連すべての目的に関する問題について討議・決定し、任務を遂行する。（　5　）は、5大国からなる（　6　）と任期2年の10非常任理事国で構成され、平和と安全の維持に関しては（4）よりも優越的な地位を保障される。（5）は、大国一致の原則に基づいて運営され、（6）は（　7　）を持っている。そのため、冷戦が厳しかったこれまでの歴史の中では、（5）が機能しなくなることもあった。1950年の（　8　）決議は、（4）がこれに代わって活動することを認めたものである。

3 国際連合の強制力

国連の（5）は、紛争の平和的処理のほか、経済・外交関係の断絶など非軍事的強制措置や、軍隊による示威・封鎖など（　9　）措置を決定することができるが、（3）の規定する意味での国連軍はいまだ組織されていない。これに代わって、必要に応じた便宜的措置として生まれたのが、国連の（　10　）である。この活動は、（3）には明確な根拠はないが、兵力引き離しや非武装地帯の確保にあたる（　11　）と、通常非武装で停戦違反を調査する（　12　）に分類され、人員は中立的な立場の加盟国が自発的に提供してきた。これらの活動は、紛争当事国の停戦合意、内政不干渉、中立不偏を原則としていたが、冷戦終結後には紛争の予防展開という考え方に基づき、武力行使を前提とする平和執行部隊が（　13　）やボスニア・ヘルツェゴビナなどに派遣された。しかし、これらはうまく機能せず、改めて冷戦後の（10）のあり方が問い直されている。他方、民主的政府の樹立を含む行政監視や選挙実施などはカンボジアや東ティモールで実行された。

4 国際連合の組織 ▶p98

国際的な経済・社会・人権問題の解決をになう中心機構は、（　14　）である。これは、ILO やUNESCO、WHO などの（　15　）や3,000を超す（　16　）などと連携し、国際協力の実を上げている。また、オランダのハーグには、国家間の問題に司法的判断を下す機関として（　17　）が置かれている。

5 環境・人権問題への対応

国際連合は、南北問題については、4次にわたる開発計画を組んだり、1964年に（　18　）を設立して途上国の発展の援助や協力事業を行っている。環境問題については、地球規模での環境保護を図るため、1972年に（　19　）を開催して「人間環境宣言」を採択した。1992 年には（　20　）を開催し、温室効果ガスの排出量の削減をめざす（　21　）と生物資源について生息国の主権を認めようとする（　22　）を締結した。人権の擁護については、1948年の世界人権宣言や1966年の（　23　）の採択で知られるが、その他の個別的人権条約も多数作成している。戦禍や政治的、宗教的迫害を逃れるために、母国から脱出した人々である（　24　）に対しては、難民条約をつくるとともに（　25　）を設立して国際的保護と物質的援助を行っている。近年ではミレニアム開発目標（MDGs）の後継である「持続可能な開発目標（SDGs）」を2015年に国連サミットで採択し推進している。

1 ダンバートン=オークス会議　2 サンフランシスコ会議　3 国連憲章　4 総会
5 安全保障理事会　6 常任理事国　7 拒否権　8 平和のための結集　9 軍事的強制
10 PKO　11 PKF〔平和維持軍〕　12 停戦監視団　13 ソマリア　14 経済社会理事会
15 専門機関　16 NGO　17 国際司法裁判所　18 UNCTAD〔国連貿易開発会議〕
19 国連人間環境会議　20 国連環境開発会議〔地球サミット〕　21 気候変動枠組条約
22 生物多様性条約　23 国際人権規約　24 難民　25 国連難民高等弁務官事務所

おさえておきたい
Point　**ミニ演習**

1　国際連合には現在190カ国以上の国々が加盟しているが、スイスや北朝鮮（朝鮮民主主義人民共和国）はいまだ国際連合に加盟していない。

×北朝鮮は1991年、スイスは2002年に加盟。

2　総会はすべての加盟国で構成され、総会における決定は、全加盟国の賛成がなければ行うことができない。

×総会決議は多数決で行われる（一般事項は過半数、重要事項は3分の2以上の特別多数）。

3　国際連合（UN）は、国際社会の安全と平和の実現を目的として第二次世界大戦中に発足した国際機関であり、同連合において重要な任務を担う安全保障理事会は、2019年現在、アメリカ合衆国、フランス、ドイツ、ロシア、中国の5カ国の常任理事国と10カ国の非常任理事国で構成されている。

×正式発足は1945年10月24日なので大戦中ではない。常任理事国は、ドイツではなくイギリス。

4　安全保障理事会は、アメリカ、イギリス、フランス、ロシア、中国の5常任理事国と総会で選挙される非常任理事国10カ国とで構成されるが、5常任理事国は拒否権をもっている。

○通常、15理事国のうち9理事国の賛成で決定するが、重要事項については、5常任理事国の拒否権がある。

5　国家間で国際法上の紛争が生じた場合に、国際司法裁判所は、常に紛争当事国の合意を得ずに裁判を行うことができる。

×紛争両当事国の同意、または被告国の同意がなければ裁判は行えない。

6　平和維持活動（PKO）について、日本は、憲法上の制約があることから、これまで参加したことはない。

×国際平和協力法（PKO協力法）を制定し、自衛隊を中心に各地に派遣されている。

7　国連平和維持活動は、紛争の拡大を防ぐ平和維持軍、停戦合意を監視する停戦監視団の活動などからなるが、平和維持軍は、湾岸戦争では安全保障理事会と加盟国との特別協定に基づいて国連軍として武力行使を行った。

×平和維持軍（PKF）は兵力引き離しや撤退監視を目的とし、武力行使が目的ではない。また、湾岸戦争で派遣されたのは、多国籍軍であり国連軍ではない。

8　信託統治理事会は、経済、社会、人権などの分野で国際協力を促進する国連の中心機関で、国連教育科学文化機関などの専門機関と連携しながら国際紛争の原因となる貧困や社会的不平等を取り除く活動を進めている。

× 経済社会理事会の内容である。信託統治理事会は、旧植民地独立のための機関であるが、現在活動していない。

9　国際連合は、創立から80年以上が経過しており、現在の国際社会の状況にその構成を適合させるために安全保障理事会の常任理事国を拡大するなどの機構改革が論議されている。

× 設立は1945年なので設立から80年以上経過していない。安保理改革などの国連改革が主張されていることは正しい。

10　国連教育科学文化機関（UNESCO）は、開発途上国における児童の教育水準・文化の向上及び福祉の増進を目的とした国連の専門機関であり、近年においては、難民支援の一環として、難民の子弟に対する教育支援活動を展開している。

× UNESCOは、諸国民の教育、科学、文化の協力と交流を通じて、国際平和と人類の福祉の促進を目的とした国際連合の専門機関である。

17 戦後の国際政治

Level 2 ▷ Q24,Q25

おさえておきたい
Point
キーワードチェック

1 東西対立の発生 ▶ p100

戦後の国際政治を大きく規定していたのは、冷戦による東西対立であった。西側諸国では、1946年、イギリスのチャーチルによる「（　1　）」演説、1947年のアメリカ大統領による共産主義封じ込め政策［＝（　2　）］や西欧諸国への経済復興を目的とした（　3　）が実行された。東側では、それに対抗して国際共産党情報局［＝（　4　）］が結成され、緊張が激化した。アメリカを中心にした西側諸国が（　5　）を結成し、軍事的結束を固めると、ソ連を中心とした東側は（　6　）を結成し、二つの軍事同盟が対峙する世界が生まれた。

2 冷戦構造の展開

1962年の（　7　）によって、全面核戦争の危機を認識した米ソ首脳は、平和共存に乗り出し、1970年代にデタントは本格化した。西側では、（　8　）が（5）の軍事機構から離脱し、ECの発足によりヨーロッパの一体化が進んだ。東側では、ソ連型とは異なる社会主義をめざす動きが見られた。アジア・アフリカの新興諸国は、1955年に（　9　）を開催し、主権と領土保全の尊重、諸国民の平等などを掲げる（　10　）を採択した。また、1961年からは非同盟主義を外交方針とする諸国によって（　11　）が開かれ、国際政治は、二極化の構造から（　12　）の傾向へと移った。

3 冷戦の終結

1989年、東欧諸国で政治・経済改革が始まった。東欧諸国の社会主義体制の崩壊、ベルリンの壁の崩壊を受け、同年末、（　13　）において冷戦の終結が宣言された。ヨーロッパでは、（　14　）の首脳会議が開かれ、欧州の対立と分断の時代は終結したとするパリ憲章が採択された。(14) は、1995年に（　15　）へと改組され、国連憲章に基づく欧州の地域機構となった。アジアでは、1989年にASEAN諸国と日・米・韓・カナダ・オーストラリア・ニュージーランドなどが参加した（　16　）が結成された。また、1994年にはASEAN諸国に日・米・韓や中・ロまで加えた（　17　）が結成され、アジア太平洋地域の安全保障問題を扱う初の多国間協議枠組として注目を集めた。

4 軍縮・核不拡散 ▶p102

冷戦期に蓄積された核兵器を巡っては、(7) を契機に核保有国による軍備管理が始まった。1963年、地下を除く核実験を禁止する（　18　）が調印され、1968年には核兵器保有国の増加防止を目的とした（　19　）が調印された。1972年には、米ソ間で保有できる戦略兵器の上限を設定する（　20　）が、1979年にはSALTⅡが調印された。1980年代後半以降になると、米ソ両国は、初の核兵器削減条約である（　21　）の締結（1987年）に加え、配備済みの戦略核についてもその一部を廃棄するという（　22　）にも調印した（1991年）。他方、国連総会は、1996年に爆発を伴う核実験を全面的に禁止する（　23　）を採択したが、まだ発効されていない。

❖軍縮のあゆみ

1946	チャーチルの「鉄のカーテン」演説
1947	アメリカ､トルーマン＝ドクトリン発表
1949	北大西洋条約機構（NATO）結成 ソ連、原爆初実験
1950	朝鮮戦争起こる
1955	ワルシャワ条約機構（WTO）結成 第1回原水爆禁止世界大会（広島）
1961	東ドイツ、ベルリンの壁構築
1962	キューバ危機
1963	米･英･ソ、部分的核実験停止条約調印
1968	核不拡散条約調印
1972	第1次戦略兵器制限協定(SALTⅠ)調印

1978	第1回国連軍縮特別総会開催
1979	米・中国交樹立 第２次戦略兵器制限協定（SALTⅡ）調印
1987	INF全廃条約調印
1989	東ドイツ、ベルリンの壁撤去
1990	東西ドイツ再統一
1991	戦略兵器削減条約（STARTⅠ）調印 ソ連解体、独立国家共同体結成
1993	STARTⅡ調印
1996	包括的核実験禁止条約（CTBT）、国連総会で採択

5 日本の外交

日本は、1956年に（　24　）によってソ連との国交が回復した直後に、国際連合加盟が認められ、自由主義諸国との協調、（　25　）主義、アジアの一員としての立場を外交活動の基本としてきた。中国とは1972年に（　26　）を発表し、1978年に（　27　）を締結した。韓国とは1965年に（　28　）を締結したが、北朝鮮との国交回復は残された課題である。

重要事項 スピードチェック

1 鉄のカーテン　2 トルーマン=ドクトリン　3 マーシャル=プラン　4 コミンフォルム
5 NATO〔北大西洋条約機構〕　6 ワルシャワ条約機構　7 キューバ危機　8 フランス
9 アジア=アフリカ会議　10 平和10原則　11 非同盟諸国首脳会議　12 多極化
13 マルタ会談　14 CSCE〔全欧安保協力会議〕　15 OSCE〔欧州安保協力機構〕
16 APEC〔アジア太平洋経済協力会議〕　17 ARF〔ASEAN地域フォーラム〕
18 部分的核実験禁止条約　19 核不拡散条約　20 SALT I　21 INF〔中距離核戦力〕全廃条約
22 START I〔戦略兵器削減条約〕　23 CTBT〔包括的核実験禁止条約〕　24 日ソ共同宣言
25 国連中心　26 日中共同声明　27 日中平和友好条約　28 日韓基本条約

おさえておきたい Point　ミニ演習

1　ソ連は連邦から離脱しようとしたロシア共和国を軍事で押さえつけたが、エリツィン・ロシア大統領を中心とする独立派は、民衆の支持を得てクーデタを起こした。

× ソ連で1991年にクーデタを起こし失敗したのは、共産党保守派。

2　東ドイツは、ソ連崩壊後、西ドイツへの国民の流出が増大し、この流出を実際上阻止できなくなったため、西ドイツと1年後のドイツ統一の協定を結んだ。

× ドイツでは、1989年にベルリンの壁が崩壊し、1990年に東西ドイツが統一した。ソ連崩壊は翌1991年のこと。

3　ポーランドでは、ソ連崩壊直後にワレサを中心とする自主管理労組「連帯」の指導による市民の武力蜂起によって共産党勢力が一掃された。

×「連帯」が共産党政権に代わって政権を組織したのは、1989年のこと。

4　チェコスロバキアでは、1960年代の「プラハの春」以来、一党独裁体制が保たれていたが、「ビロード革命」といわれるほとんど流血を伴わない政治変動が進み、共産党の指導的役割が否定された。90年代にはチェコとスロバキアに分離独立した。

○ ビロード革命とは同国の民主化・複数政党制推進政策などを指す。

5　「開発独裁」とは、少数の政治エリートや軍部が強権を握り、経済開発を最優先するという名目のもとで国民の政治参加を制限する独裁を正当化する体制を指す。これは一般に発展途上国に多く見られ、フィリピンのマルコス政権、インドネシアのスハルト政権などがその代表例とされている。

○ 一定の経済発展が達成されると、民主化運動により独裁政権は崩壊することが多い。

6　「従属理論」とは、ソビエト連邦の解体後のCIS（国家独立共同体）において、歴史的経緯、資源や軍事的手段の独占を通じて、その他の構成国がロシアに支配されていることを

× 従属理論は、南北問題と同じ視点から、先進国の発展が途上国の従属によって成

指す。同じ国家連合でも国家間関係が全く異なるという意味で、よくEU加盟国の対等性と比較される。

立しているとする考え方である。

7 「権威主義体制」とは、アフリカや中東の諸国に見られるカリスマ的指導者が宗教的権威に依拠する政治体制を指す。これらの国では、社会構造の専門化・分化が進まず、西欧型の議会主義も十分に機能せず、宗教権威が世俗権威に優越するという特徴を持っている。

× 権威主義体制とは、スペインのフランコ軍事政権を表わした政治学者リンスの言葉。民主主義と全体主義の中間的な体制をいう。

8 「対人地雷禁止条約（オタワ条約）」は、対人地雷の使用、貯蔵、生産等を全面的に禁止し、その廃棄を義務付ける条約である。アメリカ合衆国とロシアの主導により成立した。2007年末現在、カンボジア、ミャンマーを除くすべての国連加盟国が締結しており、我が国も、各国の地雷除去等の支援に取り組んでいる。

× ジュネーブ軍縮会議という正式の手順によらず、カナダとNGOを中心に成立しており、オタワプロセスと呼ばれている。米・ロ・中など締結に至っていない主要国も多い。

9 「包括的核実験禁止条約（CTBT）」は、核兵器を保有できる国を制限し、それ以外の国による核兵器の製造や核実験を禁止する条約である。2008年末現在、発効要件国であるフランス、パキスタン、インドが批准しておらず、未発効となっている。

× CTBTは全ての核実験・核爆発を禁止するもので、保有国の制限は核不拡散条約。フランスは批准済みだが、未批准国も多くいまだ発効していない。

❖MEMO❖

Q01 国家機能の変遷

問 **国家に関する次のA～Dの記述の正誤の組合せとして最も適当なのはどれか。**

（裁判所職員）

A　夜警国家とは、「個人の財産と人格的自由」の保護だけを任務とした近代自由主義国家を批判した表現であり、ドイツの社会主義者ラッサールによって初めて用いられた。現在では、一般的に「安価な政府」、「消極国家」などとともに、近代自由主義国家を特徴づける言葉として用いられる。

B　福祉国家とは、政府が積極的な社会政策や経済政策を実施することによって国民生活の安定と福利の増進を図る国家を指し、20世紀前半から徐々に形成され、1930年代の大恐慌を経て、西欧先進諸国で定着した。特にイギリスでは、経済学者ケインズが示した政府の財政政策と社会保障に関する総合計画に基づいて、体系的な社会保障制度が形成された。

C　権力国家とは、支配と被支配の権力関係または権力機構を中心に考えられた理念的な国家概念である。例えば、反抗的な有力者や人民を服従させ、彼らから積極的な支持を獲得する「支配の技術」を教えているという点で、マキアヴェッリの『君主論』は権力国家論の系譜に属している。

D　破綻国家は、1980年代のラテンアメリカ諸国の経済危機に際してIMFが経済破綻をした国につけた名称である。インフレ率、経常収支赤字比率、貿易収支赤字比率、対外債務残高などの指標が一定の基準を超えると、破綻国家と呼ばれ、IMFや世界銀行が救済策を発動することになっている。

	A	B	C	D
1	正	正	正	誤
2	正	誤	正	誤
3	正	誤	誤	正
4	誤	正	正	正
5	誤	誤	誤	正

おさえておきたい
Point **キーワードチェック**

◉国家の本質

⑴国家の３要素…領域・国家主権・国民

⑵国家主権の対外的機能…独立主権国家としての（　１　）

◉近代から現代への国家機能変遷

⑴近代国家の基礎…（　２　）＋中央集権による民族的統一＋経済的な国内市場の形成

⑵近代国家の完成…市民革命による議会政治確立＋（　３　）による資本主義社会の形成

(3)行政・福祉国家…資本主義の完成期には、自由放任の（　4　）の矛盾が顕在化。政府の経済活動への直接的介入や労働者の保護、社会保障制度の整備等で、政府の機能が増大。

◉立法国家から行政国家への変化

(1)議会の政治的統合機能の低下

近代議会は選挙人と同質の議員で構成され、小さな政府の下で議会が処理する事項も少なく、討議による政治的統合が機能していた((　5　)国家)。しかし、普通選挙制による大衆の政治参加と積極国家化により、議会では国民各層の利害が対立し（　6　）は低下していった（相対的な行政部の優位）。

(2)行政機能拡大の要因

①官僚による法案作成

高度に複雑化した社会に対応する法案の作成には、専門的・技術的知識が必要であり、こうした知識や能力をを持つ（　7　）が整備されていった。

②行政指導

行政機関の助言・勧告・警告によって、国民の権利を制限し利益の誘導を行う。

③行政による委任立法

議会は法律で原則だけを規定し、その運用は専門的知識を持つ行政機関に委任される。

④自由裁量の拡大

法律の定める（　8　）の範囲内で行政行為が行え､その行為の当否に司法権は及ばない。

(3)行政権肥大化への対処

①（　9　）の積極行使…国会を通じた民主的コントロール

②財政民主主義の徹底…（　10　）に基づく財政処理

③（　11　）推進…中央集権体制を是正し、権限を地方に分散

④（　12　）制度の活用…行政機関の透明化、国民の監視

1 絶対性　2 絶対王政　3 産業革命　4 夜警国家　5 立法　6 統合機能　7 官僚制
8 裁量権　9 国政調査権　10 国会の議決　11 地方分権　12 情報公開

A01　正解ー2

A－正　本来はブルジョワ的私有財産の番人に過ぎない国家を批判した言葉であった。

B－誤　ケインズ理論ではなく、ベヴァリッジ報告により社会保障制度は確立された。

C－正　マキアヴェッリの『君主論』は、絶対君主の権力と権力機構に関する理論である。

D－誤　政治腐敗や内乱で統治・行政機能を果たすことができなくなった国家を破綻国家（失敗国家）と呼ぶ。IMFや主要経済指標との直接的な関係はない。

Q02 法の支配

問 法の支配に関する記述として、妥当なのはどれか。 (地方上級)

1 法の支配とは、権力者による恣《し》意《い》的な支配を排除し、権力者を法によって拘束し、法に従った政治を行わせ、国民の人権を保障する考え方をいう。

2 法の支配とは、権力の行使が法の定める形式に合っているかどうかを重視し、法律によって行政を規制するもので、ドイツで生まれた考え方である。

3 法の支配とは、支配者の意思が法であり、王には絶対的な権力が与えられているとして、絶対主義を正当化する考え方である。

4 法の支配とは、法治行政の原則を指し、政府の任務は国防や治安の維持などの必要最小限のものに限定されるべきとする考え方をいう。

5 法の支配における法とは、国家権力によって強制される点で社会規範ではなく、また、文章化された成文法のみを指し、慣習法等の不文法は含まれない。

おさえておきたい Point キーワードチェック

◉法の原理と機能

⑴法の意義

国家機関が制定した(**1**)をもつ社会規範。秩序維持・紛争解決の判断基準。

⑵法の原理

国家権力の制定により、法には強制力と順法力がある。(**2**)のために法の下の平等・罪刑法定主義・財産権不可侵などの原理原則が確立されている。

⑶法の機能

国民の人権保障のため、権力の乱用を防止する。

◉法源

法源とは、法解釈・法適用にあたって援用することができる法形式である。

制定法…立法機関による一定の手続きを経て制定された法。

慣習法…人々の慣習的行動で法的効力を認められたもの。

判例法…判例の集積によって成立された法体系。

◉法の分類

⑴成文法と不文法

①(**3**) 立法機関によって制定される法(制定法)

②(**4**) 文章で表現されていない法(慣習法・判例法、イギリス憲法)

⑵公法と私法

①公法…国・地方自治体と私人との関係を定めた法((**5**)、刑法、訴訟法など)

②私法…私人間の関係を定めた法（(　6　)・商法など）
⑶一般法と特別法
①一般法…法の効力が一般的に及ぶ法(商法に規定がない場合は一般法の規定を適用する)
②特別法…効力の対象が特定されている法（特別法は（　7　）に優先する）

◉法の支配と法治国家

⑴法の支配

君主・国家権力といえども法に従わなければならないとする、「(　8　)」を否定する原則。自然法思想とコモンロー（統一慣習法）が発達した（　9　）で成立した。

⑵法治主義

行政権の発動は法律によらなければならないとする、法治行政の原則。法治主義を採用した国家を（　10　）と呼ぶ。

❖法の支配と法治主義の比較

法の支配		法治主義
英米法系のイギリス、アメリカ	成立した国	大陸法系のドイツ、フランス
（　11　）国家・(11) 権の優位	中枢権力	（　12　）国家・(12) 権の優位
（　13　）のための法 →国家権力制限	法の機能	（　14　）のための法 →法治国家体制
司法裁判所による判例法重視	法制度	立法機関による制定法重視
人権保障←司法の独立	法の目的	国家権力の強化←法律万能主義
司法裁判所の発達	司法権の特色	行政裁判の発達
人権保障と違憲審査制度	日本への影響	明治憲法の原則、官僚制度

1 強制力　2 人権保障　3 成文法　4 不文法　5 憲法　6 民法　7 一般法　8 人による支配
9 イギリス　10 法治国家　11 立法　12 行政　13 人権保障　14 統治

A02 正解－1

1－正　「人の支配」を排除し、客観的な法に国家権力が拘束されることである。
2－誤　法の形式を重視し、法に基づく行政を要求するのは、「法治主義」である。
3－誤　君主に絶対的権力があると考えるのは、王権神授説である。
4－誤　法治主義に基づく法治国家の説明である。
5－誤　法の支配の「法」は人権保障する根本法理を指し、社会に認められた社会規範や、判例・慣習法も含むものである。

第1章 政治・法律 Level 1

Q03 社会契約説

問 社会契約説に関する記述A、B、Cに該当する思想家の組合せとして最も妥当なのはどれか。 (国家一般)

A 彼は、自然状態は平等な各人が自己保存の本能に従って自然権を際限なく追求する闘争状態であり、この状態では自然権がかえって脅かされるため、人は理性に基づく自然法に従って社会契約を結び、自然権を絶対的な主権者たる国家に全面的に移譲する必要があるとした。

B 彼は、自然状態は自由で平等な理想的状態だが、社会状態への移行に伴って生ずる不平等を除去し、各人が平等な条件の下で市民的自由を享受するため、自らの権利を人民の意志としての一般意志に基づく共和国に全面的に移譲する必要があるとした。

C 彼は、自然状態は自然法の働く自由・平等で平和な状態だが、紛争を調停する公的機関がないため戦争状態に移行する危険をはらんでおり、社会契約による政治社会の形成が必要であるとした。この契約では自然権を保障するための権力は国家の代表者である政府に移譲されるが、自然権自体は移譲されず、また、政府は人民の信託を受けたものに過ぎず、その不適切な権力行使に対して人民は抵抗できるとした。

	A	B	C
1	ホッブズ	ロック	ルソー
2	ホッブズ	ルソー	ロック
3	ルソー	ホッブズ	ロック
4	ルソー	ロック	ホッブズ
5	ロック	ルソー	ホッブズ

おさえておきたい **Point** キーワードチェック

◉民主政治の進展

⑴古代都市国家の民主政…国民が直接に政治の運営に参加((　1　)制、民会)
⑵絶対主義君主制…(　2　)主権と(　3　)国家の確立
⑶近代民主主義国家…(　4　)革命と(　5　)革命を経て議会制民主主義が成立
⑷現代の民主政治…(　6　)民主主義、欧州型社会民主主義の進展

◉市民革命

⑴歴史的背景

絶対君主制下では国富増大のため(　7　)主義経済政策が採用されたが、これにより(　8　)(ブルジョアジー)が台頭し、平等権・財産権・参政権を主張して君主と対立した。

⑵イギリス市民革命

①権利請願（1628）…課税に対する議会の同意、不当逮捕禁止を要求
②清教徒革命（1642）…専制王制に反抗したクロムウェルの議会軍が共和制を樹立
③（　9　）革命（1688）…議会を無視する国王を追放、擁立した新王が権利宣言を承認
④権利章典（1689）…臣民の権利と自由を宣言する立憲君主制、君臨すれども統治せず

⑶アメリカ独立戦争
①アメリカ独立宣言（1776）…基本的人権（平等、生命・自由・幸福追求）・（　10　）権
②合衆国憲法（1787）…立憲主義・国民主権・厳格な（　11　）・人権保障を規定

⑷フランス革命
①フランス革命（1789）…自由・平等・博愛を目指し絶対王政打倒、（　12　）政樹立
②フランス人権宣言（1789）…自由・平等・国民主権など人権保障と近代民主主義を規定

◉自然法と社会契約

⑴自然権
自然権は、自然状態で生まれながらにして持つ（　13　）の権利で、実定法を超えた普遍的な規範である自然法により認められる権利。

⑵社会契約説
自然権を持つ個人の契約によって国家・政府が成立したとする諸説。市民革命を正当化する政治理論。
①ホッブズ…自然権を国家へ（　14　）し、主権者に絶対的な服従
②ロック…自然権を国家に（　15　）し、信託に反する場合の抵抗権
③ルソー…人民主権と一般意志に基づく社会契約に基づく直接民主制

⑶権力分立論
ロックの権力二分論を修正して、モンテスキューは立法・司法・行政の三権分立を提唱。権力機関の抑制均衡により権力の乱用を防止し、国民の自由・権利を守ろうとする理論。

1 直接民主　2 国家　3 民族　4・5 産業、市民　6 大衆　7 重商　8 市民階級　9 名誉
10 革命　11 権力分立　12 共和　13 不可侵　14 委譲　15 信託

A03　正解－2

	思想家	ポイント
A	ホッブズ	万人の万人に対する闘争→自然権を契約で国王に譲渡（絶対王政擁護）
B	ルソー	堕落した不平等社会→社会契約による一般意志の創設（人民主権）
C	ロック	生命財産権の保障→自然法の解釈権を国家に移譲（抵抗権）

Q04 アメリカの政治制度

問 **アメリカ合衆国の政治制度に関する記述として最も妥当なのはどれか。** （国家一般）

1　憲法上、大統領の任期は１期４年と定められているが、再選に関する規定は設けられていない。しかし、初代大統領のG.ワシントンが２期８年で退任したため、再選は１度限りとする不文律が成立しており、これまでに３選を果たした大統領は存在しない。

2　大統領の下には、国務長官や国防長官をはじめとする各省の長官で構成される内閣が置かれている。内閣は憲法上、大統領に対して連帯責任を負うと定められているため、各長官には通常、大統領の政治的な支持者などが任命される。

3　大統領は、自らの政策決定を補佐させるために大統領補佐官を任命する。彼らは平時には各省に属し次官や次官補として活動するが、非常時には大統領府において大統領を直接に補佐する。キューバ危機への対応で大きな役割を果たしたH.A.キッシンジャーは、その代表例である。

4　大統領は、上下両院を通過した法案に署名せず、異議を付して議会に法案を送り返すことができる。これが拒否権と呼ばれるものであるが、大統領が拒否権を発動しても、両院のそれぞれ３分の２以上が法案の再可決に同意すれば、法案は成立する。

5　大統領は、両院の議員が推薦し、国民投票で選ばれた大統領選挙人団による間接選挙で選ばれることから、国民に対して責任を負うとともに議会に対しても責任を負う。このため、慣例として、上院議長には副大統領が、下院議長には国務長官がそれぞれ就任することになっている。

おさえておきたい
Point **キーワードチェック**

◉アメリカ大統領の地位と権能

国家元首、行政部の最高責任者、（　１　）の最高司令官の地位を持つアメリカ大統領は、（　２　）の任期で、2期まで務めることができる（現在3選は禁止）。非常に厳格な権力分立主義が採用され、行政部･軍部以外の権力への抑制均衡機能が大統領の権能の特徴となる。

⑴対行政部

①各省長官・高級官僚の任命、②（　３　）の締結、外交問題の処理

⑵対軍部

①最高司令官として指揮・監督、②軍の海外派遣

⑶対立法府

①連邦議会に対し（　４　）を送付（立法勧告）、②（　５　）権（法案の成立拒否）

⑷対司法部

①最高裁判所裁判官の任命、②恩赦の実施、③連邦裁判所の判決を実行

◉アメリカ大統領選挙

アメリカ大統領選挙は4年ごとに行われ、まず（　6　）で各党の大統領候補決定し、次に各政党の候補者による本選挙が行われる。有権者は有権者名簿に登録した18歳以上の男女である。本選挙は大統領選挙人を選ぶ（　7　）で行われ、各州の有権者は大統領候補者名で投票するが、選出されるのは選挙人である。ただ、州で最多得票の候補者が割り当てられた大統領選挙人をすべて獲得する方式を取る州が多く、実質的には州単位の直接選挙と考えられている。全国で大統領選挙人の票の過半数を得た候補が当選する。

◉アメリカ連邦議会

⑴両院制

（　8　）（100名）は各州対等に2名ずつ、（　9　）（435人）は人口比例で議員が割当てられる。法案や予算案を審議する権限は原則両院対等だが、（8）には条約承認権、閣僚や高級官僚の任命承認権があり、（8）が若干優位である。ただ、（9）にも予算先議権があり、大統領選挙で選挙人を過半数獲得できない場合に大統領の選任権がある。

⑵連邦議会議員選挙

アメリカ連邦議会の選挙は単純（　10　）制（1選挙区1名）で行われる。上院は任期6年で2年ごとに3分の1ずつが改選される（被選挙権は30歳以上）。下院は任期2年で全議席が選出される（被選挙権は25歳以上）。

⑶選挙の特徴

大統領選挙が4年ごと、連邦議会議員の選挙が2年ごとなので、両選挙が重なる年は「選挙の年」と呼ばれる。また、大統領の任期半ばに行われる連邦議会議員などの（　11　）は大統領の政策についての中間評価とされ、大統領の出身政党の獲得議席が注目される。

1 国防　2 4年　3 条約　4 教書　5 法案拒否　6 予備選挙　7 間接選挙　8 上院　9 下院
10 小選挙区　11 中間選挙

A04　正解－4

1－誤　現在は修正憲法で三選禁止とされたが、以前F.ルーズベルトは四選している。
2－誤　内閣は存在せず、行政権は全て大統領に帰属する。
3－誤　平時にも大統領補佐官は置かれる。また、H.A.キッシンジャーはニクソン、フォード両政権の補佐官で、キューバ危機（ケネディ政権）での補佐官はオドンネルである。
4－正　議会には拒否権を覆す再可決権（オーバーライド）がある。
5－誤　副大統領は自動的に上院議長を兼職するが、下院議長は下院議員の選挙で選出される。ちなみに、副大統領は議員との兼職禁止なので、上院の議事に携わることはない。

Q05 基本的人権・人身の自由

問 日本国憲法が定める人身の自由に関する記述として最も妥当なのはどれか。

（国家一般）

1 被疑者は、理由となる犯罪を明示した令状がなければ逮捕されない。ただし、現行犯については、公訴権をもつ検察官に限って令状なしに逮捕することができる。この場合、検察官は被疑者に対し、裁判を受ける権利を有することをただちに告げなければならない。
2 被疑者は、検察官の発した令状によらなければ犯罪捜査として捜索・押収を受けることはない。他方、検察官は犯罪の発生を未然に防ぐ必要を認めた場合、弁護人に依頼する権利を有することを明示して、犯罪を予防する措置としての捜索・押収を認めた令状を発することができる。
3 被疑者は、一事不再理の原則により実行のときに適法であった行為について検察官から起訴されることはない。しかし、その後の法改正によってその行為が犯罪と明示され、被害者から告発があった場合には、検察官は実行のときに違法ではなかった被疑者の行為についても、裁判所に起訴することができる。
4 刑事被告人は、すべての証人に対して自ら審問することができ、自己に必要な証言を得るために公費で証人を求めることもできる。さらに、自ら弁護人を依頼できない場合は、国が弁護人を付することとされている。また、自己に不利益な供述を強要されることはない。
5 刑事被告人は、事件が裁判所で係争中は被疑者に過ぎず、行動の自由が保障されていることから、この間に刑事手続によって抑留又は拘禁された場合には、裁判所による判決が無罪か、有罪かにかかわらず、国に対し、これらの拘束で生じた経済的損失について刑事補償を求めることができる。

おさえておきたい **Point** **キーワードチェック**

◉基本的人権「保障」の意義

⑴日本国憲法の原則

侵すことのできない（ 1 ）の権利（憲法11条）として、（ 2 ）に反しない限り最大に尊重する（憲法13条）。

⑵国民としての責任

すべての国民は個人として尊重されるが（憲法13条）、保障される自由および権利は不断の努力によって保持し、濫用することなく（2）のために利用する責任を負う（憲法12条）。

◉「公共の福祉」の意義

公共の福祉とは、国家・社会の利益優先を宣言するのではなく、最大限尊重されるべき個人の権利行使について、「他人の権利を害さない限度」に調整する機能を果たすものである。

◉日本国憲法の基本的人権保障　（〔　〕内の数字は憲法の条数）

⑴包括的基本権…憲法15条以下の個別的基本権を包括的に保障
　（　3　）権〔13〕 ⇒新しい人権（人格的生存に不可欠な権利、プライバシー権など）
　（　4　）〔14〕 ⇒両性の本質的平等〔24〕 参政権の平等〔44〕

⑵自由権的基本権…国家が介入しないことで実現する消極的権利（国家からの自由）
　精神的自由…思想・良心の自由〔19〕（　5　）の自由〔20〕 学問の自由〔23〕
　行動的自由…集会・結社・（　6　）の自由〔21〕 通信の秘密〔21〕
　　　　　　外国居住・国籍離脱の自由〔22〕
　人身の自由…奴隷的拘束・苦役からの自由〔18〕（　7　）の保障〔31〕
　　　　　　刑事被告人の権利〔37〕
　経済的自由…（　8　）の不可侵〔29〕 居住移転・（　9　）の自由〔22〕

⑶社会的基本権…国家に対し積極的な施策を要求する権利（国家による自由）
　（　10　）権〔25〕 教育を受ける権利〔26〕 勤労権〔27〕 労働三権〔28〕

⑷参政権…政治に参加する権利
　選挙権・公務員選定罷免権〔15〕 地方自治における住民の直接選挙権〔16〕
　被選挙権〔44〕 最高裁判所裁判官の（　11　）〔79〕 憲法改正の（　12　）〔96〕

⑸国務請求権…国家・公共団体に積極的行為を請求する権利（受益権）
　請願権〔16〕 損害賠償請求〔17〕 裁判を受ける権利〔32〕 刑事補償請求〔40〕
　※請願権〔16〕には参政権的機能もある。

◉国民の義務

（　13　）を受けさせる義務〔26〕・勤労の義務〔27〕・納税の義務〔30〕

1 永久　2 公共の福祉　3 幸福追求　4 法の下の平等　5 信教　6 表現　7 法定手続き
8 財産権　9 職業選択　10 生存　11 国民審査　12 国民投票　13 普通教育

A05　正解－4

1－誤　現行犯人は、誰でも無令状逮捕ができる。権利の告知も不要である。
2－誤　令状を発するのは、検察官ではなく裁判官である。
3－誤　一事不再理ではなく、事後法の禁止（刑罰不遡及の原則）であり、法改正がなされても遡って起訴、処罰することはできない（憲法 39 条前段前半）。
4－正　証人審問･喚問（憲法 37 条 2 項)、弁護人依頼（37 条 3 項)、自己負罪許否（38 条 1 項)。
5－誤　被疑者は、起訴されて被告人になる。刑事補償は無罪になった場合である。

第1章 政治・法律 Level 1

Q06 国会の権能

問 **次のア〜キの記述のうち、国会の権能として適当なもののみをすべて挙げているのはどれか。**
（裁判所職員）

ア 内閣の首長たる内閣総理大臣を、国会議員の中から指名する議決を行う。
イ 内閣不信任の決議案を可決し、または信任の決議案を否決する。
ウ 国の財政を処理する権限の行使について、議決を行う。
エ 罷免の訴追を受けた裁判官を裁判するため、弾劾裁判所を設ける。
オ 国政に関する調査を行い、これに関して証人の出頭及び証言並びに記録の提出を要求する。
カ 会議その他の手続及び内部の規律に関する規則を定め、院内の秩序をみだした議員を懲罰する。
キ 憲法改正の発議をする。

1 ア、イ、エ　**2** ア、ウ、エ、キ　**3** ア、オ、カ、キ
4 イ、ウ、エ、オ、キ　**5** イ、ウ、オ、カ、キ

おさえておきたい
Point キーワードチェック

◉国会の権能

⑴立法に関する権能
①（　1　）発議…衆参各議院の総議員の3分の2以上の賛成が必要
②法律の制定…衆参両院の議決で成立、「（　2　）の立法機関」
③条約の承認…内閣による条約締結には（　3　）に国会の承認が必要
⑵財政に関する権能
①財政の監督…行政権の財務処理に対する国会のチェック（財政民主主義）
②（　4　）主義…法律の根拠なしには課税・徴収されない
③予算の国会審議・議決…予算は（　5　）がなければ執行できない
④決算の審査…（　6　）の検査を経て国会が審査（不承認でも歳入・歳出に影響なし）
⑤財政状況の報告…少なくとも年1回、財政状況について内閣から報告を受ける
⑶他の国家権力に対する権能
①内閣総理大臣の指名…（　7　）の中から国会の議決で内閣総理大臣を指名
②（　8　）の設置…罷免訴追を受けた裁判官の裁判を行う裁判所を国会議員で組織

◉議院の権能

衆参各議院は、他の機関から監督や干渉を受けることなく、組織構成や議院の運営に関して自主的に決定できる権限を有する。

⑴組織構成に関する自律権

①所属議員の（　9　）要求…会期前に逮捕された議員の（9）を要求

②議員（　10　）の裁判…両議院は各々その議員の資格に関する争訟を裁判する

※議員の資格喪失には、出席議員の（　11　）以上の多数による議決が必要。

③役員選任

⑵運営に関する自律権

①議院規則の制定

②所属議員の懲罰…院内秩序を乱した議員に懲罰を加える

※議員を除名するには、出席議員の（11）以上の多数による議決が必要。

③国政調査権

国会が有する権能を有効に行使するために、広く（　12　）に関する事項を調査する権限

1 憲法改正	2 唯一	3 事前または事後	4 租税法律	5 国会の議決	6 会計検査院
7 国会議員	8 弾劾裁判所	9 釈放	10 資格争訟	11 3分の2	12 国政

出題Point：国会　議員と議院の権能

①国会議員の法案発議に必要な賛成数…衆院20人・参院10人以上、予算を伴う場合は衆院50人・参院20人以上。

②会期不継続の原則…会期中に議決に至らなければ後会に継続せず廃案。ただ例外的に、議決により委員会に「閉会中審査・継続審査」を付託して後会に継続できる。

③内閣総理大臣の所信表明演説…臨時会・特別会・会期中の内閣総理大臣交代の時に行う。これに対し各会派の代表が代表質問を行う。

④国会議員の秘書…政策担当・公設第一・第二の3名を国費で付す。

⑤国政調査権の証人喚問…証人には出頭義務があり、宣誓の上の虚偽陳述や正当な理由ない不出頭には罰則が科せられる。

A06　正解ー2

ア－正　内閣総理大臣の指名－衆議院に優越はあるが、国会の権能

イ－誤　内閣不信任決議－衆議院のみ、参議院は法的効力のない問責決議

ウ－正　財政の監督権－財政は内閣の権能だが、監督は国会の権能

エ－正　弾劾裁判所の設置－国会の権限は「設置」、弾劾裁判所自体は独立の機関

オ－誤　国政調査権－衆参両議院に認められた権能、国会の権能ではない

カ－誤　議員規則制定、議員懲罰－衆参両議院に認められた議院運営のための権能

キ－正　憲法改正の発議－国民に対して発議するのは国会の権能

Q07 行政権と内閣

問 わが国における内閣に関する次の記述のうち、妥当なものはどれか。 （国家一般）

1 内閣は国の行政権の主体として、行政権が正当に行使されることについて国会に対し責任を負っているので、内閣の命令監督を受けない行政機関は認められない。
2 内閣総理大臣は、国務大臣を自由に選任することができるが、その場合国会議員でない者からの選任は3分の1以内にとどめられなければならない。
3 内閣は、内閣総理大臣およびその他の国務大臣で組織される合議体であるので、内閣総理大臣の地位は「首長」ではなく「同輩中の主席」である。
4 内閣総理大臣および国務大臣は各省庁の「主任の大臣」として、行政事務を分担管理しなければならないため、いわゆる「無任所大臣」は認められない。
5 内閣の統一性を確保する理由などから、国務大臣は、その在任中は内閣総理大臣の同意がなければ、検察官によって起訴されることはない。

おさえておきたい **Point** キーワードチェック

◉日本国憲法下の内閣

⑴内閣の地位

内閣は、内閣総理大臣と（ 1 ）が組織する、合議体の国家行政機関である。

⑵内閣の責任

内閣は、行政権の行使について、国会に対し（ 2 ）して責任を負う。

⑶内閣総理大臣の地位・権限

日本国憲法下では、内閣総理大臣は内閣の（ 3 ）とされ、国務大臣の任免権を有する。（ 4 ）自体の規定がなかった大日本帝国憲法に比べ、内閣総理大臣の地位と権限が強化され、国会に対し責任を負うための一体性・統一性が保たれている。

◉議院内閣制

⑴国会に対する責任

内閣は、行政権の行使について、国会に対し（2）して責任を負う（憲法66条3項）。

⑵国会議員から内閣総理大臣指名

内閣総理大臣は、（ 5 ）の中から国会の議決で、これを指名する（憲法67条1項）。

指名の議決については（ 6 ）の優越が認められるが、指名される国会議員は衆議院議員・参議院議員のどちらでもよい（ただし参議院議員が就任したことはない）。

※内閣総理大臣が欠けたとき（死亡・（ 7 ）でなくなった場合など）は、新しい内閣総理大臣が指名される。副総理・国務大臣が昇格することはできない。ただし、国政の空白、停滞を生じさせないため、あらかじめ指定した国務大臣が臨時にその職務を代行することができる（内閣法9条）。

⑶国会議員から過半数の国務大臣を任命

内閣総理大臣が任命する国務大臣は、（　8　）以上は国会議員の中から選ばれなければならない（憲法68条1項但書）。

国務大臣は原則14名以内なので、14名の場合は8名以上が国会議員から選出される（国務大臣は最大17名まで増員可能）。民間・官僚から国務大臣を登用する義務はなく、全員が国会議員でもよい。

※国務大臣には、いわゆる無任所大臣（主任大臣として行政事務を分担管理しない大臣）も認められている（内閣法3条2項）。

⑷衆議院の内閣不信任の決議

衆議院の（　9　）決議に対しては、10日以内に（　10　）するか、衆議院の（　11　）をするか選択する法的義務を負う（憲法69条）。参議院の（　12　）決議に対しては、（　13　）的責任を負うのみである。

⑸国会に対する報告義務

内閣総理大臣は、一般国務・外交関係について国会に報告する義務がある（憲法72条）。ただ、法律に基づく行政権の行使である限り、内閣が国会の承認を求める必要はない。

1 国務大臣　2 連帯　3 首長　4 内閣　5 国会議員　6 衆議院　7 国会議員　8 過半数
9 内閣不信任　10 総辞職　11 解散　12 問責　13 政治

A07 正解ー5

1－誤　独立行政委員会（人事院、会計検査院、公正取引委員会など）は、公正、中立な行政運営を確保するために、独立性が保障されている合議制の行政機関である。行政権を行使する機関ではあるが、内閣の命令監督を受けない行政機関である。

2－誤　過半数は国会議員でなければならないから、国会議員以外からは２分の１未満となる。

3－誤　内閣は合議体ではあるが、内閣総理大臣は内閣の首長であり、国務大臣の任免権を持つ。大日本帝国憲法下では首班（同輩中の首席）とされていた。

4－誤　副総理、経過措置などの理由から、行政事務を分担管理しない大臣が内閣法で認められる。従来、無任所特命担当大臣もあったが、現在は内閣府に特命担当大臣がある。

5－正　国務大臣には内閣総理大臣の同意なく訴追されない不訴追特権がある。「訴追」には逮捕・勾留も含むが、国会議員と異なり国会の会期中という限定はない。

Q08 内閣総理大臣

問 内閣総理大臣に関する記述として、妥当なものはどれか。 (国家一般)

1 内閣総理大臣は、衆議院議員のなかから国会の議決により指名され、参議院議員を内閣総理大臣に指名することはできない。

2 内閣総理大臣は、他の1つの国務大臣の職にかぎり兼務することができ、同時に2つ以上の国務大臣の職を兼務することはできない。

3 内閣総理大臣が辞意を表明したときは、国会は辞意表明の日から10日以内に新たに内閣総理大臣を指名しなければならない。

4 内閣総理大臣に病気、行方不明などの事故があるときは、内閣官房長官が臨時に内閣総理大臣の職務を行う。

5 内閣総理大臣は、国務大臣の任命および罷免については、これを閣議にかけることなく任意に行うことができる。

おさえておきたい **Point** キーワードチェック

◉内閣

⑴内閣の構成

①内閣総理大臣は国会議員から指名する。

②国務大臣の半数以上は国会議員から内閣総理大臣が任命する。

③内閣総理大臣・国務大臣ともに（ 1 ）でなければならない。

⑵閣議

合議体の行政機関である内閣の意思決定は（ 2 ）で行われ、(2) に基づき職権を行使する。内閣総理大臣を主宰者とし、国会への連帯責任、内閣の一体性確保のため（ 3 ）の原則がとられ、非公開が慣例となっている。国政に関する基本的な方針、法律案・政令の決定等を行い、内閣総理大臣・国務大臣はいかなる案件でも発議し閣議を求めることができる。

◉内閣の権能

① （ 4 ）事務	⑧ 恩赦の決定
② 法律の執行と国務の総理	⑨ 天皇の国事行為への（ 8 ）
③ 外交関係の処理	⑩ 臨時会の召集
④ （ 5 ）の締結	⑪ 参議院の（ 9 ）を求める
⑤ 官吏に関する事務の掌理	⑫ 衆議院の（ 10 ）の決定
⑥ （ 6 ）の作成	⑬ 裁判官の指名と任命
⑦ （ 7 ）の制定	

◉内閣総理大臣の権限

行政権を行使するのは内閣である。内閣総理大臣は合議体である内閣の主宰者として、内閣を代表し行政各部を指揮監督する権限を有している。また、内閣総理大臣は主任の大臣として、（　11　）、内閣法制局、安全保障会議、（　12　）府、復興庁を所管する。

⑴国務大臣の任免

任命、任意の罷免ができる。これは内閣総理大臣の専権で、閣議の了承を得る必要はない。

⑵国務大臣の訴追同意権

国務大臣が在任中に訴追する場合は、内閣総理大臣の（　13　）が必要とされる。

⑶閣議を主宰

内閣総理大臣が主宰し、重要政策に関する基本的な方針その他案件を発議する。

⑷行政各部の指揮監督

閣議にかけて決定した方針に基づいて、内閣を代表して（　14　）を指揮監督する。

⑸内閣を代表

議案を国会に提出し、一般国務・外交関係について国会に報告する。

⑹法律・政令に連署

法律・政令には主任の国務大臣が署名し、内閣総理大臣が（　15　）する。

1 文民　2 閣議　3 全会一致　4 一般行政　5 条約　6 予算　7 政令　8 助言と承認
9 緊急集会　10 解散　11 内閣官房　12 内閣　13 同意　14 行政各部　15 連署

A08 正解－5

1－誤　内閣総理大臣は、国会議員の中から選出されればよく、衆参両院のいずれの議員も資格はある。ただ、解散が衆議院にあること、指名は衆議院が優越すること、衆議院総選挙後の特別会で内閣が総辞職することなどから、参議院議員が指名されたことはない。

2－誤　内閣の主任の大臣（各省大臣）は、国務大臣の中から内閣総理大臣が任命するが、内閣総理大臣が自ら兼務することを妨げない（国家行政組織法５条２項）。複数の兼務も可能である。

3－誤　内閣総理大臣のみの単独辞任はできず、内閣総理大臣の辞任は内閣総辞職を意味する。総辞職表明後、国会はすべての案件に先立ち首班指名を行うが、次の内閣が組織されるまでは、引き続き職務執行内閣として職務を行う（憲法71条）。

4－誤　内閣総理大臣が外遊、病気などで職務ができないときには、臨時代理を国務大臣から指定できる（内閣法９条）。現在は、組閣時にあらかじめ第５順位まで指定され、通例、内閣官房長官が第１順位となる。しかし、それ以外の国務大臣が指定される場合もあり、官房長官以外の大臣が第１順位になると、副総理と呼称される。

5－正　国務大臣の任免権は内閣総理大臣の専権であり任意に行使できる（憲法68条２項）。

Q09 司法制度

問 我が国の司法制度に関する記述として最も妥当なのはどれか。 （国家一般）

1 日本国憲法では、司法権の独立を保障する規定が初めて設けられた。日本国憲法制定以前は司法権の独立が保障されていなかったため、外国の要人を傷つけた巡査を死刑にするよう政府が要求した大津事件では、裁判所は政府の要求通り巡査に対して死刑判決を出した。

2 日本国憲法では、裁判官が司法権の内外からの圧力などによって罷免されたりすることがないよう、身分保障の規定を設けている。このため、裁判官が罷免されるのは心身の故障により職務を行うことができなくなった場合と、国民審査によって不適格とされた場合に限られる。

3 日本国憲法では、裁判所は最高裁判所、高等裁判所、下級裁判所に分類されており、裁判所法によって、下級裁判所は地方裁判所、家庭裁判所、簡易裁判所に分類されている。裁判所法ではこのほかに、特別裁判所として海難事件を専門に担当する海難審判庁を置くことを定めている。

4 日本国憲法では、裁判は公開法廷で行うことを原則とする。しかし、政治犯罪や国民の基本的人権に関する事件の訴訟については、裁判官が全員一致で、個人のプライバシーを保護する必要があると決定した場合に、例外として非公開とすることができる。

5 日本国憲法では、裁判官のうち、最高裁判所の長官のみが内閣の指名に基づいて天皇によって任命される。その他の裁判官、すなわち、最高裁判所長官以外の最高裁判所の裁判官、高等裁判所及び他の下級裁判所の裁判官は、すべて内閣によって任命される。

おさえておきたい Point　キーワードチェック

◉司法権と裁判所

⑴司法権の帰属…司法権は（　1　）のみにある（憲法76条1項）。

⑵最高裁判所…司法権の最高機関。裁判官の合議体（大法廷は15人全員、小法廷は5人）。（　2　）裁判権、規則制定権、（　3　）の指名権、司法行政権を有する。

①最高裁判所長官…（　4　）が指名し、（　5　）が任命する。

②最高裁判所裁判官（最高裁判所判事、14人）…（4）が任命し、（5）が認証する。

③下級裁判所裁判官…最高裁判所の指名した名簿により、（4）が裁判官を任命する。

⑶下級裁判所…高等裁判所、地方裁判所、（　6　）裁判所、（　7　）裁判所

⑷特別裁判所の禁止…通常裁判所の組織系列に属さない裁判所は設置することができない。

⑸行政機関による終審的裁判の禁止…裁判に不服の者は通常裁判所で争える。

⑹裁判の公開…裁判の対審及び（　8　）は公開法廷で行う。

※（8）は絶対に公開だが、対審は裁判官全員一致で非公開で行うことができる。

※政治犯、出版犯罪、国民の権利に関わる事件の対審は絶対公開が必要。

⑺三審制

①通常の事件

（第一審）地方裁判所・家庭裁判所・簡易裁判所

→**控訴**→（第二審）高等裁判所　→**上告**→（終審）最高裁判所

②軽微な民事事件

（第一審）簡易裁判所→**控訴**→（第二審）地方裁判所→**上告**→（終審）高等裁判所

※特別上告→最高裁判所

⑻再審制

民事・刑事事件の（　9　）判決を不服として審理のやり直しを求めるもので、一定の重大な理由に基づく場合に再審請求ができる（民事訴訟法338条以下、刑事訴訟法435条以下）。

◉司法権の独立

⑴裁判官の職権の独立

個々の裁判にあたり「（　10　）に拘束される」以外は、たとえば最高裁長官からも指揮監督されず、下級裁判所も上級裁判所からの支配を受けない。

⑵裁判官の身分保障

裁判官は原則として罷免されず、行政機関が（　11　）を行うことはできない（憲法78条）。

❖裁判官が罷免される場合

①（　12　）裁判…心身の故障のために職務を執ることができなくなった場合
②（　13　）裁判…国会に組織される衆参両院各7名からなる弾劾裁判所での裁判
③（　14　）審査…有効投票の過半数が罷免可とした場合。最高裁判所裁判官のみ

1 裁判所　2 終審　3 下級裁判所裁判官　4 内閣　5 天皇　6 家庭　7 簡易　8 判決
9 確定　10 憲法と法律　11 懲戒処分　12 分限　13 弾劾　14 国民

A09　正解ー5

1ー誤　司法の独立が規定されない明治憲法下にあっても、大津事件では大審院が政府の圧力に抗して被告人を無期懲役とし、司法の中立・公正を貫いた。

2ー誤　裁判官の罷免には分限裁判と弾劾裁判があり、国民審査は最高裁裁判官のみである。

3ー誤　最高裁判所以外は全て下級裁判所であり、高等裁判所も下級裁判所に含まれる。海難審判庁は海難事件についての行政審判を行う国交省外局で、司法権を行使する裁判所ではない。2008年に廃止され、業務は海難審判所・運輸安全委員会に移管された。

4ー誤　判決は全て公開される。対審も政治犯、出版、人権に関する事件は公開する。

5ー正　長官は天皇が任命し、最高裁判事・下級裁判所裁判官は内閣が任命する。

Q10 現代の政党制

問 政党に関する記述として最も妥当なのはどれか。 （国税専門官）

1 我が国が採用している議院内閣制では、議会の多数党が政権担当政党となり、与党と呼ばれる。アメリカ合衆国の大統領制でも、大統領の出身政党ではなく、議会の多数党を与党という。1955年以降の我が国では、細川内閣を除き、与党は自由民主党を中心に占められてきた。

2 二大政党制とは、二つの大政党が互いに政権の獲得・担当を争う政党政治の形態である。議院内閣制の下では、政策の違いを出しやすく、国民の選択の幅が広がるなどの長所がある一方、政権交代が容易となるために政局が安定せず、政治責任の所在が曖昧になるなどの短所がある。

3 名望家政党とは、財産や教養をもつ地域の有力者等によって構成され、社会的勢力や威信を背景に、人的結合によって成り立つ政党である。それに対し、大衆政党とは、一般大衆による支持基盤をもつ政党であり、組織拡大に伴って党機構が官僚化することが多い。

4 派閥とは、主に大政党の内部において、特定の政策の実現を目的として一時的に結合する小集団をいう。我が国の政党の派閥をみると、一部は事務所を保有するなど恒常的な組織として活動するものもあるが、多くは選挙のたびに解散・再結集が繰り返されてきた。

5 我が国の政党の政治資金については、従来、党員が負担する党費を主な収入源としていたが、1994年の政治資金規正法の改正により、政党助成制度が導入されるとともに、企業・団体からの政治家個人への寄付が解禁されたため、収入源が多様化した。

おさえておきたい **Point** **キーワードチェック**

◉政党

政党の一般的な定義は、共通する理念や（ 1 ）を掲げ、それを実現する（ 2 ）を獲得、維持するために（ 3 ）活動を行なう政治集団である。その重要な機能は、国民・社会の多種多様な意見や対立する利害を（ 4 ）して政策に吸収することであり、その政策を選挙や議会の場で国民に訴えることで、国民の支持を集めていくことになる。

◉政党の機能・存在理由

①利益表出機能…社会の各領域からそれぞれの要望を出す。
②利益集約機能…各領域の要望を（ 5 ）にする。
③人材供給機能…政治的（ 6 ）を育成し、政治に送り出す。
④政治的社会化機能…国民に政治課題を説明し、自覚、参加を促す。

❖政党制の分類

大きく一党制・二大政党制・多党制に分類されるが、同じ分類に属する国でも政治制度の違いや歴史の違いから、政党の意味合いが異なる場合がある。

政党制	長所	短所
二大政党制 〈例〉 アメリカ （共和党・民主党） イギリス （保守党・労働党）	①政局が（　7　） ②体制（7）で政策を強力に推進 ③責任ある政党政治が可能 ④政権（　8　）が比較的容易で、競争により健全な政党発展	①選択肢が少なく多様な（　9　）が反映できない ②中道的な政策・政権運営に落ち着きやすい ③政権（8）した場合に行政の安定性・継続性が阻害される ④過半数を獲得する政策選択で、少数意見が犠牲となる
多党制 〈例〉 フランス、ドイツ イタリア、日本	①多様な（9）の反映が可能 ②（　10　）政権による弾力的な政策 ③世論変化による政権（8）が可能 ④国民各層の相互チェックによる腐敗防止	①政局が（　11　） ②政権（8）が多く継続的な政策が実施しづらい ③各政党の政治責任が不明確 ④（10）下で調整と妥協の政策
一党制 〈例〉 旧ソ連、中国 北朝鮮、ベトナム	①政局が（7） ②政権の（　12　）化、強力な政治の実現 ③政治責任の所在は明確 ④政策の（12）的な継続が可能	①民主的な政権（8）が困難 ②政策の固定化、（　13　）化 ③世論変化に柔軟な対応ができない ④独裁による（　14　）、強権的政治のおそれ

1 政策　2 政権　3 政治　4 統合・調整　5 具体的政策　6 リーダー　7 安定　8 交代
9 民意　10 連立　11 不安定　12 長期　13 官僚主義　14 政治腐敗

A10　正解ー3

1ー誤　与党とは政権担当政党を指す。連立政権下では議会多数党が政権担当政党とならない場合もあり、その場合は野党となる。
2ー誤　多党制のほうが、選択の幅が広がるが、政局は不安定で、責任の所在が不明確。
3ー正　ウェーバーの政党の分類である。
4ー誤　自民党の派閥政治では大派閥を領袖が引き継ぎ、恒常的な組織として存在した。
5ー誤　日本の政党の場合、党費の割合は低く、企業団体献金や政党助成金、新聞などの事業収入が多い。政治資金規正法は、寄付や献金、資金パーティーを制限するものである。

Q11 国際連合

問 国際連合（国連）に関する記述として最も妥当なのはどれか。 （国家一般）

1 国連は、1945年に、我が国をはじめアメリカ合衆国、英国、中華人民共和国、ソビエト連邦など51か国を原加盟国として成立した。その後、加盟国の数は増え続け、2014年末現在では、世界の独立国の約半数が加盟している。
2 国連では総会における表決方法として多数決制を採用している。総会では、加盟国の地理的・歴史的事情に配慮する観点から、各国に面積や人口に比例して投票権を割り当て、安全保障理事会の常任理事国には、特に拒否権を認めている。
3 国連は、第二次世界大戦の惨禍を繰り返さないため、国連憲章において、自衛の場合を含め、加盟国による武力行使を全面的に禁止しており、これに違反した国に対する制裁も外交的・経済的制裁のような非軍事的行動に限定している。
4 国連は、数多くの紛争地域において、平和維持活動（PKO）を行って成果を挙げてきた。平和維持活動には、停戦が守られているかどうかを監視する停戦監視団の活動などがあるが、その実施に当たっては、原則として紛争当事国の同意が必要とされている。
5 国連を取り巻く政治的環境の変化に対応して、近年、国連の改革が進められている。2011年には、第二次世界大戦中に連合国の敵であった国々に関する条項が廃止されたほか、安全保障理事会の常任理事国が5か国から10か国に拡大された。

おさえておきたい **Point** **キーワードチェック**

◉国際連合の特徴

⑴大国一致の原則…平和と安全に関する重要事項決定は、（ 1 ）の意思一致が条件
⑵多数決制…全会一致を原則として機能不全に陥った（ 2 ）の反省から
⑶実効性のある制裁手段…平和破壊・侵略を行う国に経済制裁のほか（ 3 ）が可能

◉国際連合総会

国際連合全加盟国で構成される議決機関。
⑴定例総会…通常会期は年（ 4 ）回9月に開かれ、議題は委員会・各機関で審議。
⑵特別総会（特別会期）…（ 5 ）理事会の要請、加盟国の過半数の要請で開催。
⑶緊急総会（緊急特別会期）…拒否権乱発による機能停止に対抗（（ 6 ））。
⑷議決権…1国1票制で多数決により決定（重要案件は（ 7 ）以上の特別多数）。
⑸議決の効力…加盟国に対する（ 8 ）（法的拘束力なし）。

◉国際連合事務局

事務総長と（ 9 ）で構成され、各国から中立の立場で、国連の政策や計画を実施する。事務総長は、安全保障理事会の推薦をもとに（ 10 ）が任命する（任期は5年・2期が慣例）。

◉安全保障理事会

国際社会の平和と安全に関する主要な責任と権限を持つ機関。実質的な最高意思決定機関で、（　11　）か国の理事国で構成される。

⑴常任理事国…アメリカ、イギリス、フランス、中国、（　12　）

⑵非常任理事国…総会が10カ国を選出（毎年5か国を改選、任期は2年で再選不可）。

⑶議決権…15カ国中（　13　）カ国以上の賛成で可決する。

ただし、重大案件である実質事項の議決に際しては、5常任理事国すべての賛成が必要とされる（（　14　）権）。大国一致の原則の現れ。

⑷議決の効力…決議には法的拘束力があり、全加盟国が従わなければならない。

◉経済社会理事会

総会で54理事国を選出（任期3年）。経済・社会・文化・教育・保健の分野の国際協力活動を行う。経済社会理事会は総会の承認の下で、ILO（国際労働機関）、IMF（国際通貨基金）、WHO（世界保健機関）などの（　15　）と協定を結び、(15)と協議、活動の調整、実施の勧告をする。

1 5大国　2 国際連盟　3 武力制裁　4 1　5 安全保障　6 平和のための結集決議　7 3分の2
8 勧告　9 国際公務員　10 総会　11 15　12 ロシア　13 9　14 拒否　15 専門機関

A11　正解－4

1－誤　発足時に日本は加盟しておらず、また発足時の中国代表は中華民国（台湾）であった。また、世界の独立国は196カ国（わが国の承認数＋日本）で、国連加盟は193カ国（わが国が未承認の北朝鮮を含む）。独立を主張する未承認国を含めても、9割超の国が国連に加盟している。

2－誤　総会では原則1国1票制である。安保理では実質事項の決議に、常任理事国5カ国の一致（拒否権）が要求されるが、総会では5大国も他の加盟国と同じ1票である。

3－誤　国連憲章第7章（平和に対する脅威、平和の破壊及び侵略行為に関する行動）では、非軍事的行動で不十分な場合の軍事的措置も認められている。

4－正　原則、安保理または総会の決議と当事国の同意が必要だが、例外的な同意のない派遣もある。

5－誤　安保理改革として、日本、ドイツ、インド、ブラジルなどが常任理事国入りを目指しているが、現在も5カ国のままである。また、第二次大戦の枢軸国側を排除する敵国条項については削除決議がなされたが、批准が進まず削除されていない。

Q12 主要国の政治形態

問　主要国の政治形態に関するA～Dの記述のうち、妥当なもののみを挙げているものは、次のうちどれか。 （地方上級類題）

A　イギリスは、国王が国の元首とされるが政治の実権は議会にある。議会は国民の選挙による下院と、貴族などで構成され国王から任命される上院の二院制を採っている。下院の第一党党首が首相となり内閣を構成する。下院に置かれる最高裁判所は違憲立法審査権を有している。

B　アメリカ合衆国は、立法権は連邦議会、行政権は大統領、司法権は連邦裁判所に属する。連邦議会の上院は、条約承認権や裁判官・高級公務員の任命同意権など下院にはない権限を有しており、上院のほうが若干優位に立っているといえる。法案は両院を通過した後、大統領の承認を得て法律となる。

C　中華人民共和国は、プロレタリアート（労働者階級）独裁の考え方に基づいて民主的権力集中制を採っている。共産党が指導政党とされ、国家権力の最高機関として中国共産党全国代表大会の下に、行政機関である国務院と司法機関の最高人民法院が置かれている。

D　フランスは、大統領制を導入している。国家元首である大統領は、軍最高司令官でもあり強力な権限が与えられている。大統領は、立法機関である議会の上院と下院の議員による選挙で選出され、任期は7年、再選は制限されていない。

1　A　　2　A、C　　3　B　　4　B、D　　5　C、D

おさえておきたい **Point** **キーワードチェック**

◉イギリスの議会と内閣

⑴議会（二院制）

①上院（　1　）…選挙によらない終身議員（名誉職）。

②下院（　2　）…有権者から直接選挙された議員。選挙制度は小選挙区制。

⑵議院内閣制

- 内閣は下院の多数党が組織。首相は下院議員から、閣僚はすべて（　3　）から選出。
- 内閣は議会に対して連帯して責任を負う（＝（　4　）制）。
- 下院が内閣不信任決議を行った場合、内閣は総辞職するか、下院を解散し国民に信を問う。

◉アメリカの議会

⑴議会（二院制）

①上院…各州2名ずつ選出された任期6年の議員。2年ごとに3分の1ずつ改選。

②下院…小選挙区から選出された任期2年の議員。

⑵連邦議会と大統領の関係

①大統領…議会に対して責任を負わない。議会を招集したり解散したりする権限はない。
②議会…大統領に対してその不信任決議をする権限はない。議会による弾劾裁判は可能。

◉ドイツの議会

二院制の下院にあたる（　5　）は、連邦主義に基づく国家の国民代表機関（任期4年）である。連邦の法案・予算案の制定および確定、連邦首相選出の権限をもっている。

（　6　）の目的は、州が連邦政府の立法や行政に協力することにある。（6）の機能は、法律の発議権、（5）の議決した法律に対する同意権および異議の提出権などである。議員に任期はなく、それぞれ不定期に任免される。

◉フランスの議会

フランスの議会は、下院にあたる（　7　）と、上院にあたる（　8　）からなる二院制を採る。両院の間で、（7）に優位な権限が与えられているは、①内閣不信任権、②予算案および社会保障財政法案の先議権、③両院不一致の場合の最終決定権、④臨時会の開会を要求する権利である。

◉フランスの大統領制

フランスの国家元首である大統領は、国民の直接選挙（（　9　）投票制）で選出され、任期は5年である。政府との関係では、単独で（　10　）を任命し、閣議では議長として主宰する。議院内閣制との折衷で、（　11　）制と呼ばれる。議会との関係では、首相および両院議長に諮った上で、（7）の解散を宣言できる。また、政府または議会の提案に基づき、一定の法律案を議会にかけず直接（　12　）に付託することができる。

1 貴族院　2 庶民院　3 国会議員　4 責任内閣　5 連邦議会　6 連邦参議院　7 国民議会
8 元老院　9 二回　10 首相　11 半大統領　12 国民投票

A12 正解ー3

A－誤　かつて、最高裁判所に相当する機関が上院にあったが、現在は独立の最高裁判所が存在する。また、違憲立法審査権は存在しない。
B－正　下院には予算の先議権があるが、上院に認められる特別な権限のほうが多い。
C－誤　国家権力の最高機関は、共産党全国代表大会ではなく、全国人民代表大会である。
D－誤　フランス大統領は国民の直接選挙で選ばれる。2000年の憲法改正で任期は5年とされ、2008年の憲法改正で再選は2期10年までとされた。

Q13 日本の選挙制度

問　わが国の選挙制度に関するAからDの記述のうち、妥当なものを挙げているものは、次のうちどれか。
（地方上級類題）

A　政治改革の一環として1994年に公職選挙法が改正され、衆議院の選挙区制が中選挙区制から小選挙区制と比例代表制の組み合わせによる小選挙区比例代表並立制になり、あわせて議員定数を約5％削減した。この結果、選挙区制は衆参同一方式となった。

B　2017年の衆議院総選挙における小選挙区比例代表並立制は、小選挙区制で議員を180人、比例代表制で295人選出するものである。比例代表制による選出方法は全国を11のブロックに分けて、各選挙区ごとに各政党の得票数に応じて、ドント式で議席を配分するもので、二大政党制を促進するものであるとされている。

C　かつての中選挙区制の下では、戦後の都市化の進展による大規模な人口移動を背景に、人口が急増した都市部と過疎地域との間の議員定数配分の不均衡が生じ、1票の価値の格差は3～4倍にも達したが、2013年の公職選挙法の改正により、衆・参両選挙とも1票の価値の格差は2倍以内に収まった。

D　投票日に所定の投票所で投票できない事由がある場合に、一定の条件の下で投票日の前に投票することができる制度として、従来から規定されていた不在者投票制度に加えて、2003年の公職選挙法改正により期日前投票制度が設けられ、選挙人名簿と同一の市町村での事前投票手続が簡素化された。

1　A　　2　B　　3　C　　4　D　　5　なし

おさえておきたい
Point　**キーワードチェック**

◉選挙制度の特徴

選挙区	政局の安定	候補者政党数	選挙民との距離	選挙区選挙費用	死票	不正行為の可能性
小選挙区	安定 2大政党	少ない	密接	狭い 少ない	多い	大きい
	∧	∧	∧	∧	∨	∨
中選挙区 大選挙区	政党乱立 不安定	選択の幅 多い	距離ある	広い 多い	少ない	小さい
比例代表	不安定	選択の幅 多い	距離ある	比較的 少ない※	最も 少ない	小さい

※比例代表制は選挙区が広くなるので、1選挙区あたりの費用は多いが、政党が議員一人あたりにかける費用については、大選挙区制よりも少なくなると考えられる。

⑴選挙の意義

国政選挙は、主権者である国民が、議会に代表者を送り出すことによって民意を表明するものであり（（ 1 ）制）、民主政治の基盤となるものである。

⑵選挙の原則

民意を正確かつ公平に国政に反映するため、近代の選挙は、①（ 2 ）（財産や性別による制限なし）、②（ 3 ）（1人1票）、③（ 4 ）（投票の秘密）、④直接選挙、⑤投票の自由（棄権の自由も保障）といった原則に基づいて行われる。

⑶選挙区制

選挙の原則に従って普通・平等選挙が保障されたとしても、（ 5 ）や（ 6 ）配分が適正に配置されなければ、1票の（ 7 ）の平等は実現されない、また、現代の政党政治においては、選挙区制が議会の（ 8 ）勢力に直接影響を及ぼすことになる。

選挙区制は、大きく小選挙区・大選挙区に分けられるが、そのどちらかのみで実施すると制度の短所が強調される結果となる。そこで実際には、（ 9 ）制を組み合わせることによって、選挙区と比例代表制の長所を生かす工夫がなされる。

⑷選挙制度改革

①（6）不均衡の是正（投票（7）の平等の実現）
②選挙区制の改正（衆議院選挙の（ 10 ）制）
③選挙運動制限の見直し論（（ 11 ）禁止・（ 12 ）選挙運動解禁と活用）
④18歳選挙権（世界的に18歳以上が9割、若年投票率・政治参加の向上）

1 間接民主　2 普通選挙　3 平等選挙　4 秘密選挙　5 選挙区割り　6 議員定数　7 価値
8 政党　9 比例代表　10 小選挙区比例代表並立　11 戸別訪問　12 インターネット

A13 正解－4

A－誤　1994年細川連立政権下の公職選挙法改正で、衆議院の定数は511から500に削減されたが、これは約2%の削減である。また、現行の参議院の選挙区制は、都道府県を単位とするもので、全国を289に分ける衆議院の小選挙区制とは異なる。

B－誤　2017年の公職選挙法改正でいわゆる「0増6減」の区割り改正が行われ、現行の衆議院小選挙区制の議員定数は289。同比例代表ブロックは「0増4減」の176。また、比例代表制は11ブロックに分割され、拘束名簿方式に基づきドント式で比例配分されるもので、第3位以下の小政党にも比例した議席が与えられる。したがって、二大政党制を促進するものともいえない。

C－誤　2013年の「0増5減」区割り改正で衆院の小選挙区の格差は一旦2倍未満に収まったが、2013年末には7選挙区が2倍を上回った。また、2013年の参院選の選挙区格差は最大4.77倍で最高裁で「違憲状態」判決が出ている。

D－正　現在、事前投票の方法には、期日前投票と不在者投票・在外投票が併存する。

Q14 戦後の内閣

問 **戦後のわが国の内閣に関するA～Dの記述のうち、適切な組み合わせはどれか。**

（地方上級類題）

A　鳩山内閣は、日ソの国交正常化に取り組み、領土問題を棚上げした形で日ソ平和条約に調印して国交回復を果たした。また、GATTやOECDへの加盟を実現するなどして、わが国の国際的地位の向上に努めた。

B　岸内閣の最大の政治課題は、日米安保条約の期間延長と内容の改定であった。日米の共同防衛義務や内乱条項削除、事前協議制導入を実現したが、国内の強い反対運動のため条約の成立後に岸首相は退陣した。

C　佐藤内閣の下では、懸案であった日韓基本条約が調印されるとともに、小笠原返還及び沖縄返還が実現した。その一方、日米間で繊維貿易問題が発生したが、繊維の対米輸出の自主規制を行うことによって解決をみた。

D　田中内閣は、日中平和友好条約に調印して日中の国交回復を行った。その一方、石油危機が発生し物価が高騰して、その対応に追われ、末期にはロッキード事件が起きて退陣した。

1　A、B　　2　A、D　　3　B、C　　4　B、D　　5　C、D

おさえておきたい **Point** **キーワードチェック**

◉55年体制

1955年共産党以外の（　1　）主義政党が統合すると、これに対抗するため、保守政党の自由党と（　2　）党が合同に踏み切る。日本の政党政治は二大政党制に移行するかにみえたが、その後の高度経済成長や政府の施策により、国民の経済格差が政治争点となりにくくなり、多党化した野党勢力が弱体化した。これによって、実際には自民党の（　3　）政権が続くこととなる（55年体制）。そのため、この当時の状況は与野党の勢力比から、二大政党制ではなく、「1.5 政党制」と呼ばれる。

◉1960年新安保成立

1957年に就任した（　4　）首相は、不平等といわれた日米安全保障条約の改定作業に取りかかる。最終的に合意した新条約案では、米国の（　5　）義務が明記された。また交換公文で、日本の米軍の配置・装備に重大な変更があった場合の（　6　）も義務づけられた。

安保改定は日本の主権を不完全ながらも回復するものであったが、冷戦に積極的に関与することになると国民の広い層から反発を招いた。1960 年 5 月にこの条約の批准が国会の審議にかけられたときには、国会を数十万人のデモ隊が取り囲む事態となった。

◉経済成長と派閥政治

岸内閣を引き継いだ池田内閣は（ 7 ）計画を打ち出し、経済政策主体の政治に方向を転換する。続く70 年代に入ると、自民党の（ 8 ）活動が活発化し、政治の方向性に極めて大きな影響を与えるようになる。80 年代にかけて、田中派・大平派・三木派・中曽根派・福田派の間で、合従連衡とし烈な政治抗争が展開された。

◉70年代から80年代の政治

70年代に入り、公害問題や自民党の金権問題が国民の注目を集め、野党が議席を増やすこともあったが、（ 9 ）党政権を倒すまでには至らなかった。当時の（1）党には「万年野党」という呼称が定着し、イデオロギーの対立に国民は関心を示さなくなる。80 年代に入ると、国民生活は「一億総（ 10 ）」といわれるほど向上し、さらに国民の野党離れが進み、（9）党の一党優位体制が確立した。

◉55年体制の崩壊

80 年代の後半になると、（ 11 ）税導入に加え、リクルート事件、東京佐川急便事件が発覚し、自民党は国民の大きな反発を受ける。加えて、国際環境は冷戦終結により劇的に変化し、特に（ 12 ）戦争の勃発で、それまで看過してきた日本の安全保障問題に目を向けざるを得なくなった。自民党政権は従来の政治方針の変更を迫られ、党内分裂・大量離党の事態となる。93年の衆院総選挙の結果を受け、非自民8党派が合流して（ 13 ）連立政権が成立し、ここに（ 14 ）体制は終焉を迎えた。

1 社会　2 民主　3 長期単独　4 岸信介　5 日本防衛　6 事前協議　7 所得倍増　8 派閥
9 自由民主　10 中流　11 消費　12 湾岸　13 細川護熙　14 55 年

A 14 正解－3

A－誤　鳩山一郎は 1956 年日ソ共同宣言に調印し、同年の国連加盟への道筋をつけた後、内閣を総辞職し政界を引退している。その後も日ソ平和条約は調印されていない。また、1955 年の GATT 加盟も鳩山内閣時の国際社会復帰であるが、OECD の加盟は 1964 年佐藤内閣のときである。

B－正　日米安保条約は、サンフランシスコ平和条約と同時の 1951 年、吉田茂内閣の時に締結された。それから 9 年後、事前協議制の導入を含む安保条約の改定を実現したのは、岸内閣のときである。

C－正　非核三原則の表明で退陣後ノーベル平和賞を受賞しているが、没後に発覚した沖縄返還交渉時の核持込み密約の存在が問題となった。日米繊維交渉時の通産大臣は田中角栄である。

D－誤　田中角栄は 1972 年日中共同声明で日中国交正常化を実現しているが、日中平和友好条約の締結は 1978 年福田赳夫内閣のとき。ロッキード事件は 1976 年。

Q15 各国の政治制度

問　大統領制に関する記述Ａ～Ｄとそれを採用している国の組合せとして最も妥当なのはどれか。
（国家一般）

Ａ　大統領は選挙人による間接選挙によって選出され、任期は４年、三選は認められていない。国家元首であり、同時に行政府の長である。全国民の代表として議会から独立して行政権を行使する。議会に対する法案提出権がない代わりに教書を送付する権利があり、法案拒否権をもっている。

Ｂ　大統領は連邦会議によって選出され、任期は５年で、三選は認められていない。国家統合の象徴であるという性格が強く、また、国家元首として、条約の締結、外交使節の信任・接受、連邦大臣・裁判官・上級公務員の任命などの権限をもっている。

Ｃ　大統領は国民の直接選挙により選出され、任期は５年である。第１回投票で過半数がとれない場合には、上位２人による第２回投票で選出される。首相や閣僚の任免権、国民議会の解散権などをもち、権限は非常に強大であるが、議会に責任を負う内閣も存在し、半大統領制ともいわれる。

Ｄ　大統領は国民の直接選挙により選出され、任期は６年、連続三選は認められていない。国家元首であり、首相任命権、国家会議（下院）の解散権、非常大権をもち、軍最高司令官を兼ねるなど、強大な権限をもっている。また、議会の法案に対する拒否権をもっている。

	Ａ	Ｂ	Ｃ	Ｄ
１	アメリカ合衆国	ドイツ	フランス	ロシア
２	アメリカ合衆国	フランス	ロシア	ドイツ
３	ドイツ	フランス	アメリカ合衆国	ロシア
４	フランス	ロシア	ドイツ	アメリカ合衆国
５	フランス	ドイツ	ロシア	アメリカ合衆国

PointCheck

◉アメリカ大統領制

⑴強大な大統領権限

対外的に国家元首であり、かつ国内の行政・外交・軍事の最高責任者である。

⑵厳格な権力分立制

行政・立法・司法の権力が強力に分立し、相互に抑制均衡を保っている。加えて、連邦制により地方分権が確立している。

◉イギリスの議院内閣制

⑴立憲君主制

主権者としての君主が存在するが、統治権の行使は憲法に規制される。

⑵内閣と議会の関係

下院の多数党が組閣（責任政党内閣）。下院の信任に基づき内閣は議会に連帯責任を負う。

◉中国の民主主義的中央集権制（民主集中制）

⑴特色

民主制と中央集権制を折衷した、共産党指導の社会主義体制。

⑵主要統治機関

①全国人民代表大会：国権の最高権力機関。年１回開催。
②常務委員会：全国人民代表大会の常設機関。全人代とともに立法機関の役割。
③国務院（行政）・最高人民法院（司法）

◉ロシア連邦・フランスの大統領制

①ロシア連邦：国民の直接選挙で選出される大統領は、アメリカ大統領に近い強い権限。
②フランス：大統領制と議院内閣制の折衷型（半大統領制）。

出題 Point：政治制度　**権力の抑制と均衡**

①米大統領制…議会からの不信任・議会解散なし。議会による弾劾訴追裁判は可能。
②英議会…与野党の討論に重点を置くアリーナ型議会、内閣と「影の内閣」が論争。
③独政党解散…連邦憲法裁判所は反自由体制の政党に解散命令を出すことができる。
④ドイツの建設的不信任…独連邦議会の内閣不信任は次期首相が指名された場合のみ成立する。不信任濫用で首相が決定しない事態を防ぐため。

Level up Point!　各国の大統領制、議会内閣制の異同と、歴史的背景を確認すると同時に、実際の国際政治情勢、大統領選挙、具体的な政策とリンクさせて理解できれば、知識は確実に定着する分野。

A15　正解－１

Ａ－アメリカ　確認するポイントは、①間接選挙、②任期は４年、③議会から独立して行政権を行使、④法案提出権がない、⑤教書を送付、⑥法案拒否権、これら厳格な国家権限の分立である。

Ｂ－ドイツ　連邦大統領は中立性を確保するために、連邦・州政府・立法機関への所属が禁じられ、地位としては形式的儀礼的である。

Ｃ－フランス　確認するポイントは、①直接選挙、②二回投票制、③首相や閣僚の任免権、④国民議会の解散権など、「半大統領制」といわれる特質である。

Ｄ－ロシア　ロシア大統領制は、フランス大統領制をモデルとしており、強大な権限を有する。憲法改正により 2012 年の当選者から任期は６年となった。

Q16 衆議院の優越

問 国会における議決に関するA～Eの記述のうち、妥当なもののみを挙げているのはどれか。
（国税専門官）

A 衆議院で可決し、参議院でこれと異なった議決をした法律案は、衆議院で出席議員の3分の2以上の多数で再び可決したときに法律となるが、その前提として、両院協議会を開かなければならない。
B 参議院が、衆議院の可決した法律案を受け取った後、国会休会中の期間を除いて60日以内に議決しないときは、衆議院は、参議院がその法律案を否決したものとみなすことができる。
C 予算について、参議院で衆議院と異なった議決をした場合に、国会法の定めるところにより、両院協議会を開いても意見が一致しないときは、衆議院の議決を国会の議決とする。
D 参議院が、衆議院の可決した予算を受け取った後、国会休会中の期間を除いて60日以内に議決しないときは、衆議院の議決を国会の議決とする。
E 条約締結の承認について、参議院が、衆議院の承認した条約を受け取った後、国会休会中の期間を除いて10日以内に議決しないときは、衆議院の議決を国会の議決とする。

1 A、D　　2 A、E　　3 B、C
4 B、E　　5 C、D

PointCheck

◉衆議院の優越の根拠

二院制には、①立法内部の権力分立、②相互の抑制、③多様な民意の反映、④良識の府の必要性などの意義があるが、完全に対等な二院制では意見不一致の場合に審議が停滞する可能性がある。この二院制の欠点を克服するために憲法は、両院協議会を設置して意見調整を行う場合を規定するが、さらに一定の重要な事項について衆議院の優越を認めている。

衆議院の優越を認める根拠としては、①民意に近い一院の権限を優越させたほうが現実的な民主政治となる、②任期が4年で短く、解散があることで選挙の頻度が高いため、直近の民意を反映した意思形成が可能となることが挙げられる。

◉権能面での衆議院の優越

(1)予算の先議

国会に提出された議案は、いずれかの議院で審議・議決され他院に送付されるが、予算案は必ず衆議院で先に審議・議決される。

(2)内閣不信任決議

法的効果のある内閣の不信任決議は、衆議院のみができる。不信任案の可決あるいは信任案の否決があると、内閣は10日以内に総辞職するか、衆議院を解散しなければならない。

◉議決の不一致の場合の衆議院の優越

⑴法律案の再可決

衆議院で可決した法律案について、①参議院で異なった議決した場合、②参議院が法案を受け取った後60日以内（休会中を除く）に議決しない場合には、衆議院が出席議員の3分の2以上の多数で再可決したときは法律となる。両院協議会（両院から10名ずつの議員が出席して、意見調整を図るための会議）を開くこともできる（裁量的）。

⑵予算の議決

予算案について、①参議院で異なった議決をし、両院協議会（必要的）が開催されても意見が一致しない場合、②参議院が予算を受け取った後30日以内（休会中を除く）に議決しない場合には、衆議院の議決が国会の議決になる（再可決は不要）。

⑶条約の承認

条約の締結に必要な国会の承認については、「予算の議決」の規定を準用する。

⑷内閣総理大臣の指名

内閣総理大臣の指名について、①両院で異なる指名の議決をした場合、両院協議会（必要的）が開催されても意見が一致しない場合、②参議院が衆議院の議決後10日以内（休会中を除く）に指名の議決をしない場合には、衆議院の議決が国会の議決になる（再可決は不要）。

◉衆議院の解散と総選挙

①衆議院の解散：任期満了前に衆議院議員の地位を失わせる行為
②解散権の所在：解散は天皇の国事行為だが、実質的な解散は内閣の権限である。
③総選挙：解散の日から40日以内に衆議院議員総選挙を行わなければならない。
④特別会召集：総選挙の日から30日以内に、特別会を召集しなければならない。

Level up Point!
まずは出題された選択肢から暗記すべきポイントをチェックし、できるだけ確認する回数を増やすこと。予算・条約の違いなどの、違いが微妙な事項があやふやになりやすい。

A16 正解－3

A－誤　法律案議決の不一致についての両院協議会開催は、必要的なものではない。
B－正　みなし否決。衆議院の再議決権行使を可能にするためである。
C－正　再可決は不要。速やかに成立させ、国政に支障を及ぼさないため。
D－誤　予算は30日以内に議決しない場合である。法律案は60日以内。
E－誤　条約は30日以内の承認がない場合である。内閣総理大臣の指名は10日以内。

Q17 国会・議院の活動

問 国政調査権に関する記述として最も妥当なのはどれか。 (国税専門官)

1 国政調査権は議院それ自体が有する権能ではないが、既存の常任委員会では国政調査権を行使することができないので、国会において特別の調査委員会を設置してこれを行使しなければならない。
2 国政調査権には衆議院の優越が認められているので、衆議院でこれを行使しない場合には参議院で行使することはできないが、両議院による協議会において意見が一致した場合には参議院で独自に行使することができる。
3 三権分立の観点から、国政調査の対象は行政権及び司法権に限定され、そのうち現に裁判が進行中の事件について裁判官の訴訟指揮の当否を調査することは許されないが、確定した判決の裁判内容の当否を調査することは制限なく認められている。
4 国務大臣が国政調査権により議院から出頭を求められた場合であっても、正当な理由の有無を問わず、自己の政治責任において出頭を拒否することができる。
5 国政調査は犯罪を捜査することが目的ではないが、その調査の手段としては、証人に出頭を求めてその証言を要求したり、記録の提出を要求することが認められている。

PointCheck

◉国政調査権

国政調査権とは、立法や財政など国会が有する権限を有効に行使するために、衆参両議院に認められた、広く国政に関する事項を調査する権限である。各議院は、証人の出頭や証言、記録の提出を求めることができる。行政機関は、報告や記録の提出を求められた場合は、原則としてその要求に応じなければならない。

◉国政調査権と三権分立

議院の調査権は、議院がその権能を実効的に行使することができるように認められたものであり、補助的な権能である。ただ、議院の権能は相当広いので、調査の範囲は国政の全般にわたるものとされる。そのため、人権保障と権力分立の観点から、その行使については次のような制約がある。

①対司法権：裁判に重大な影響を与えるような調査はできない。
②対行政権：公務員の職務上の秘密（重大な利益に関わるもの）には及ばない。
③対検察権：検察は行政権に属するが、刑事裁判の公正のため司法同様の制約がある。

◉国会の審議運営

⑴委員会制度

国会の審議は委員会中心主義をとっている。国会に提出された議案は、常任または特別委員会で審議され、可決された議案が本会議に上程されて議決される。

⑵会議運営のルール

①公開原則…出席議員の3分の2以上の議決で秘密会が可能。委員会は原則非公開。

②定足数…本会議は総議員の3分の1以上、委員会は委員の2分の1以上。

③表決数…特別の場合を除き、出席議員の過半数。可否同数の場合は議長決裁。

◉国会の種類

⑴常会（通常国会）

毎年1月に召集。会期は150日。次年度の予算と関連法案の審議・議決。

⑵臨時会（臨時国会）

①内閣が必要と認めたとき、②いずれかの議院の総議員の4分の1以上の要求で開催。

⑶特別会（特別国会）

解散総選挙の日から30日以内に召集され、内閣総理大臣の指名を行う。

※任期満了による衆議院総選挙の後に召集される国会は臨時会。

⑷参議院の緊急集会

衆議院解散により国会閉会中に、国に緊急の必要があるとき内閣が開催を求める。

※緊急集会での措置は、次の国会で衆議院の同意が必要となる。

Level up Point!

イメージしづらい国政調査権であるが、国会中継で各議院の委員会に証人が出席する場合を想起しておこう。日数、定足数などの数値は確実に暗記する努力、工夫を。

A17 正解ー5

1ー誤　国政調査権は議院の権能で、特別の委員会がなくとも行使可能である。

2ー誤　国政調査権に衆議院の優越はなく、両院が独自に行使することができる。

3ー誤　司法権の独立を守るために、進行中の裁判または確定した裁判内容に重大な影響を与える調査はできない。ただ、同一の事柄に対する並行調査は可能。

4ー誤　議院証言法に罰則があり、国務大臣も出頭しなければ法的責任を負う。

5ー正　国政調査権は補助的権能であるが、広く国政全般にわたるため、実効的に行うための強制的手段が認められる。

Q18 違憲立法審査権

問 違憲立法審査権に関する次の記述のうち、妥当なものはどれか。 （地方上級）

1　違憲立法の審査をする権限は、最高裁判所のみが有しており、高等裁判所、地方裁判所などの下級裁判所はその権限を有しない。
2　最高裁判所は、合憲性の審査をするときは必ず大法廷により行うものとされ、小法廷により行うことはできない。
3　違憲立法審査権は、議会によって制定される法律および地方公共団体の条例には行使されるが、行政機関によって制定される命令・規則などには行使できない。
4　最高裁判所がある法律を違憲とした場合でも、国会において衆議院議員の総議員の３分の２の多数でその判断を破棄することができる。
5　法律のある規定についての最高裁判所の判断が違憲と確定しても、その法律の他の規定の適用はその影響を受けることはない。

PointCheck

◉違憲審査権

⑴違憲審査の目的

憲法の最高法規性を確保するため、全ての権力作用の違憲の効力を否定するものである。

「最高裁判所は、一切の法律、命令、規則又は処分が憲法に適合するかしないかを決定する権限を有する終審裁判所である」（憲法81条）

⑵違憲審査の主体

最高裁は「終審裁判所」であり、下級裁判所にも違憲審査権がある。

最高裁判所には大法廷（15名の全裁判官で組織）と小法廷（3名以上の裁判官で組織）があり、原則、違憲審査は大法廷で行うが、以前と同じ合憲判断は小法廷でも行える。

⑶違憲審査の対象

「一切の法律、命令、規則又は処分」と規定されているが、これらに限定されず、内閣の批准する条約や国会の立法不作為など、全ての権力作用が対象となる。

⑷違憲審査の性格

具体的な事件が生じていない状況で、抽象的・一般的に憲法判断だけを行えない（具体的・付随的審査制）。違憲審査権は、前提としての具体的事件の解決に必要な限度で行使される。

⑸違憲審査の効力（個別的効力説）

法令の改廃は立法権限であり、裁判所に法令を一般的に無効とする権限はない。付随的審査制である限り、当該事件に限り違憲とされた法令の適用が排除される。

◉司法権の限界

⑴憲法が明文で規定する限界

①議員の資格争訟裁判（憲法55条、所属議院の権限）
②裁判官の弾劾裁判（憲法64条、国会の権限）

⑵憲法の解釈

①司法権の事件性の要件
「法律上の争訟」にあたらなければ司法権の対象とはならない（事件性の要件）。

②国家機関の自律権
国会・内閣・裁判所などの内部事項にかかわる事項（議事手続きや内部規律）については、各国家機関の自律権が尊重され、司法権は及ばない。

③裁量行為
憲法や法律によって各国家機関に判断を委ねられた事項については、当・不当の問題とはなっても、適法・違法の問題は生じない。したがって、各国家機関の自由裁量行為は、裁量権を逸脱しない限り、司法審査の対象とはならない。

④統治行為
国家統治に関する「高度の政治性」を有する国家行為は、国会・内閣の民主的過程による判断に委ね、裁判所の司法判断の対象外となる。

⑤部分社会の法理
団体と構成員との間の紛争が、団体内部の問題にとどまる場合には、裁判所の司法審査権は及ばない。争いが団体内部にとどまらず、市民法秩序にかかわる場合は、私法の一般原則を媒介に間接的に司法審査の対象となる。

⑶国際法上の限界

外交官・外交使節の治外法権や、条約による制限で、司法審査権の及ばない事項がある。

Level up Point!
重要な最高裁の判断と、基礎的な憲法学の知識が顔を出すが、教養対策としては深く理解する必要はない。制度の本質から、裁判上での問題点を結びつけて考えられれば十分。

A18 正解ー5

1ー誤　違憲立法審査権は、司法権を行使する通常裁判所の系列に属する、すべての裁判所が行使できる。
2ー誤　憲法適合性の審査が必要な場合であっても、それが前に大法廷で行った憲法に適合するとの裁判と同じであるときには、大法廷で裁判する必要はない。
3ー誤　法律、条例のほか、行政機関が制定した命令・規則や、行政機関が下した処分も違憲審査の対象となる。
4ー誤　権力分立原則から、司法権のなした判断を立法府が覆すことはできない。
5ー正　判決の効力は、違憲と判断された個別の適用法文・条項のみに及ぶ。

Q19 契約自由の原則の修正

問 契約自由の原則を修正する立法に関する記述として最も妥当なのはどれか。

（国税専門官）

1 金銭の消費貸借については、利息を当事者の自由に委ねると、貸主がその優越的な地位を利用して、高金利による暴利を得るおそれがあることから、利息制限法により、金銭の貸付けを行う者が業として金銭の貸付けを行う場合は、利息が年29.2％を超えてはならないとされており、その超過部分は民事上取り消し得るものとなる。

2 賃借権は民法において物権とされているが、同じ物権である地上権と比較すると著しく弱い権利であることから、借地契約においては法律による賃借人の保護が図られており、存続期間の長さにかかわらず、契約の更新をしないという特約を結ぶことは禁止されている。

3 消費者と事業者との間で締結される消費者契約においては、当事者間の情報力・交渉力の格差にかんがみ、民法の詐欺・強迫に関する定めを拡張する趣旨の制度を導入した消費者契約法によって消費者保護が図られており、事業者が一定の不適切な行為をした場合に、消費者は、契約の申込み又はその承諾の意思表示を取り消すことができる。

4 雇用については、使用者と労働者の交渉力・経済力の格差が著しいことから、労働基準法を中心とする労働法及び判例によって民法の規定は大きく修正されてきたが、近時、判例法理を採り入れた労働契約法が制定された。同法においては、解雇権濫用の法理が明文化されたものの、使用者の労働者に対する安全配慮義務の法定は見送られ、明文化されていない。

5 多くの消費者保護に関する法律において、消費者が契約関係を解消する熟慮・再考の期間を与えるクーリング・オフ制度が採用されており、割賦販売においては、業者の営業所以外の場所で商品の購入の申込みをし、又は契約を結んだ者は、口頭又は書面により、契約書面を受領した日から数えて30日間は無条件で申込みを撤回し、又は契約を解除することができる。

PointCheck

◉私法の基本原則

⑴私的自治の原則（契約自由の原則、改正民法521条）

自らの意思に基づいて自由に契約を締結できるという、資本主義自由経済社会の原則

⑵所有権絶対の原則

所有権は絶対であり、他者・国家により侵されることはないという原則

⑶過失責任の原則

行為者に過失がない限り、行為の責任を負わないとする原則

◉権利の制約原理

⑴公共の福祉による制限（民法１条１項）

私権は、公共の福祉（社会や国家で認められた利益）に適合するように行使しなければならない。私法上認められた権利だとしても、公共の利害調整のため制約を受けることがある。

⑵信義誠実の原則（信義則、民法１条２項）

権利の行使及び義務の履行は、信義に従い誠実に行わなければならない。

❖信義則の派生原則

①禁反言の原則	自らの意思で行った発言、行為に反する主張をしてはならない。
②クリーンハンズの原則	自ら不法に関与したものは法の救済を受けることはできない。
③権利失効の原則	信義に反した権利不行使が長期に及ぶ場合は権利行使が許されない。
④事情変更の原則	契約時の事情に著しい変化があり、契約を強制することが不当な場合は、契約の変更が認められる。

⑶権利濫用の禁止（民法１条３項）

権利の濫用は、これを許さない。表面上は正当な権利の行使と見られる場合でも、不当な目的で社会的に許される限度を超えるような場合は、権利行使と認められず効果を否定される。

Level up Point!
教養試験では、私法の分野も深度より広さ、現実的な視点が問われる。ただ、やはり私法の原則や、基本的な原理があることを知っていないと、何が問われているのかが理解しづらい。深い理解は必要ないが、時間のある限り、民法や刑法の基本原理には触れておくとよい。

A19 正解－３

１－誤　利息制限法は制限利率を、元本 10 万円未満＝年 20%、元本 10 万以上 100 万円未満＝年 18%、元本 100 万円以上＝年 15%と定め、これを超える部分を無効としている。取消しができるのではない。

２－誤　賃借権は、賃貸借契約から発生する賃借人の「債権」である。地上権は物権（物を支配する権利）であるが、賃借権は債権（人に請求する権利）である。また、更新をしない約定の定期借地権を設定することもできる。

３－正　事業者の一定の行為により消費者が誤認、困惑した場合、契約の申込み・承諾の意思表示を取り消すことができることとするとともに、事業者の損害賠償の責任を免除する条項その他の消費者の利益を不当に害することとなる条項の全部又は一部を無効とする。

４－誤　判例上認められていた解雇権濫用の法理、安全配慮義務は、労働契約法５条、16 条で明確に規定された。ちなみに、平成 24 年の改正では、判例で認められた「有期雇用の雇止め制限」も明文化されている。

５－誤　割賦販売法では、書面を受領してから８日間は無条件でクーリングオフが可能である。

Q20 財産の相続

問 財産の相続に関する次の記述のうち、妥当なものはどれか。 (地方上級)

1 相続される財産には、所有権・債権などのほか、被相続人の負っていた借金などの債務も含まれる。

2 被相続人に対して重大な屈辱を加えた推定相続人であっても、遺言でその相続権を奪われることはない。

3 相続には、被相続人の死亡によって開始する遺産相続と被相続人の引退によって開始する生前相続がある。

4 相続分の指定がない場合には、配偶者が相続財産の3分の1を相続し、残りを子、子がいない場合には被相続人の兄弟姉妹が均等に相続する。

5 相続人は、相続を放棄することができるが、放棄すれば被相続人の債権者が損害を受ける場合には放棄することができない。

PointCheck

◉相続人と相続分

⑴法定相続人

配偶者は常に相続人となる。以下の順位の相続人は上位がいない場合に相続人となる。

第一順位の相続人：子

第二順位の相続人：直系尊属

第三順位の相続人：兄弟姉妹

⑵法定相続分

相続分については、被相続人が遺言によって定めることができる(指定相続分)。遺言で定めていなければ民法の規定するところによる(法定相続分)。

❖法定相続分

配偶者と子	配偶者が2分の1、子は2分の1
配偶者と直系尊属	配偶者が3分の2、直系尊属は3分の1
配偶者と兄弟姉妹	配偶者が4分の3、兄弟姉妹は4分の1

⑶代襲相続

子が親の死以前に死んでいた場合に、その子の子(被相続人の孫)が相続すること。

◉相続の承認と放棄

①単純承認…被相続人の権利義務を全て相続し、債務などマイナス財産も相続する形態。

②限定承認…相続する債務は被相続人の財産から弁済し、残ったプラス財産を相続する形態。

③相続放棄…家庭裁判所に申述し、相続人とならないことにする行為。

◉遺産分割

相続人が複数（共同相続）の場合、相続財産はいったん全員の共有になる。その後、遺産分割を行い、各財産が分けられる。遺産分割の効力は、被相続人の死亡時に遡る。しかし、この遡及効は、第三者を害することはできない。

◉遺言（ゆいごん・いごん）

①効力の発生時期…遺言者が死亡した時
②撤回の自由…死亡するまでは何度でも撤回（修正）できる
③共同遺言の禁止…2人以上の者が同一の証書で遺言をなすことは禁止
④厳格な要式行為…普通方式、特別方式
⑤遺言能力…満15歳以上であれば、制限行為能力者でもできる

◉遺留分

法定相続人は、遺贈や贈与から、相続財産の一定割合を留保できる。
①相続人が直系尊属のみの場合→被相続人の財産の３分の１が遺留分
②相続人が①の場合以外のとき→被相続人の財産の２分の１が遺留分
③兄弟姉妹には遺留分はない。
④遺留分を侵害された者は贈与・遺贈を受けた者に遺留分侵害額に相当する金額を請求することができる（遺留分侵害額請求）。

Level up Point! 以上の**PointCheck**に挙げた事項は、一般常識として問われる分野であり難しい内容ではない。食わず嫌いや苦手意識さえなくなれば、むしろ興味をもって学習できる分野だ。

A20 正解ー１

1－正　相続には、所有権や債権のような積極財産のみならず、負債のような消極財産も相続の対象となる。
2－誤　重大な侮辱は廃除原因となり、また遺言によって廃除を行うことも認められる。
3－誤　旧民法の生前相続は現行法では認められず、推定相続人に生前贈与を行う相続時精算課税制度はあるが、相続は死亡のみを原因として開始する。
4－誤　相続分の指定がない場合、法定相続分規定によって各自の相続分が決定される。それによると、配偶者と子が相続人となる場合には、両者２分の１ずつ相続する。子がいない場合、直系尊属が相続人となり、直系尊属がいない場合、初めて兄弟姉妹が相続人となる。配偶者と兄弟姉妹が相続人となる場合、配偶者が４分の３、兄弟姉妹が全員で４分の１を相続する。
5－誤　被相続人の債権者が損害を受ける場合でも放棄は可能である。

Q21 わが国の内閣

問　わが国の内閣に関する記述として正しいものはどれか。（地方上級）

1　内閣総理大臣が議院での懲罰除名の結果、国会議員としての地位を失っても、内閣総理大臣としての地位は失わないので、その内閣は継続する。
2　内閣不信任案の可決による衆議院解散後の総選挙で、与党が過半数を確保したときは、内閣は総辞職することなくそのまま継続する。
3　内閣信任案の否決により内閣が総辞職したときは、新たな内閣総理大臣が任命されるまでの間、従前の内閣は引き続きその職務を行う。
4　内閣総理大臣が病気入院などにより１か月以上職務に復帰できないことが判明したときは、内閣は総辞職しなければならない。
5　任期満了による衆議院選挙で与党が過半数を確保したときは、内閣は総辞職することなくそのまま継続する。

PointCheck

◉内閣の総辞職

⑴総辞職の意義

内閣の構成員である内閣総理大臣および国務大臣が、一体でその職を辞することである。議院内閣制の下で、内閣と国会とが信頼の下に連動できなくなった場合に、内閣の国会に対する連帯責任を保つものとして機能する。

❖総辞職しなければならない場合　（〔　〕内の数字は憲法の条数）

①衆院の内閣不信任案可決・内閣信任案否決後10日以内に解散しないとき〔69〕 ※解散しても総選挙後に③の総辞職をしなければならない。
②内閣総理大臣が欠けたとき〔70〕 ※「欠けたとき」とは、死亡・失踪、あるいは国会議員の資格喪失の場合である。
③衆議院議員総選挙後の国会召集のとき〔70〕 ※解散だけでなく、任期満了による総選挙後も含む。
④内閣が任意に必要があると判断したとき ※内閣総理大臣が辞意を表明したときは内閣総辞職となり、国務大臣を残して内閣総理大臣だけが辞任することはできない。逆に、全ての国務大臣が辞任しても、内閣総理大臣が辞任しない場合は、内閣改造であり総辞職とはならない。

⑵総辞職後の内閣の職務

閣議に基づいて総辞職を決定した後、内閣は直ちに両議院に通知する。国会は他の全ての案件に先立って、内閣総理大臣の指名選挙を行うが、新内閣成立までの間は以前の内閣が引き続き職務を継続する（職務執行内閣）。

◉国務大臣の権限

国務大臣は、内閣総理大臣によって任命され、内閣の構成員となる（14人以内。特別の必要がある場合は17人以内）。憲法上、任命には天皇の認証を受ける必要がある（認証官）。

⑴法律・政令の署名

主任の国務大臣は、法律および政令に署名しなければならない（憲法74条）。

⑵議院への出席

国務大臣は、国会議員かどうかに関わらず、いつでも議案について発言するために議院に出席することができる。また、議院から答弁または説明のため出席を求められたときは出席しなければならない（憲法63条）。

⑶閣議を求める権利

国務大臣は、案件のいかんを問わず、内閣総理大臣に対して閣議の開催を求めることができる（内閣法4条3項）。

⑷内閣総理大臣の臨時代理

あらかじめ指定された国務大臣は、内閣総理大臣に事故のあるときまたは欠けたときに、臨時にその職務を代行する（内閣法9条）。

⑸国務大臣の臨時代理

内閣総理大臣の指定する国務大臣は、主任の国務大臣に事故のあるときまたは欠けたときに、臨時にその職務を行う（内閣法10条）。内閣総理大臣が兼務することもできる。

Level up Point!

内閣法や国会法の細かい条文は覚える必要はないが、解散や非常事態のとき政治システムが安定的継続的に機能するために、どんな手続き・流れになっているのかという視点でチェックしておこう。

A21 正解－3

1－誤　内閣総理大臣が国会議員であることは選任要件ではなく、在任要件とされているので、国会議員としての地位を失った内閣総理大臣は辞職しなければならない。

2－誤　憲法70条は、「衆議院議員総選挙の後に初めて国会の召集があったときは、内閣は、総辞職しなければならない」と規定しているので、与党が過半数を確保しても内閣はいったん総辞職が必要である。

3－正　総辞職後、すべての案件に先立って国会は指名選挙を行うが、新たな内閣総理大臣が任命されるまで、引き続き従前の内閣が職務執行内閣として職務を行う（憲法71条）。

4－誤　内閣総理大臣が欠けた場合は総辞職が必要だが、内閣法9条は内閣総理大臣の臨時代理を規定し、病気入院などの場合には代理により内閣存続ができる。

5－誤　解散でも任期満了でも、総選挙後の国会で内閣は総辞職する（憲法70条）。

Q22 選挙制度

問 各国の選挙制度に関する記述として最も適当なのはどれか。 （裁判所職員）

1 日本の衆議院の定数は500であり、300が小選挙区から、200が比例代表で選出される。比例代表の議席は、全国11の選挙区ごとに得票率に応じて、ドント式で各政党に配分される。当初、小選挙区の落選者が比例代表で復活できる重複立候補制度が採用されたが、2000年の公職選挙法改正時に廃止された。

2 日本の参議院の定数は252であり、152が選挙区から、100が比例代表で選出される。比例代表では拘束名簿式が採用され、各党があらかじめ候補者の順位を付した候補者名を提出し有権者は政党に投票する。各党は得票数に比例した数の議席を配分され、各党の名簿登載順に当選者が決まる。

3 ドイツの連邦議会は、小選挙区と比例代表で半数ずつ選出される。比例代表の議席は、16の州ごとに得票率に応じて、ヘア・ニーマイヤー式で各政党に配分される。日本の衆議院の小選挙区比例代表並立制は、ドイツの選挙制度をモデルに考案された。

4 アメリカの大統領選挙は、有権者が11月の一般投票で各州の選挙人を選出し、彼らが大統領を選出するという手続をとる間接選挙である。しかし、一般投票によって選出される選挙人は、どの候補者に投票するかをあらかじめ表明しており、実質的には直接選挙といえる。

5 イギリスの庶民院は、小選挙区・２回投票制で選出される。２回投票制のもとでは、過半数を獲得する候補者がいない選挙区で、上位２候補の間で決選投票が行われるので、最終的に労働党と保守党のいずれかの大政党の候補者に票が集中する傾向がある。こうしてイギリスには、２大政党制が定着した。

PointCheck

◉選挙制度の特徴

大選挙区制：１選挙区につき複数の議員を選出。	
・長所 ①少数政党も当選が可能 ②死票が少ない ③候補者の選択範囲が広い ④候補者間の政党公認争いが少ない	・短所 ①小党が乱立し政局不安定を招く可能性 ②選挙費用が増える傾向 ③選挙区が広く候補者を身近に感じにくい ④同一政党の争いで派閥が形成される
小選挙区制：１選挙区につき１名の議員を選出。	
・長所 ①大政党に有利で政局が安定する可能性 ②選挙費用が比較的少額ですむ	・短所 ①少数意見、多様な民意を反映しづらい ②大量の死票が生じる

③有権者と候補者の距離が近い ④同じ政党の同士討ちがない	③地元を優先する議員が多くなる ④買収やゲリマンダー※などの不正の危険
比例代表制：政党の得票数に応じて議席を比例配分。	
・長所 ①多様な民意を正確に国政に反映 ②死票を最小限に抑える ③地域の利害にしばられない候補者を選出	・短所 ①小党が乱立し政局不安定を招く可能性 ②拘束名簿式では候補者を選択できない ③非拘束名簿式では有名人を擁立する傾向

※選挙区の境界線を特定の候補者または政党に有利なように不自然に定める不正行為

◉日本の国政選挙

⑴衆議院議員総選挙－小選挙区比例代表並立制

議員定数は、小選挙区制289名、比例代表制176名（全国で11選挙区）。重複立候補が可能。現行制度は、1994年に細川連立政権の政治改革で、中選挙区制から移行した。

※中選挙区制：1選挙区から3～5名の議員を選出（大選挙区制の一種）。

⑵参議院議員通常選挙－比例代表・選挙区制

議員定数は、比例代表制100名（全国を1区）、都道府県単位（2つの合区あり）の選挙区制148名。3年ごとに各半数を改選。2001年から比例代表制には、名簿順位のない非拘束名簿式を原則採用している（2019年より特定枠として一部に拘束名簿式が併存している）。

◉小選挙区比例代表併用制

ドイツ連邦議会議員選挙で採用されている。有権者は2票を有し、比例区で政党、小選挙区で候補者に1票ずつ投票する。比例区の政党得票数で議席数を決定し、小選挙区の当選者は優先的に議席を確保する。残った議席は比例代表名簿から選出していく。

Level up Point!

選挙区制と比例代表の組合せについては、現在の方式がかなり定着してきたため、十分理解しているはず。合格ラインは、この制度に至るまでの歴史と、他の選挙制度・方式との比較がどこまで理解できているかだ。

A22 正解－4

1－誤　衆院の定数は465（小選挙区289、比例176）。選挙区・比例区の重複立候補も可能。

2－誤　参院の定数は248（選挙区148、比例100）。原則的に非拘束名簿式である。

3－誤　ドイツ連邦議会（下院）の選挙は小選挙区比例代表併用制である。

4－正　各州の有権者は大統領候補者に投票するが、選ばれるのは大統領候補者を支持する各州の選挙人団で、得票の多い候補者がその州の全選挙人を獲得する。

5－誤　イギリスの庶民院（下院）は1回投票。2回投票（決選投票制）はフランスが採用している。

Q23 国際機関

問 我が国が関係する国際機関に関する記述として最も妥当なのはどれか。

(国税専門官改題)

1 WHO(世界保健機関)は、伝染病根絶などをうたった世界保健憲章によって設置され、今までに天然痘などの伝染病を全世界から根絶させることに成功した。伝染病の根絶には全世界的な協力体制が不可欠なことから、中国での鳥インフルエンザの発生を契機に、中国の反対により加盟が認められなかった台湾が、我が国と米国を中心とした働きかけにより、国際機関としては初めて加盟が承認され、台湾の国際機関加盟の道を開いた。

2 IWC(国際捕鯨委員会)は、鯨資源の保存及び利用、鯨及び捕鯨に関する研究及び調査などを目的とする国際機関であり、締約国の捕鯨活動は大幅に制限されている。我が国は1951年に加入し、鯨類の適切な保存・管理に不可欠な科学データを収集する目的で調査捕鯨を毎年実施してきたが、2018年に提案したIWC改革案が否決されたことを契機に条約からの脱退を通告した。

3 IAEA(国際原子力機関)は、原子力の平和的利用から軍事的利用への転用防止を目的として、核拡散防止条約の発効時に設置された。プルトニウムを利用した原子炉は容易に軍事転用が可能なため、これを全面禁止しウランを利用したものに移行させる働きかけを各国に行っている。キューバ及びリビアではEUや我が国からの資金及び技術援助もあり移行に成功したが、2018年末現在、イラン及びスーダンでは移行は進んでいない。

4 IMO(国際海事機関)は、海上の安全、船舶による海上汚染の防止等を目的とする国際機関である。最近では、国際紛争地域及び領土問題が関係する海域での航行の安全に対して関係各国に勧告や仲介も行っており、我が国と韓国との間の領土問題が生じている竹島周辺の排他的経済水域での船舶の航行や漁船の安全操業に関して、領有権を棚上げした形で仲介案を両国と協議の上、現在、作成中である。

5 世界銀行は、為替相場の安定と為替制限の撤廃による貿易の拡大を目的とする国際機関で、金との兌換を保証された米国のドルを基軸通貨としてその活動を行っている。しかしながら、1990年代に世界各地で金融不安が生じたため、金融の多元化等を図る目的で、ドル以外の通貨も基軸通貨とすることとなった。我が国は、ドル、ユーロに次ぐ基軸通貨とすべく、世界銀行を通じてアジア・アフリカ地区で、円を通貨として資金援助を盛んに行っている。

PointCheck

◉国際連合の専門機関

国連憲章第63条に基づいて、経済社会理事会と協定を締結し、国連との連携して活動を行う国際機関。活動に関する経済社会理事会から勧告を受ける。

①国際労働機関(ILO)…労働者の労働条件と生活水準の改善を目的とする。

②世界保健機関（WHO）…健康に関する情報収集、国際基準の設定、感染症対策など。
③国連教育科学文化機関（UNESCO）…教育、科学、文化の発展のための国際協力の推進。

❖専門機関

・国際通貨基金（IMF）
・世界銀行グループ（WB）
　国際復興開発銀行（IBRD、世界銀行）
　国際開発協会（IDA、第二世銀）
　国際金融公社（IFC）
・国連食糧農業機関（FAO）
・国際農業開発基金（IFAD）
・国際民間航空機関（ICAO）
・国際海事機関（IMO）
・国連工業開発機関（UNIDO）
・万国郵便連合（UPU）
・国際電気通信連合（ITU）
・国際労働機関（ILO）
・国連教育科学文化機関（UNESCO）
・世界保健機関（WHO）
・世界観光機関（UNWTO）
・世界知的所有権機関（WIPO）
・世界気象機関（WMO）

※IAEAやWTO（世界貿易機関）は「国連関連機関」としての位置付けである。

Level up Point!
IMF・IBRDは現在大きくその体制と機能が変化した。IAEAも平和利用から核抑止の枠組みと理解したほうがわかりやすい場合もある。現実の国際政治・経済・社会に応じて、役割は変化しているという視点も忘れず、国連機関、国際機関を理解すること。

A23 正解－2

1－誤　台湾は国連加盟を申請しているが、中華人民共和国の反対もあり、申請は受理されていない。WHOも国連の「一つの中国」政策を維持し、鳥インフルエンザ対人感染マップにおいて、台湾を中国の一つの省として扱っている。

2－正　国際捕鯨取締条約に基づき設立された国際機関。日本は2019年6月に正式に脱退し商業捕鯨を再開している。加盟88カ国中、捕鯨支持国はロシア・ノルウェー・韓国など36カ国あり、環境問題などもからみ難しい対応を迫られている。

3－誤　1953年アイゼンハワー米大統領の国連総会演説を端緒に、1957年国連総会の自治機関としてIAEAは設立された。核拡散防止条約（NPT）は1963年国連で採択、1970年に発効している。また、プルトニウム利用の原子炉の禁止も存在しない。

4－誤　IMOは国連の専門機関で、海上運輸・海洋汚染防止が目的である。海事問題としてのテロ・海賊への対策は進めてはいるが、国際紛争や領土問題は管掌していない。

5－誤　世界銀行（国際復興開発銀行・IBRD）は、第二次大戦の復興援助から始まり、現在は開発途上国への資金援助を行う国連の専門機関である。為替相場の安定化や国際貿易促進を目的とするのは、国際通貨基金（IMF）。また、事実上ドルを基軸通貨とする体制は維持されている。

Q24 第二次大戦後の東西関係

問 **第二次世界大戦後、東西関係は米ソを中心として展開されてきたが、次の年表はアメリカの大統領とソ連の指導者の在任期間を示したものである。A～Eの時期における歴史的事実とその背景に関する記述として、正しいものはどれか。** （国家一般）

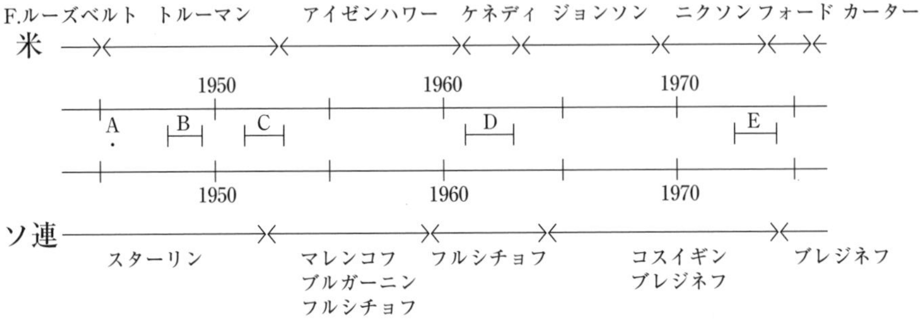

1 Aの時期にはソ連の核開発が本格化したことを受け、米ソの緊張が高まり、冷戦と呼ばれる対立構造が生じた。

2 Bの時期にはベルリン封鎖や北大西洋条約機構の成立など、東西間の緊張が激化し、核管理のあり方を巡って米ソが対立した。

3 Cの時期にはアメリカが封じ込め政策を展開し、ソ連が巻き返し外交を推し進め、世界各地で両国の対立が生じていた。

4 Dの時期には朝鮮戦争やベトナム戦争などアジア地域での米ソの対立が激化し、国連安全保障理事会がほとんど機能できない状況であった。

5 Eの時期にはイラン革命により第2次石油危機が発生し、米ソは協力して世界平和に寄与する危機管理外交を展開した。

PointCheck

◉東西冷戦体制

⑴鉄のカーテン演説

1946年イギリスの前首相チャーチルがソ連の勢力拡大を警戒する演説を行う。

⑵トルーマン=ドクトリン（冷戦の開始）

1947年アメリカのトルーマン大統領はギリシャ・トルコに対する経済・軍事援助を発表。

⑶北大西洋条約機構（NATO）とワルシャワ条約機構（WTO）

西側の集団防衛機構として1949年に北大西洋条約機構（NATO）が設立されると、1955年にソ連は対抗して対西側集団防衛機構であるワルシャワ条約機構（WTO）を結成。

◉第二次大戦直後のドイツ

ドイツ・首都ベルリンは米・英・仏・ソの４カ国によって分割統治・管理されていた。

⑴ベルリン封鎖

西側の通貨改革実施に反発したソ連は、1948年西ベルリンへの陸路を遮断し生活物資の供給を停止した（西側は物資空輸作戦で乗り切る）。

⑵東西ドイツの成立とベルリンの壁の建設

1949年東西に分裂した東ドイツで、西ベルリン経由で西ドイツへの亡命が増加したため、東ドイツ政府は1961年にベルリンの壁を建設。

◉冷戦期のアメリカの対ソ戦略

⑴封じ込め政策（トルーマン）…軍事・経済援助を行うことでソ連を包囲・封じ込め
⑵巻き返し政策と大量報復戦略（アイゼンハワー）…反共産主義・核兵器による牽制
⑶柔軟反応戦略（ケネディ）…核戦略の見直し、ソ連の攻撃に段階的に対応

◉東西冷戦の熱戦化

⑴朝鮮戦争（1950）…アジア地域が冷戦体制に組み込まれ、朝鮮半島の分断が固定化
⑵キューバ危機（1962）…世界を核戦争の瀬戸際まで陥れた冷戦期における大事件
⑶ベトナム戦争（米軍の北爆開始1965）…民族解放から米ソ代理戦争に泥沼化

◉デタントと多極化

キューバ危機で核戦争の危機を経験した米ソは、その後接近し、協調路線をとる。1963年から1970年代にかけての米ソ接近の動きを「デタント」（緊張緩和）と呼ぶ。

Level up Point! 世界史と直接リンクする所なので、確実に冷戦の枠組みと流れを押さえておくこと。東西のかけ引きよりも事件・戦争を中心にまとめよう。

A24 正解ー2

1ー誤　ソ連の核開発は 1949 年から始まる。A は「鉄のカーテン」演説の時期。
2ー正　ベルリン封鎖は 1948 年。北大西洋条約機構は 1949 年。
3ー誤　アメリカの封じ込め政策は 1947 年のトルーマン＝ドクトリンに始まる。巻き返し外交は、1953 年にアメリカのアイゼンハワー政権が進めた共産主義封じ込め政策。
4ー誤　朝鮮戦争は 1950 ～ 53 年。ベトナムの北爆開始は 1965 年。
5ー誤　E の時期は第 1 次石油危機の頃（1973 年）。第 2 次石油危機は 1978 年。

Q25 核軍縮の歩み

問　次の文は、核軍縮の歩みに関する記述であるが、文中の空所A～Cに該当する条約名の組合せとして、妥当なのはどれか。 (地方上級)

1960年代に入ると、キューバ危機を転機として、アメリカとソ連の間で軍備管理に向けた交渉が行われるようになった。1963年に部分的核実験停止条約が、1968年に（　A　）が締結され、さらには1969年から、アメリカとソ連の間で戦略兵器制限交渉が行われ合意が得られたが、1979年のソ連のアフガニスタン侵攻により、軍備管理交渉は停滞した。

1980年代後半以降、アメリカとソ連の緊張緩和が進み、1987年には（　B　）が締結され、1991年と1993年には、二次に渡る（　C　）も調印された。また、1995年に（　A　）の無期限延長が決定されるとともに、1996年には国連総会で包括的核実験禁止条約が採択された。

	A	B	C
1	核拡散防止条約	中距離核戦力全廃条約	戦略兵器削減条約
2	核拡散防止条約	戦略兵器削減条約	中距離核戦力全廃条約
3	戦略兵器削減条約	核拡散防止条約	中距離核戦力全廃条約
4	戦略兵器削減条約	中距離核戦力全廃条約	核拡散防止条約
5	中距離核戦力全廃条約	核拡散防止条約	戦略兵器削減条約

PointCheck

◉部分的核実験禁止条約（PTBT）

キューバ危機（1962年）によって核戦争の危険が現実のものとなり、米ソが歩み寄った結果、1963年に成立・発効した初の多国間核軍縮の枠組みである。核爆発を伴う実験を大気圏内・宇宙空間・水中において禁止するものだが、地下核実験は許容される。また条約遵守の検証制度もないため、核軍備競争の抑制にはつながらなかった。

◉核不拡散条約（NPT）

核不拡散条約（核拡散防止条約、NPT）体制は、現在の国際社会における核管理の中心として機能している。1960年以降、原子力の平和利用の広がりに対して、核兵器転用による核保有国の増加を阻止するため、米ソの利害が一致し、1968年に採択され1970年発効した（1995年NPT延長会議で、無期限延長が決定）。日本は1976年、フランスと中国は1992年にそれぞれ加盟。

⑴核不拡散条約の内容

NPTの最大の特徴は、加盟国を核兵器国と非核兵器国とに区分し、核兵器国には非譲渡と核軍縮、非核兵器国には非保有とIAEA査察という、異なる義務を規定している点にある。

ただ、義務内容の違いから不平等条約だとの指摘もある。

◉米ソ二国間の核軍縮交渉

⑴SALT（戦略兵器制限交渉）＝戦略兵器の上限設定

キューバ危機後の米ソ両国の緊張緩和により、1972年調印され、同年発効。

①戦略兵器制限暫定協定（SALT Ⅰ）

②ABM（弾道弾迎撃ミサイル）条約：2002年アメリカが離脱、失効。

③第２次戦略兵器制限交渉（SALT Ⅱ）：ソ連のアフガニスタン侵攻でアメリカ批准拒否。

⑵START（戦略兵器削減交渉）＝戦略兵器の削減

①戦略兵器削減条約（START Ⅰ）：1991年署名、1994年に発効。

②戦略兵器削減条約（START Ⅱ）：1993年署名、アメリカが未批准。

③新戦略兵器削減条約（新START）：2010年署名、2011年発効。

⑶中距離核戦力（INF）交渉

1981年より中断再開を経て、1987年にINF全廃条約に署名され、翌年発効。主にヨーロッパに配備された戦域核兵器をすべて廃棄する内容で、米ソ両国はこれを実行した。しかし、その後米ロ間で条約違反の対立が発生し、2019年米側が破棄を通告し、INF条約は失効した。

◉包括的核実験禁止条約（CTBT）

1996年に国連で採択された包括的核実験禁止条約（CTBT）は、原子力発電の能力をもつ特定の44か国の批准が発効要件となっており、アメリカ・中国・インドなど主要国が批准にいたらず、未発効である。日本は1997年に批准している。

NPTとは異なり、核保有国・非保有国の区別がなく、地下を含むあらゆる場所における核実験の禁止を内容とする。また、発効後には、条約の遵守を検証する国際監視制度・査察等が予定されている。核兵器開発・改良に必要なすべての核実験を禁止する意義は大きいが、核爆発を伴わない核実験（未臨界実験など）は禁止されていない。

◉新START（新戦略兵器削減交渉）

2011年START Ⅰの後継条約として発効。戦略核弾頭・ICBMの大幅な制限をしたが、ミサイル防衛（MD）での対立が残されている。

Level up Point!
2010年プラハでのオバマ米大統領の核廃絶宣言もあり、NPT体制の進展が期待されたが、現実には核保有国の思惑の違いが表面化し、進展の障害となっている。核軍縮も環境問題も、経済的に疲弊が見える先進国より、新興後進国の発言力が増している状況だ。

A25 正解－1

A－核拡散防止条約（NPT）：1968年採択・1970年発効

B－中距離核戦力（INF）全廃条約：1987年署名・1988年発効

C－戦略兵器制限条約（START Ⅰ）：1991年署名・1994年発効

　戦略兵器削減条約（START Ⅱ）：1993年署名（アメリカ未批准で未発効）

第2章 経済

Level 1 p146～p163　Level 2 p164～p177

1 資本主義経済の成立と変遷

Level 1 ▷ Q01

おさえておきたい **Point** キーワードチェック

1 重商主義

16世紀から18世紀にいたるヨーロッパ絶対主義国家の経済政策およびそれを巡る経済学説の総称

❖重商主義の三つの政策

①金・銀に代表される財宝の保有量こそが国富であると考える（ 1 ）。
②金獲得のためにより多く輸出し、より少なく輸入して正の（ 2 ）を確保する政策。
③絶対主義政府は（ 3 ）や独占の容認を通じ、見返りとして財政収入の増加を期待。

2 重農主義

おおよそ1760年から1770年にいたるフランスでのフィジオクラシー（自然の支配）に基づく経済思想

❖ケネー

『（ 4 ）』（1758年）を著し、重商主義を批判し自然法思想に基づく自由取引（レッセ=フェール）を提唱し、王国の戦略産業として（ 5 ）を重視した。さらに、（5）の本源的要素である土地のみが純生産物を産むと考え、土地のみに課税すべきとする（ 6 ）を主張した。

3 古典派経済学の成立

アダム=スミス は、1776年『（ 7 ）』を出版し、近代経済学の祖となった。スミスは、重農主義者と同様に、自然法思想に基づき自由放任（レッセ=フェール）を提唱し、社会的分業の下での利己心の追求が（ 8 ）に導かれておのずから公益を促進すると考えた。一方、農業のみが生産的であるとする重農主義をも批判し、地代や賃金とならんで（ 9 ）にも注目したのである。

4 商業資本主義から産業資本主義への転換

❖商業資本主義：15世紀～ 18世紀前半（絶対主義諸国が重商主義を採用した時代）

①商人が種々の特権を得て商業資本家に発展した。
②イギリスの（ 10 ）革命で農業生産力向上。人口増加で都市の賃金労働者を形成。
③問屋制家内工業から（ 11 ）へと業態が展開した。

❖産業資本主義：18世紀後半～19世紀前半（産業革命を経て確立した資本主義）

①機械の導入による分業体制である工場制機械工業が発展した。
②第２次（10）革命により大量の賃金労働者が生み出され、労働者階級が形成されていった。
③政府の経済活動への介入をできるだけ排除するという自由放任主義が標榜された。いわゆる（　12　）国家論や（　13　）な政府である。

5 独占資本主義

❖独占資本による国内市場の支配：19世紀後半～

①激しい自由競争の結果、資本の（　14　）と（　15　）が進み、市場は少数の大企業で支配された。
②個人企業も株式会社に移行し、カルテル・トラスト・コンツェルンなどの独占を組織していった。
③産業資本と銀行資本とが結合した（　16　）が出現し、資本の投下先を求めて海外に進出していく（　17　）主義の傾向が強まった。

6 修正資本主義（混合経済）

❖世界恐慌による深刻な経済停滞：20世紀前半～

①世界恐慌に対応するべく政府が積極的に経済活動に介入する経済政策を採用した。これは、1936年に出版されたケインズの『（　18　）』に基づくものであり、政府による（　19　）の創出によって完全雇用を達成しようとした。
②アメリカでは、ルーズベルト大統領による（　20　）政策などにおいて財政政策が発動されるなど政府の介入による福祉国家の実現を標榜することになった。

7 社会主義経済の成立と現状

産業革命以後の資本主義経済の発展に伴い、19世紀半ば頃には、資本家階級と労働者階級との間に、貧富の格差の拡大や労働条件の悪化などの社会的・経済的弊害が顕著になっていた。 こうした矛盾に対して、初期にはオーウェンやサン=シモンらが人道主義の立場から、その後はマルクスやエンゲルスが「科学的社会主義」を提唱し、1917年にロシアにソヴィエト社会主義政権が誕生し社会主義経済が成立した。

❖社会主義経済と資本主義経済の基本的相違点

社会主義経済		資本主義経済
生産手段の公有、計画経済	生　産	生産手段の私有、自由競争
国家が決定	価　格	需要と供給で決定
原則はない	失　業	景気変動により増減する
所得格差が小さい	所得分配	所得格差は大きい

❖社会主義の現状

●ソ　連：生産の停滞や軍事費の増大による国家財政の破綻に対して、1960年代からはリーベルマンの（　21　）の導入や1985年にはゴルバチョフ政権による（　22　）により資本主義的経済改革を実施したが、混乱に拍車をかけ1991年12月ソ連は消滅した。
●中　国：1978年から始まった改革・開放経済政策が着実に進んでいる。すなわち、外国資本や技術を導入するために設けた（　23　）などを中心に市場経済的運営を積極的に取り入れた結果、高い経済成長を実現した。

1 重金主義　2 貿易差額　3 保護貿易　4 経済表　5 農業　6 単一課税論
7 諸国民の富の性質と諸原因に関する研究〔国富論〕　8 神の見えざる手　9 価格　10 農業
11 工場制手工業　12 夜警　13 安価　14 集積　15 集中　16 金融資本　17 帝国
18 雇用・利子及び貨幣の一般理論　19 有効需要　20 ニューディール　21 利潤方式
22 ペレストロイカ　23 経済特区

おさえておきたい Point　ミニ演習

1　資本主義経済は、地主層による土地の囲い込みが行われ、農民の多くが土地を追われて賃金労働者となったことをきっかけとして、ドイツにおいて世界で最も早く確立された。

×囲い込み（エンクロージャー）をきっかけとする農業革命により、賃金労働者層を形成したのはイギリス。

2　絶対主義国家は、自由放任の政策を採用し、重商主義に基づく自由貿易を振興したため、資本主義経済は成長を遂げた。

×重商主義は、特権商人の独占を認める産業保護主義、保護貿易主義を採用する。

3　アダム=スミスは、各人が自由な経済活動を行う限り、社会の調和は「神の見えざる手」によって導かれて、社会全体の福祉が増進すると説いた。

○市場メカニズムが最も効率的な資源配分の状態が実現するという考え方である。

4　資本主義を発達させた国は、原料を確保したり、製品販売市場を囲い込むために植民地を求めるようになり、このことを修正資本主義という。

×経済発展を植民地貿易によって達成しようとした、帝国主義における経済体制である。

5　世界恐慌後のアメリカでは、政府が積極的に経済に介入すべきだという考え方から、経済は市場における自由競争にゆだねるほうが良いとする考え方に変わり、これに基づき、ルーズベルト大統領はニューディール政策を実施した。

×恐慌に対応するために、政府が積極的に経済介入する経済政策が修正資本主義である。

2 経済思想の展開

Level 1 ▷ Q01

おさえておきたい
Point キーワードチェック

1 古典派経済学

19世紀前半に、アダム=スミスの総合的な枠組みを継承しつつも、そこに分析や批判を加えた作業により専門科学性をより強くめざした経済学である。

(1)D. リカード：『経済学と課税の原理』(1817年)

競争的に生産可能な財は、基本的には労働価値説が成立し、交換比率も直接・間接に必要な（ 1 ）で決定されるとした。

①差額地代論：利用される土地の中で、最も生産性の低い限界地では地代は存在しないが、その限界地よりも生産性の高い土地で生産された生産物の価格は、（ 2 ）と平均利潤の合計を超えるので、その（ 3 ）が地代となる。

②比較生産費説：各国が（ 4 ）にある産業に（ 5 ）するかたちでの国際（ 6 ）による自由貿易のメカニズムを明らかにしたものである。

❖設例：各財を1単位生産するのに必要な労働量

	衣料	ワイン
イギリス	100人	120人
ポルトガル	90人	80人

●イギリス　：ワインを1単位生産する労働量で衣料を生産すると1.2単位生産できるので、衣類に「比較優位」がある。

●ポルトガル：衣料を1単位生産する労働量でワインを生産すると9/8単位生産できるので、ワインに「比較優位」がある。

イギリスが衣料に、ポルトガルがワインにそれぞれ特化し、他の財を輸入すれば自国ですべて生産するよりも有利になる。

(2)マルサス：『人口論』(1798年)

マルサスはアダム=スミスの理論の後継者といわれ、商品の交換価値は（ 7 ）と（ 8 ）で決まるとする立場である。労働価値説では、投下労働価値説ではなく（ 9 ）労働価値説をアダム=スミスから受け継いだ。

①人口論：人口は2倍、4倍、8倍、16倍と（ 10 ）的に増加するのに対して土地には（ 11 ）の法則が働くので、食糧は2、4、6、8倍と（ 12 ）的にしか増加せず、過剰人口は貧困と悪徳により制約を受けると主張した。

②穀物法論争：1815年にイギリスで制定された穀物輸入規制条例を巡って、D. リカードの自由貿易論と対立。マルサスは、食糧の自給という政治的理由のほかに、国内の農業部門から発生する（ 13 ）の重要性を指摘して、穀物法を存続させようとした。

(3)J. S. ミル：『経済学原理』(1848年)

古典派経済学の最後の体系的な理論家であり、当時の政治的課題であった（ 14 ）の問題に経済学がどこまで解答を与えられるかが主要な関心であった。

1 労働量　2 賃金　3 差額　4 比較優位　5 特化　6 分業　7 需要　8 供給　9 支配
10 幾何級数　11 収穫逓減　12 算術級数　13 有効需要　14 所得分配

2 マルクス経済学

マルクスは『資本論』(1867年第1巻、1885年第2巻、1894年第3巻）において、D.リカードの労働価値説をさらに体系化し、資本家の利潤は労働者の提供する剰余労働の搾取にほかならないことを明らかにしようとした。すなわち、労働者は生存賃金に見合った必要労働を超える剰余労働を資本家に提供しており、これが（　1　）であり、これの価格形態が利潤である。

3 歴史学派

19世紀中頃にイギリスを追う立場にあったドイツで起こった思想で、F.リスト（『経済学の国民的体系』1841年）を創始者とする。

先進国であるイギリスで標榜された自由競争や自由貿易は、後進諸国の犠牲のうえで形成されたものであるとの認識から、古典派経済学を否定し、国民経済や国民的統一の確保が重要であり、そのためには国内工業の保護や貿易では（　2　）などが提唱された。

4 近代経済学

新古典派経済学の誕生：1870年代の限界革命を中心として経済理論が体系化された時代。

⑴W. S.ジェボンズ：『経済学の理論』(1871年)

交換理論：どのようなものであれ二つの商品の交換比率は、交換の後消費に利用可能な商品の数量の最終効用度＝（　3　）の比率の逆数で表されるとし、自由な商品の交換比率が（　4　）価格であると考えた。

⑵メンガー：『国民経済学原理』(1871年)（オーストリア学派の創始者）

限界効用によって商品の交換比率である（　5　）を説明しようとした。すなわち、直接に消費される生産物（＝（　6　））の価値は限界効用で定まり、それらを生産する生産要素(＝（　7　))の価値は、限界生産力に応じて帰属すると考えた。

⑶ワルラス：『純粋経済学要論』(1874年初版)（ローザンヌ学派の創始者）

一般均衡理論：限界革命の一人であるが、数学的に精緻化した一般均衡理論を展開した。すなわち、あらゆる市場において（　8　）と（　9　）が均衡するように価格が調整されるとする価格分析を展開し、ミクロ経済学の土台を構築した。

⑷マーシャル：『経済学原理』(1890年)（ケインズを除くケンブリッジ学派の創始者）

①部分均衡論：(　10　）を一定（不変）と前提し、当面の分析対象以外の動きを捨象することで、特定の経済の動きを分析しようとした。

②市場理論：価格決定に関して古典派は供給面を、W. S.ジェボンズの限界効用説が需要面を強調したのに対し、マーシャルは、効用（需要）と生産費用（供給）の双方が均衡価格を決定すると主張した。

さらに、短期と長期の概念や（　11　)、消費者余剰、外部経済などの経済分析のツールを導入した。

⑸ピグー：『厚生経済学』(1920年)

マーシャルの後継者で厚生経済学の確立に努力した。産業の規模が拡大するにつれて集積の利益が発生するが、これが（ 12 ）である。ピグーはこれをさらに発展させて、混雑の不利益などの（ 13 ）を指摘した。こうした状況があるときには、競争均衡は経済厚生を最大化できず、（ 14 ）や（ 15 ）によって政府が介入すべきだと主張した。

1 剰余価値　2 保護関税　3 限界効用　4 市場　5 価格　6 低次財　7 高次財　8 需要　9 供給　10 他の事情　11 需要の価格弾力性　12 外部経済　13 外部不経済　14 課税　15 補助金

5 ケインズ経済学と展開 ▶p146

マクロ経済学の構築：古典派経済学とは異なる経済全体を巨視的に把握する理論を構築。

⑴ケインズ：『雇用・利子及び貨幣の一般理論』(1936年)

有効需要の原理：1920年代末から1930年代の大不況により大量の失業者が出現した。ケインズは、この（ 1 ）は一国の有効需要不足によるものであると分析し、完全雇用の達成のために、政府が総需要を管理し、積極的に経済に介入すべきだと主張した。(フィスカル=ポリシー＝裁量的財政政策)

⑵ケインズ以降のケインズ経済学

ポスト=ケインジアン（イギリス）	アメリカ=ケインジアン（アメリカ）
〔J.ロビンソン〕 業績としては、不完全競争理論や資本蓄積論からマルクス経済学に及び、ケインズ理論の本質の啓蒙を行った。アメリカの新古典派理論を痛烈に批判した。	〔P.A.サムエルソン〕 経済学の多くが、制約条件下で目的関数を最大化する問題として統一的に理解できることを明らかにした。さらに、古典派経済学とケインズ経済学との総合を試みた。
〔R.ハロッド〕 ケインズの一般理論が短期の理論であったため、長期的分野としての経済成長論を構築した。 (現実成長率・保証成長率・自然成長率)	〔R.ソロー〕 R.ハロッドの成長論の問題点を修正する形で新古典派成長論を提示した。資本と労働の代替性に基づく、ソロー方程式である。さらに、技術進歩に関する研究を深め、現実の経済分析に貢献した。

⑶その他の主要な経済学説

シュンペーター：『理論経済学の本質と主要内容』『経済発展の理論』
●経済発展の理論：企業者の「新結合」＝（ 2 ）の遂行こそが経済発展をもたらす原動力であるとのビジョンを示した。
ヒックス：『価値と資本』『景気循環論』
●序数的効用理論：ローザンヌ学派のパレートは、効用関数から無差別曲線を導出したが、ヒックスはさらに進めて、無差別曲線や限界代替率を土台に消費者行動を分析した。

● IS－LM理論：ケインズの『一般理論』を、（　3　）市場と（　4　）市場の同時均衡が達成される理論として構築した。いわば、ワルラス的な一般均衡分析のマクロ経済学上への応用と考えられる。

T. ヴェブレン：（制度学派）『有閑階級の理論』『営利企業の理論』

●ヴェブレン効果：価格が上昇すると、消費者は見せびらかしや世間の注目を浴びるために、高価な財を好むようになり需要がかえって増加する効果をいう。
（現代的には、デモンストレーション効果）

J. K. ガルブレイス：（制度学派）『豊かな社会』『不確実性の時代』

●依存効果：企業の広告・宣伝活動により消費者の欲望が操作されるので、欲望そのものが生産過程に依存する現象。

M. フリードマン：（マネタリズムの創始者）『資本主義と自由』『選択の自由』

●ｋ％ルール：M．フリードマンはアダム=スミス以来の自由主義経済論を踏襲し、経済は市場メカニズムにより最適な資源配分が常に実現されるので、ケインズ的財政・金融政策は短期的には（　5　）だが、長期的には（　6　）となると主張した。政策的には、（　7　）の増加率を一定に保つルールのみが重要であるとした。

ルーカス：（合理的期待形成仮説の創始者の一人）

●合理的期待形成仮説：現在利用可能な情報をすべて用いて、各経済主体が平均的に正しく予想することで裁量的ケインズ政策は短期的にも長期的にも無効であると主張した。
（中央銀行が10％マネー＝サプライを増やした→合理的期待では、10％物価が上昇すると予想し国民所得には影響しない）

1 非自発的失業　2 イノベーション〔技術革新〕　3 財　4 貨幣　5 有効　6 無効
7 マネー＝サプライ〔貨幣供給量〕

おさえておきたい Point　ミニ演習

1　ケネーは、自然法思想に基づいて、自由取引を提唱し農業を国富の源泉として重視した。

○ケネーは、土地のみが富の源泉であり、土地担税論を主張した。

2　古典派経済学の創設者であるスミスは重農主義を批判し、重商主義を擁護する立場を堅持した。

×自由交易の便益を強調し、重商主義的な保護政策を批判した。

3　アダム=スミスに代表される古典派経済学は、市場メカニズムでは効率的な資源配分が行われない場合があるので、補助金を支出するなど政府の積極的な介入が必要であるとする考え方である。

×古典派経済学は、一般的な財やサービスの供給は自由な市場経済システムに任せるべきと主張し、政府の経済統制に反対する。

4　マルクスは、交換される２商品は等価でなくてはならないと考え、２商品は投下労働量で等価であるという労働価値説を主張したが、スミスはこの考え方に反対した。

× 労働価値説はアダム=スミスが初めて体系化したといわれている。

5　イギリスの経済学者リカードは、比較優位のある生産物に特化して、他財は貿易によって手に入れたほうが、双方の国にとって利益になるという比較生産費説を示した。

○ 貿易による国際分業が成立するかを明らかにして、自由貿易を推進する理論的根拠を提供した。

6　マルサスは、自分の著書『人口論』において、人口は算術級数的に増大する一方、生活資料は幾何級数的に増加すると主張し、過剰人口は貧困と悪徳とにより制約されざるを得ないと主張した。

× マルサスは、人口が幾何級数的に増加するが、生活資料は算術級数的にしか増加していかないと考えた。

7　ドイツの経済学者リストは、途上国もやがては工業国に発展する可能性を秘めているため、自由貿易により発展の芽を伸ばす必要があるとし、保護貿易を行う必要はないと主張した。

× 自由貿易は後進国に犠牲を強いるものとの認識から、国内工業の保護や保護貿易を提唱した。

8　ケインズ政策は、1929年の恐慌の原因が企業の生産能力の不足にあるとし、投資意欲を刺激することにより生産のボトルネックを解消して国全体の生産を増加させようとする考え方である。

× 恐慌の原因は社会全体の有効需要の不足とみて、政府の財政支出によって有効需要の創出を図ろうとした。

9　マネタリズムは、経済活動のうち需要面より供給面を重視し、企業活動に対する減税や政府規制の緩和によって民間部門の生産力を向上させようとする考え方である。

× マネタリストは、自然失業率引き下げのような構造的政策と通貨供給による物価安定政策に限定されるべきと主張する。

10　サプライサイド･エコノミックスは、公共事業など財政政策によって景気の動向や経済成長、雇用の状態など国民経済の動きを調整しようとする考え方である。

× ケインズ政策の説明である。前の９がサプライサイド･エコノミックスの説明になっている。

3 市場経済の構造

Level 1 ▷ Q02　Level 2 ▷ Q10,Q11

おさえておきたい **Point** キーワードチェック

1 経済分析の基本

⑴経済主体

経済の中で活動する人々や組織の総称。財・サービスを消費する経済主体である（　1　）

と財を生産する経済主体である（　2　）に分類される。また政府は、税を徴収し、（　3　）を供給する経済主体であり、経済活動の調整主体でもある。

⑵財

財とは様々な商品とサービスの総称。稀少な財・サービスは（　4　）であり、人間の欲望を満たす十分以上存在する財は（　5　）と呼ばれる。

⑶生産要素

財を生産するための投入物。「資源」「労働」「土地」および過去の生産の結果として存在する「（　6　）」などを含む。

2 市場機構と需要と供給 ▶ p148

⑴完全競争市場の条件

①無数の需要者と供給者の存在　②完全情報　③財の同質性　④市場への参入退出の自由

⑵需要曲線

価格（P）と需要量（x）の関係を表す曲線で（　7　）。

曲線のシフト要因：同じ価格水準で、需要量が変化。

①所得の変化

所得が増加する→（　8　）ならば、以前よりもより多く購入する（DからD′への右方シフト）

②嗜好の変化

米よりパンが好きになった→パンの需要の増加（Dの右方シフト）

③他の財の価格変化

（例）コーヒーの価格の上昇→コーヒーの需要の減少→砂糖の需要の減少＝砂糖は（　9　）といわれる。

紅茶の需要の増加＝紅茶は（　10　）といわれる。

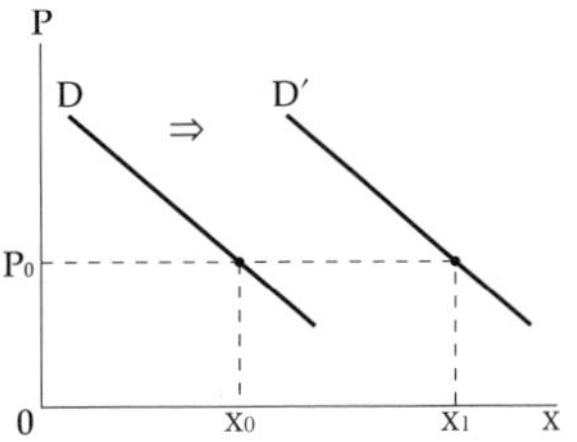

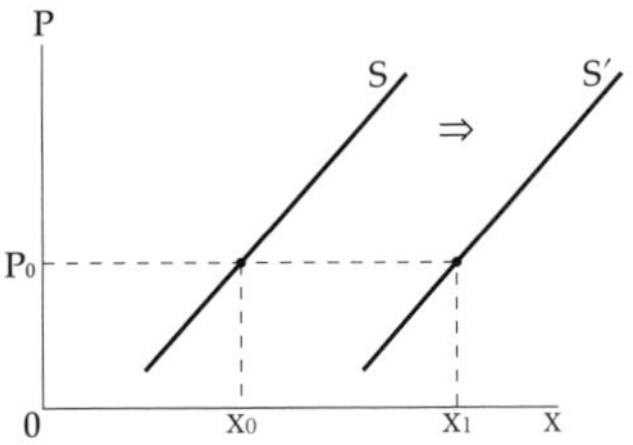

⑶供給曲線

価格（P）と供給量（x）との関係を表す曲線。

曲線のシフト要因：同じ価格水準で、供給量が変化。

①生産コストの変化

賃金（原材料費）の下落→同じ生産コストで今までより多く生産できる（SからS′への右方シフト）。

②技術進歩

生産性の向上→同じコストでより多く生産できる（＝生産コストの低下）。

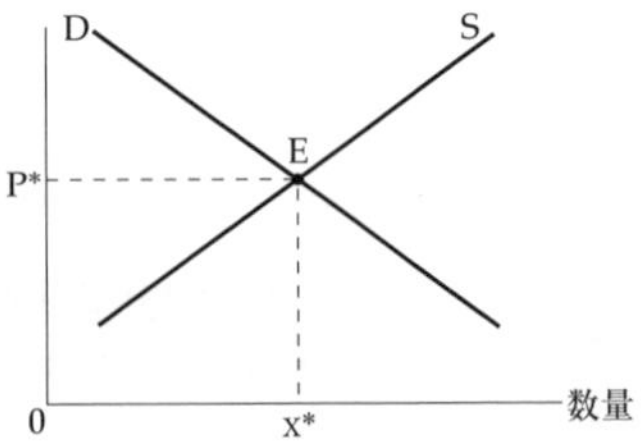

⑷均衡価格

完全競争市場では、需要と供給とが等しくなるところで決定される価格を均衡価格という（E点は均衡点）。

⑸需要の価格弾力性

価格が変化したとき需要がどのくらい変化（反応）するか。

需要の価格弾力性（Ｅｄ）＝－（需要の変化の割合）÷（価格の変化の割合）

（例）価格が100円から120円に上昇→需要が100個から90個に減少した

Ｅｄ＝－（　11　）÷（　12　）＝0.5

①需要の価格弾力性が大きい（Ｅｄ＞1）

→価格の変化よりも需要の変化が大きい＝需要曲線の傾きは（　13　）

②需要の価格弾力性が小さい（Ｅｄ＜1）

→価格の変化よりも需要の変化が小さい＝需要曲線の傾きは（　14　）

1 家計　2 企業　3 公共財　4 経済財　5 自由財　6 資本財　7 右下がり　8 上級財
9 粗補完財　10 粗代替財　11 －0.1　12 0.2　13 緩やか　14 急

3 市場の調整

市場の調整：経済が均衡から外れたとき、自動的に均衡に戻るかどうか。
（戻る→安定、戻らない→不安定）

市場安定条件

（ワルラス的安定）：1／供給曲線の傾き＞1／需要曲線の傾き…価格の調整

（マーシャル的安定）：（　1　）の傾き＞（　2　）の傾き…数量の調整

（くもの巣安定）：（1）の傾きの（　3　）＞（2）の傾きの（3）

4 家計の行動

⑴合理的消費者の行動

限られた（　4　）（所得）の下で、（　5　）を最大化するように行動する。

⑵効用：財・サービスを消費したときに得られる満足度

⑶効用関数：Ｕ＝Ｕ（ｘ）

財ｘの消費を1単位追加したときの効用の追加分は、しだいに減少＝（　6　）の法則

⑷無差別曲線

序数的効用概念（順番だけをつける）に基づいて、導出された右下がりの曲線。効用に差がない2財の消費量の組み合わせを表す。

❖無差別曲線の４つの性質

①右下がり
②原点に対して凸
③互いに交わらない
④右上方にあるほど効用が高い
（$U_0<U_1<U_2$）

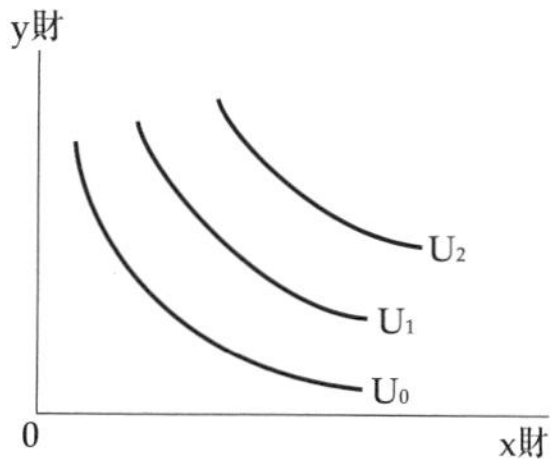

●予算線：x財の価格（P_x）＝50円、y財の価格（P_y）＝100円、予算＝1000円

50円×x個＋100円×y個＝1,000円

（y＝－1/2x＋10のグラフ）

●傾き＝（　7　）／（　8　）＝（　9　）の価格比

●最適消費点：予算制約の下で、効用が最大化されるところ

↓

（　10　）と（　11　）との接点。

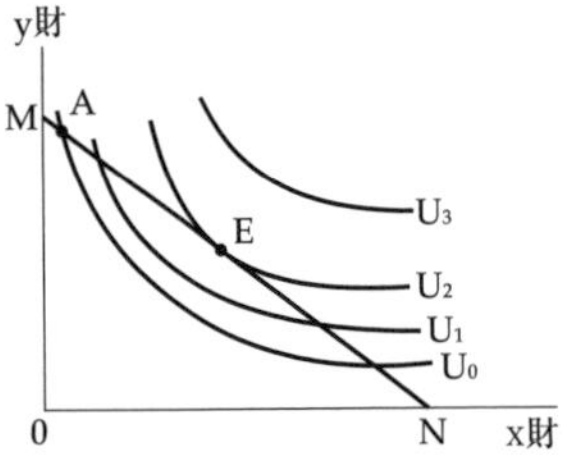

MN：予算線

U_0〜U_3：無差別曲線

E点：最適消費点

5 所得変化と財の判別

所得の増加：予算線が（　12　）に平行移動する。

｛（　13　）財：所得の増加（減少）→消費も増加（減少）

　（　14　）財：所得の増加（減少）→消費は減少（増加）

（　15　）曲線：所得と需要量との関係を表す曲線

需要の所得弾力性：Em＝需要の変化の割合÷所得の変化の割合

Em＜0	Em＝0	0＜Em＜1	Em＞1
下級財	中級財	（　16　）（上級財）	奢侈品（上級財）

1 供給曲線　2 需要曲線　3 絶対値　4 予算　5 効用　6 限界効用逓減　7 P_x　8 P_y
9 2財　10 予算線　11 無差別曲線　12 右上方　13 上級　14 下級　15 エンゲル
16 必需品

6 価格変化による効果

（AB）：当初の予算線

（AC）：x財の価格が下落したときの予算線

（MN）：ACに平行に引いた補助線

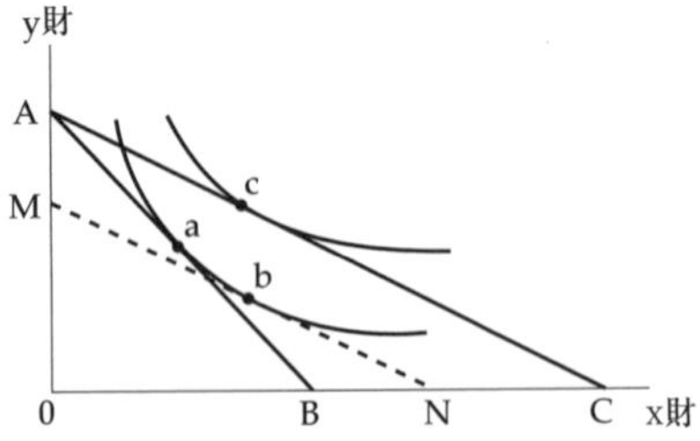

⑴（　1　）効果［a→b］

x財の下落により割安なx財を増やし、割高なy財を減らす

⑵（　2　）効果［b→c］

x財の下落により実質所得が増加

［x財の消費の減少→下級財、y財は消費の増加→上級財］

⑶ギッフェン財

価格が下落（上昇）すると需要が減少（増加）する財（下級財の仲間、需要曲線が右上がりになる財）。価格の下落によるプラスの（　3　）効果を圧倒するマイナスの（　4　）効果が働くケースである。

7 完全競争市場での企業の行動 ▶p164

企業の目標：利潤を最大化するように行動する。

利潤（π）＝（　5　）－（　6　）

⑴収入と総費用

①収入（R）＝価格（p）×生産量（x）（R＝1,000円×x個）

②総費用（TC）＝（　7　）費用（FC）＋（　8　）費用（VC）

（地代、減価償却費）　（賃金、原材料費）

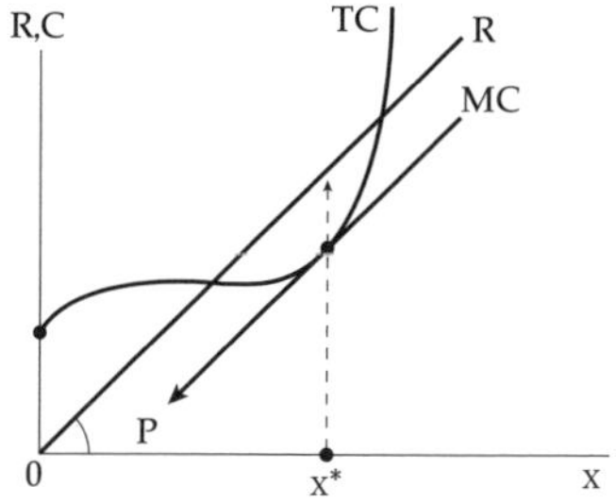

③利潤最大化の条件：p＝MC（　9　）

（限界費用）追加生産したときの費用の追加分

{ p＞MC→利潤が発生しているので追加生産する。
p＝MCのところで生産を決めれば、利潤が最も大きい。

⑵平均費用（ＡＣ）と利潤最大化

ＡＣ（製品１個あたりの費用）＝ＴＣ／x＝（FC＋VC）／x

［AFC＝FC／x＝平均固定費用、AVC＝VC／x＝平均可変費用］

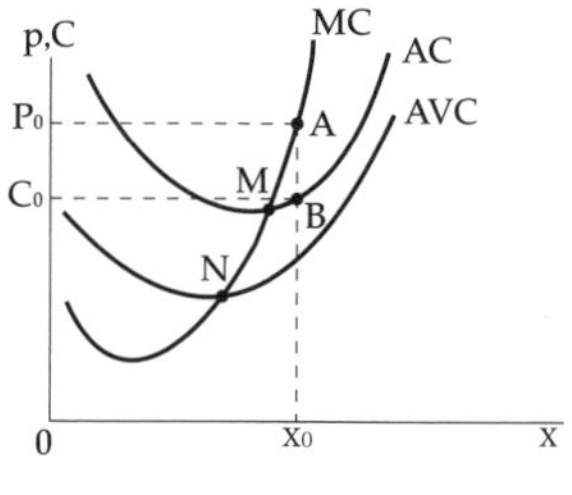

価格＝Ｐのとき、

（収入）＝□（　10　）

－）（総費用）＝□（　11　）

利潤　＝□（　12　）

①損益分岐点と操業停止点

● 損益分岐点：収入＝総費用（利潤＝０）より、価格と（　13　）とが等しくなる点（上のグラフではM点→AC＝MC）

● 操業停止点：得た収入で工場の運営ができるギリギリの状況（上のグラフでは、MC＝AVCであるN点）

②個別企業の供給曲線

様々な価格に対応して、供給量（生産量）の大きさを決めるには限界費用曲線に沿って決めているのである。この限界費用曲線（MC線）こそが供給曲線である。（ただし、操業停止点よりも上方の部分＝右上がり）

1 代替　2 所得　3 代替　4 所得　5 収入〔R〕　6 総費用〔TC〕　7 固定　8 可変
9 価格＝限界費用　10 $P_{0}0X_{0}A$　11 $C_{0}0X_{0}B$　12 $P_{0}C_{0}BA$　13 平均費用曲線〔AC〕

8 不完全競争市場での企業の行動

⑴完全供給独占（1社で100％のシェア）

企業にとっての個別の需要曲線が（　1　）と同じである。独占企業は（　2　）の需要曲線に直面している。

［利潤最大化］

需要曲線の性質上、価格によって生産量が変化することから、価格は目安とはならず価格と生産量との積である（　3　）と費用との関係で決まる。（　4　）＝（　5　）が条件である。

⑵複占（2社でシェアを共有）

［クールノー複占］

他社の生産量を所与とし、自己の利潤最大化を実現したときの各生産量の大きさ。それぞれがMR＝MCを実現する（　6　）の交点で決まる。

⑶寡占（数社でシェアを共有）

①売上高最大化仮説（ボーモル）

寡占企業は、一定の（　7　）が確保されるなら売上高（収入）を最大化するように行動する。

［売上高最大化の条件］：（　8　）＝0

②フルコスト原理（ホール=ヒッチ）

経営者のアンケート調査から、寡占企業は、価格を（　9　）費用に一定のマージン（　10　）を上乗せして決定するというものである。

［P＝（1＋m）×AVC］

寡占経済では、賃金や原材料費が固定的ならば価格も（　11　）になることを示した。

9 市場の失敗

⑴パレート最適

資源が適正（効率的）に配分されているかどうかの基準

［消費のパレート最適］

誰か他者の（　12　）を減らすことなしには、他の誰の（12）も増やすことができないような資源配分の状況。

［パレート最適点］

2人の（　13　）の接点＝2人の限界代替率が等しい。

［厚生経済学第一定理］

任意の競争均衡はパレート最適である。

⑵市場の失敗

たとえパレート最適な資源配分であっても、社会的に見て最適な資源配分ではない状況（政府による調整が必要とされる）

①公共財：市場では供給されない財・サービス

［性質］：（　14　）性＝他者の消費を妨げることができない

（　15　）性＝誰でも同じだけ消費できる（等量消費）

以上の二つの性質より、公共財では（　16　）が発生するので、民間での価格形成ができず政府が供給することになる。

②外部性：市場を経由しないで直接他者に効用や不効用を与えるケース

外部経済＝他者にプラスの効用、外部不経済＝マイナスの効用（公害など）

［技術的外部不経済］

企業は私的限界費用ではなく、公害などの損失分を上乗せした（　17　）限界費用で生産量と価格を決定するのが最適となる。

政府が（　18　）したり補助金を出すことで社会的最適性が実現する。

③費用逓減産業：電力・鉄道などの企業は、莫大な初期投資が必要となるので自然独占を形成することから、政府による何らかの規制が必要となる

⇒「平均費用価格原理」や「（　19　）価格原理」（このケースでは損失が発生するので、政府が補助金を出すことになる）

［厚生経済学第二定理］

たとえパレート最適な資源配分であっても、適切な所得の再分配政策によって競争均衡が成立する。

1 市場の需要曲線　2 右下がり　3 収入　4 限界収入　5 限界費用　6 反応曲線　7 利潤
8 限界収入〔MR〕　9 平均可変　10 マーク＝アップ率　11 硬直的　12 効用
13 無差別曲線　14 非排除　15 非競合　16 フリー＝ライダー〔ただ乗り〕　17 社会的
18 課税　19 限界費用

おさえておきたい Point　ミニ演習

1　ある財・サービスに対する需要曲線を移動させる要因として、所得の変化が挙げられる。

○所得が増加して、他の条件が変わらなければ、その増加した所得は消費に回されて、需要曲線を右上方にシフトさせる。

2　ある財・サービスに対する需要曲線を移動させる要因として、貯蓄意欲の変化が挙げられる。

○貯蓄意欲の変化により消費に充当される分が変化するので、他の条件が変わらなければ、需要曲線を右上方

あるいは左下方にシフトさせる。

3　ある時期に消費者が購入する財の量は、他財の価格に変化がないならば、その財の価格が低ければ低いほど多くなる。

○ギッフェン財でなければ、他の財の価格が変化しなければ、財の価格が低いほどその財に対する消費量は多くなる。

4　ある時期に消費者が購入する財の量は、消費者の好みに変化がないならば、その財の価格が低ければ低いほど多くなる。

○消費者の嗜好が不変なら、財の価格が低いほど消費量は多くなる。

5　需要の価格弾力性が1より大きい贅沢品への支出額とその需要量には、一般に価格が下落し需要量が増加しても、そのときの支出額は減少するという関係がみられる。

×需要の価格弾力性が1より大きいということは、その財の価格の変化率以上に需要量が変化するということである。贅沢品の場合には、価格のわずかな低下でも、需要量は大きく増加し、支出額も増加する。

4 国民所得分析

Level 1 ▷ Q03,Q04　Level 2 ▷ Q12

おさえておきたい **Point**　**キーワードチェック**

1 国富と国民所得 ▶p150

⑴国民経済の規模を表す指標

①富

国民がある時点で保有している資産の総額

⇒（　1　）（存在量）の概念　［国富＝有形資産＋対外純資産］

②国民所得

一定期間の中で生産された産出量 ⇒（　2　）（流量）の概念

⑵国民所得の諸概念

①GDP（国内総生産）

日本の国内で1年間で生産した財・サービスの（　3　）の総額

GDP＝総生産額－中間投入額

　＝GNI－海外からの純要素所得

※国民総所得GNI（≒国民総生産GNP）は、「国民」が1年間に新たに産み出した財・サービスの付加価値の合計なので、国民が海外で生み出した付加価値も含む。

②NDP（国内純生産）

NDP＝GDP－（　4　）（減価償却分）

※GDPとNDPは（　5　）表示での国民所得といわれる。

③DI（国内所得）

DI＝NDP－間接税＋補助金＝雇用者所得（賃金）＋営業余剰（利潤）

※NDPは（5）表示なので、間接税・補助金分を調整し、本来の価格に戻している。

※DIは生産要素に支払われた価格としてとらえられるので、（　6　）表示での国民所得といわれる。

④GDE（国民総支出）

自国で生産されたGDPはすべて販売されることになるので、誰が購入のために支出したのかを考えたものである。

GDE＝民間消費　＋　民間投資　＋　政府支出　＋　輸出　－　輸入　＝（　7　）
（個人が買う）（企業が買う）（公的部門）（外国人が買う）

※民間消費・民間投資や政府支出には外国製品の購入が含まれているので、それらをまとめて「輸入」項目として差し引く。

※「輸出－輸入」＝経常海外余剰（経常収支・純輸出）ともいう。

⑶三面等価の原則

国民所得は統計上、３つの面（生産・分配・支出）から把握することができ、それぞれの大きさはすべて等しくなるという原則である。「生産GDP＝支出GDP＝分配GDP」

2 国民所得の決定

⑴国民所得の決定（財市場での）：総需要と総供給とが一致するところで決まる。

総需要（Y_d）＝民間消費（C）＋（　8　）（I）

総供給（Y_s）＝民間消費（C）＋（　9　）（S）

（Y_sとは生産GDPであり、生産されたものは販売される。誰かが購入するが、買うには所得が必要となる。すなわち、所得は使われるか、使われないで残るか＝消費＋貯蓄となる）

①総需要関数：Y_d＝C＋I［（　10　）の直線］

●消費関数：C＝cY＋A（C＝0.8Y＋20：一次関数）［Y：国民所得］

［c：限界消費性向＝△C／△Y（0＜c＜1）（傾き）（＝消費の追加分／追加所得）
A：基礎消費（所得がゼロのときの消費）（切片）］

●投資：独立投資（ある一定の大きさ）＝40とする

●総需要関数：Y_d＝0.8Y＋20＋40＝0.8Y＋60（y＝0.8x＋60と同じ）

②総供給関数：Y_s＝C＋S［（　11　）になる］

●貯蓄関数：S＝（1－c）Y－A（S＝0.2Y－20）（1－c）＝s（限界貯蓄性向）

●総供給関数：Y_s＝C＋S＝（0.8Y＋20）＋（0.2Y－20）＝Y（y＝xのグラフ）

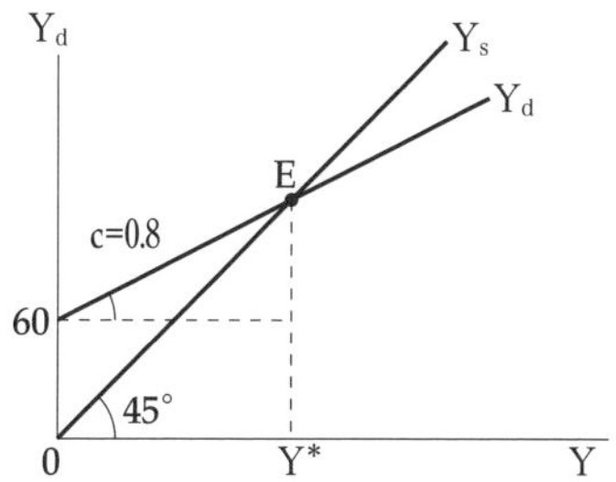

③均衡国民所得の決定：$Y_d=Y_s$の（　12　）で決まる国民所得

④財市場の均衡条件：$Y_d=Y_s$であるが、これと同じ意味では（　13　）と（　14　）とが一致することである。

$$Y_d=C+I、Y_s=C+S より、C+I=C+S \quad \therefore \quad S=I$$

⑵デフレ＝ギャップとインフレ＝ギャップ

ケインズ理論を発展させたケインジアン達は、経済状況を把握する基準としてギャップ分析を考えた。その基準が（　15　）国民所得（Y_F）である。

①デフレ＝ギャップ：$Y_d<Y_F$

総需要が完全雇用国民所得よりも小さい状況（不況）⇒政府が有効需要をつくり出す

②インフレ＝ギャップ：$Y_d>Y_F$

総需要が完全雇用国民所得より大きい状況⇒ケインズのいう（　16　）インフレーションが発生⇒政府が政府支出の減少や増税で調整する

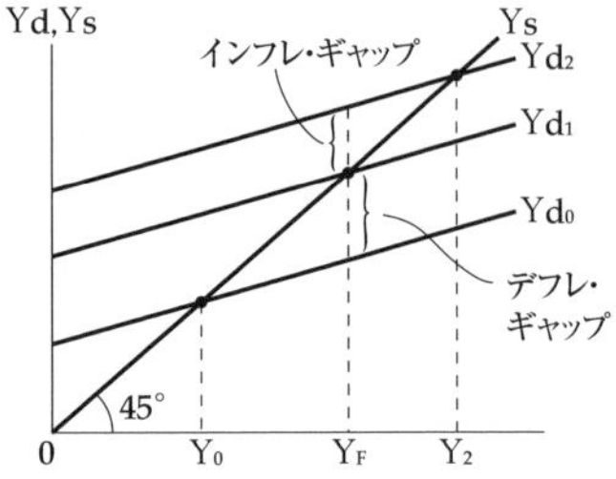

⑶乗数

例えば、経済がデフレ=ギャップであるとき、政府が公共投資を追加して有効需要をつくり出すことで完全雇用国民所得が達成されるかもしれない。⇒投資を1単位増やしたとき国民所得が何単位増加するかの比率が「乗数」である。

$$\triangle Y=\frac{1}{1-c}\times\triangle I \quad （投資乗数）$$

●政府部門の乗数：政府収入である租税が一括固定税（定額税）のケース

$$\triangle Y=\frac{1}{1-c}\times\triangle G \ （政府支出乗数）$$

$$\triangle Y=\frac{-c}{1-c}\times\triangle T \ （租税乗数＝増税）$$

$$\triangle Y=\frac{-c}{1-c}\times(-\triangle T) \ （租税乗数＝減税）$$

●均衡予算乗数：増税をして同額だけ政府支出を増やす（$\triangle T=\triangle G$）

乗数の大きさ＝（　17　）

1 ストック　2 フロー　3 付加価値　4 固定資本減耗　5 市場価格　6 要素費用　7 GDP
8 民間投資　9 貯蓄　10 右上がり　11 45度線　12 均衡点　13 貯蓄　14 投資
15 完全雇用　16 真性　17 1

3 IS－LM分析 ▶p168

財市場と貨幣市場を同時に均衡させることを考えた理論（ヒックスが考案）

⑴IS曲線

財市場の均衡（S=I）を均衡させる利子率（r）と国民所得（Y）との関係を表す（ 1 ）の曲線

（投資関数） I ＝ I （r）（利子が高いと投資は減るようにｒとＩは反対に動く）

（貯蓄関数） S ＝ S （Y）（国民所得が増えていくと貯蓄も増える）

（IS曲線のシフト）：政府支出や投資が増加⇒IS曲線の（ 2 ）シフト

⑵ＬＭ曲線

貨幣市場を均衡させる利子率（r）と国民所得（Y）との関係を表す（ 3 ）の曲線

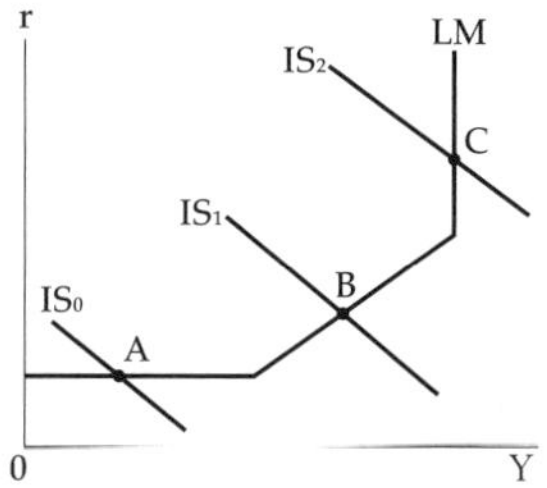

（貨幣需要） $L = L_1$（Y）$+ L_2$（r）

L_1：取引のために貨幣が必要（Yが増えるとL_1も増える）

L_2：流動性選好関数といわれ、資産を貨幣で持つか債券で持つかを選好する

（債券の利子率が高いと有利なので、貨幣よりは債券で持つ→ｒとL_2とは反対に動く）

（貨幣供給）：M／P（物価水準）＝（ 4 ）マネー＝サプライ

（日銀が供給するが、一定値と見なす）

（ＬＭ曲線のシフト）：日銀が金融を緩和しマネー＝サプライを増やす⇒ＬＭ曲線の（ 5 ）シフト

⑶国民所得を増加させる政策

（Ａ点）：経済が（ 6 ）に陥っている

（ 7 ）政策は無効となり（ 8 ）政策で（ 9 ）曲線を右にシフトさせる。（ 10 ）のケースといわれている。

（Ｃ点）：これは（ 11 ）のケースといわれ、（ 12 ）政策は無効であり（ 13 ）政策で（ 14 ）曲線を右にシフトさせる。

1 右下がり　2 右（上方）　3 右上がり　4 実質　5 右（下方）　6 流動性のわな　7 金融
8 財政　9 IS　10 ケインズ　11 古典派　12 財政　13 金融　14 LM

おさえておきたい
Point

ミニ演習

1　国富とは、一定期間内に一国内で生産された生産物価額の総計であり、一国の実質的な富を表すものである。

× 国富とは、国民がある時点で保有している資産の総額であり、ストックの概念。

2　国富とは、住宅・工場・道路などの純固定資産及び対外純資産をいい、土地・森林などの再生不可能な有形資産は含ま

× 国富（国民純資産）は、有形資産に対外純資産を加えた

れない。

総額であり、再生不可能な土地や地下資源も含まれる。

3　国民総生産は、1年間に国民が生み出した財・サービスの総生産額から機械・設備などの固定資本の減耗分を差し引いて得られる数値である。

× GDPに含まれる固定資本減耗を差し引いたものが、国内純生産（NDP）である。

4　国内総生産は、一定期間に国内で生み出された付加価値の総額であり、国民総生産から海外からの純所得を差し引いて得られる数値である。

○ GDPには、海外で生産した物やサービスは含まれない。

5　国民所得は、国民総生産から間接税を差し引き、政府の補助金を加えたもので、生産・分配・支出の三つの面からとらえることができる。

× 前半の狭義の国民所得（NI）と、後半の広義の国民所得の説明とが混在している。

5 景気変動と経済成長

Level 2 ▷ Q13,Q14

おさえておきたい **Point** **キーワードチェック**

1 景気循環

経済が好況から不況へ、不況から好況へというように経済活動の上下振動や繰り返し運動をいう。

⑴景気循環の4局面

景気後退（リセッション）⇒不況⇒回復⇒好況の4局面を持つ

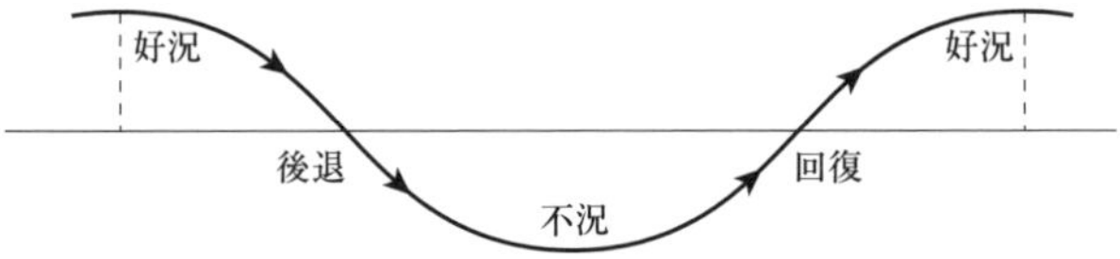

状況　局面	好況	後退	不況	回復
生産活動	最大	減少	停滞	増加
投　資	最大	下降	停滞	上昇
賃　金	高い	下落	低い	上昇
失　業	低い	増加	大量	減少
物　価	高い	下落	低い	上昇
利子率	高い	低下	低い	上昇

⑵景気循環の種類

景気循環にはある規則性があり、循環の周期と原因を発見した学者の名前で分類される。

名称	周期	原因
（ 1 ）の波	約（ 2 ）年	在庫投資による循環
（ 3 ）の波	約（ 4 ）年	設備投資による循環
（ 5 ）の波	約（ 6 ）年	住宅建設による循環
（ 7 ）の波	約（ 8 ）年	技術革新による循環

2 経済成長 ▶p170

⑴経済成長率：GDP（国内総生産）の対前年度増加率をいう

●今年度の経済成長率 ＝ $\dfrac{\text{今年度のGDP} - \text{昨年度のGDP}}{\text{昨年度のGDP}} \times 100$

●名目成長率：GDPの金額の中に（ 9 ）の上昇分を含んだ数値による成長率

●実質成長率：（9）の上昇分を取り除いたGDPの成長率

実質GDP＝名目GDP÷GDPデフレーター
（物価水準）

実質GDP成長率（％）＝名目GDPの成長率（％）－物価上昇率（％）

⑵経済成長論

ケインズの「一般理論」が短期の理論であったことから、その長期理論を構築しようとしたものがハロッドの経済成長論である。

（ 10 ）成長率（G）：一国全体で実現される現実の成長率

G＝s／v（貯蓄率÷資本係数）

［資本係数v：財を1単位生産するのに、何倍の資本量が必要かを表す比率］

（例）：限界（平均）貯蓄性向が0.16で資本係数が5であるとき、成長率はいくらか。

G＝16％÷5＝3.2％

（ 11 ）成長率（G_w）：企業にとって望ましい成長率（＝資本の完全利用を保証する率）

G_w＝s／vr

［必要資本係数vr：企業にとって望ましい資本係数］

（ 12 ）成長率（G_n）：完全雇用を実現する成長率（一国最大の成長率）

G_n＝n＋（λ）（λのないケースも多い）

［n：労働人口の成長率、λ：技術進歩率＝労働生産性の上昇率］

1 キチン　2 4　3 ジュグラー　4 10　5 クズネッツ　6 20　7 コンドラチェフ　8 50
9 物価　10 現実　11 保証　12 自然

3 インフレーション

インフレーションとは、物価水準の継続的上昇をいう（逆の継続的下落現象が、デフレーションである）。

⑴速度による分類

（　1　）=インフレーション	忍び足で進むインフレであり、年率1～4％程度の慢性的なインフレーションである。
（　2　）=インフレーション	駆け足で進むインフレであり、年率数十パーセントの上昇となる。
（　3　）=インフレーション	一年間に物価が何倍も高騰するインフレである。

⑵要因によるインフレーション

（　4　）=インフレーション	消費や投資あるいはマネー=サプライが過大になり、総需要曲線が右上方にシフトすることにより発生する（需要側の要因）。
（　5　）=インフレーション	賃金や原材料価格の上昇分が価格に転嫁されて物価も上昇するケースである（供給側の要因）。
（　6　）=インフレーション	総需要が増大し、完全雇用産出量水準を超えたときに物価や賃金がただ比例的に上昇するケース。

4 スタグフレーション

不況下での失業の増加とインフレの高進が併存する状況。1973年末に起こった第1次石油危機により、日本を含む先進国が初めて経験した経済状況。インフレと失業率とのトレード=オフ関係に基づく（　7　）曲線の理論が通用しなくなり、ケインズ的政策の有効性が疑われた。

⑴期待を入れたフィリップス曲線

マネタリストのフリードマンは、フィリップス曲線に期待（予想）インフレ率＝π_eを導入して、新しい理論を提示した。すなわち、ケインズ的財政・金融政策の発動は、短期的には企業の売り上げの増加に伴い失業率を減少させるが、その売り上げの増加と同じ比率で物価が上昇していたことに経営者や労働者が気づくのである。これが（　8　）錯覚に目覚めるということである。企業は雇用を減らし、労働者は実質賃金の増加を確保しようとすることから、インフレ期待が高まり、結局は（　9　）失業率の水準でフィリップス曲線は垂直となり、ケインズ政策は長期的に無効となる。（均衡点ａ→財政・金融政策→失業率の低下→ｂ→貨幣錯覚に気づく→インフレ期待の上昇→ｃに戻る）

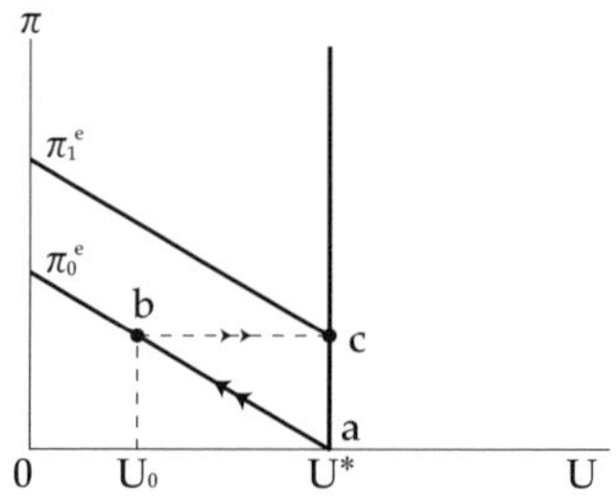

π：インフレ率
U：失業率
U＊：自然失業率
（自発的失業や摩擦的失業を除く完全雇用状態）

⑵合理的期待形成仮説

ルーカスなどは期待形成の理論をさらに拡大し、ケインズ的政策の発動も瞬時に正確な予想をすることで、短期的にも無効であることを主張した（マネー＝サプライの増加→合理的期待→その分だけインフレになる）。

5 物価指数

ある年度を基準にした物価の大きさ（水準）

⑴ラスパイレス物価指数

基準年の数量を用いて、基準年から今年にかけて名目額がどのくらい増えたかを示す。

⑵パーシェ物価指数

比較年次（今年度）の数量をウェイトとする物価指数（GDPデフレーターもパーシェ型である）。

1 クリーピング　2 ギャロッピング　3 ハイパー　4 ディマンド＝プル　5 コスト＝プッシュ　6 真性　7 フィリップス　8 貨幣　9 自然

おさえておきたい Point ミニ演習

1　インフレーションでは、財・サービスの価格の上昇が賃金や社会保障給付などの定額固定的な所得の上昇に先行するため、そのような所得に依存している人にとっては、収入の実質価値が減少する。

○ 実質所得が低下することを「インフレの所得再分配」効果という。

2　インフレーションでは、通貨の実質購買力が減少するが、国債などの金融資産からの利子収入の実質価値は減少しないため、債権者の利益が大きくなり、もてる者ともたざる者の富の差が拡大する。

× 国債の利率は元本に対し固定なので、受取利子は実質的に減少する。

3　インフレーションでは、土地や建物の実物資産の価格は物価上昇率に追いつかないので、その所有者はそれらを早期に手放そうとし、結果として所有の再分配が促進される。

× 通貨価値下落の損失を防ぐため、金融資産から実物資産への乗換え（インフレ・ヘッジ）が進む。

4　インフレーションでは、経験的に失業率と物価上昇率には固定的な関係が観察されており、物価上昇率を上げれば失業率も上がるとするのが通説である。

× 物価上昇率を上げる政策をとれば、失業率は下がることが期待される（フィリップス曲線）。

5　インフレーションでは、個人消費が促進され、国内需要が拡大するので、名目経済成長率以上に実質経済成長率が伸長し、その傾向は景気が落ち込まないかぎり継続する。

× 名目経済成長率から物価上昇率（インフレ率）を引いたものが実質経済成長率なので、物価が上昇する場合、名目経済成長率が高くなる。

6　価格や料金のなかには、政府や地方公共団体がその決定に直接関与している公共料金がある。わが国では、公共料金は、消費者物価のウェイトの4割を占めているが、その支出が及ぼす家計への影響は低所得層ほど小さい。

× 消費者物価指数（CPI）における公共料金のウェイトは17.7％（平成22年）である。また、家計への影響は低所得層ほど大きい。

7　1991年1月頃から始まったとされるわが国の景気後退局面においては、不況による失業の急増と物価上昇現象が併存するスタグフレーションが顕在化しているといわれる。

× 1991年以来の長期不況で失業率は上昇し続けたが、消費者物価上昇率は5年連続して低下し、デフレ経済となっている。

8　インフレーション抑制策として、企業は、原材料の輸入価格を低下させるために、その輸入量を抑制し、また生産を抑制することによって外貨の流出を防止する。

× 企業が原材料の輸入量を抑制すれば、その財の国内価格が上昇するので、コスト・プッシュ・インフレの要因になる。

9　インフレーション抑制策として、政府は、生活必需品の便乗値上げを規制し、消費者はそれ以外の製品の値上げ情報をキャッチして、先んじて商品を購入する。

× 消費者が先んじて商品を購入すれば、需要が供給に追いつかなくなり、ディマンド・プル・インフレを引き起こす。

10　インフレーション抑制策として、政府は、公共投資をはじめとする財政支出の削減や、増税の実施による消費者の購買意欲の低下を通じて、総需要を抑制する。

○ 政策デフレ（デフレ促進）としての総需要抑制は、インフレの抑制策となる。

11　インフレーション抑制策として、日本銀行は、円安ドル高になるように為替相場に介入することにより、輸入品価格の上昇を図り消費者の購買意欲を低下させる。

× 円安ドル高誘導は輸出を増進することになり、国内景気を刺激し逆効果となる。

12　景気循環の回復期には新たな有効需要が増え、落ち込んでいた生産が回復に向かうため商品の需給関係が均衡化する。雇用、労働賃金など企業のコストは増加しないが、物価の下

× 景気循環の回復期は、有効需要が徐々に拡大する局面で、生産活動は増加し、賃

落基調も続くので企業利潤は低水準のままである。

金や物価はむしろ上昇傾向にある。

13　景気循環の好況期には有効需要の増加が頂点に達し、全産業部門の投資が活発となって生産は最高潮となる。企業利潤は増大し、企業の吸収、合併が続き資本の集中が進む。

× 景気の不況期には、経営の縮小・効率化のため企業が吸収･合併を行い、資本の集中が進む。

14　景気循環の後退期には、有効需要に対して過剰生産が表面化して需給関係が逆転し、企業の利潤は低下する。企業は生産拡大のために設備投資を活発に行うとともに新鋭機械を導入して合理化に努める。

× 景気回復期に投資は上昇し、好況期に最大化する。景気後退期には、過剰設備の整理･在庫調整･人員整理などの合理化を行う。

15　景気循環の不況期には、有効需要に対する供給過剰が残るため縮小再生産が続き、企業利潤は低下する。雇用の減少が極限状態になり価格の低迷、失業者の増大などで経済界は混乱する。

○ 不況期には、供給過剰の原因である過剰投資が解消されるまで、企業の倒産や大量失業など深刻な状態が続く。

16　恐慌は景気循環の後退期が急激に現われた状態をいい、生産は急減し、物価は急騰する。雇用は縮小して失業者が急増し、労働賃金も低下する。企業利潤も低下するため企業倒産が始まり、経済界は混乱に陥る。

× 通常恐慌局面では、不況期と同様、有効需要が縮小するため物価は下落するとされる。

6 財政活動と役割

Level 1 ▷ Q05,Q06　Level 2 ▷ Q15,Q16

おさえておきたい
Point　キーワードチェック

1　財政の三大機能 ▶ p154

(1)資源配分の調整

市場の失敗に対して政府が補完する機能。

①公共財

（　1　）＋（　2　）の性質より、フリー＝ライダーが発生し、市場メカニズムでは供給されないため政府が供給する。

②外部性

ある人の消費が他者にも便益を及ぼすもの（＝（　3　））や公害のように社会的損失をもたらすもの（＝（　4　））が存在すると、その便益や損失は市場価格に反映されにくいため、政府が（　5　）や（　6　）によって介入し、是正することができる。

③費用逓減産業

電力・ガス・鉄道などの公益事業は、スケール＝メリットが顕著なので独占的供給のほうが効率的だが、自然独占となり妥当な価格形成を妨げるのである。政府による何らかの価格の規制が必要。

⑵所得の再分配

資源配分上パレート最適が実現しても所得分配が公正とは限らない。政府が是正していく必要がある。

①歳入面

所得税や住民税に（　7　）を適用することで、高所得者により多く負担してもらう。

②歳出面

生活保護などの移転支出や低家賃住宅への支出などを通じて、低所得者や社会的弱者により多く分配する。

⑶経済の安定化

財政による景気の調整機能。

①フィスカル＝ポリシー

不況期：政府支出の拡大や減税により景気刺激

過熱期：予算規模の抑制や増税などで需要抑制

②（　8　）：財政の中に制度として組み込まれているもの

好況期：所得の増加に対して、累進税率である所得税や景気変動に敏感に反応する（　9　）が適応され、（　10　）や法人利益を抑制する効果がある。

不況期：失業者に対して失業手当などの社会保障給付が支出され、消費の下支えとなり、景気変動を緩和させる効果がある。

2 予算制度

⑴会計年度

［日本・イギリス］＝4／1～3／31

［ドイツ・フランス］＝1／1～12／31

［アメリカ］＝10／1～9／30

⑵予算の種類

どの予算も、（　11　）が必要となる。

①「一般会計予算」

国の歳入・歳出を経理する会計（地方交付税交付金と国債費を除いたものは、一般歳出予算という）

②「（　12　）」

国が特定の事業を営んだり、特定の資金を運用する場合の会計

③「（　13　）」

特別の法律によって設立された、政府全額出資の法人についての会計

※特殊法人：総務省が設立審査を行い、予算は主務大臣が監督する。

④本予算・暫定予算・補正予算

（本予算）：当該開始年度前に成立する一般会計・特別会計・政府関係機関の予算

（暫定予算）：年度開始までに本予算が成立しないとき、本予算成立までの間の経費を支出するための予算

（補正予算）：経済情勢や政策変更などにより、当初の本予算を再編した予算（一会計年度で複数回組まれる）

3 財政投融資

財政投融資とは、国の制度や信用を通じて集めた公的資金を、特殊法人などの財投機関に有償資金として供給し、政策を実現していく投融資活動をいう。

⑴財政投融資改革

①郵便貯金・年金積立金の（　14　）への預託義務の廃止と、市場での（　15　）。

②財政投融資を受けていた各財投機関は（　16　）の発行により資金を調達する。

⑵財政投融資の原資

（　17　）資金＝財投債（国債）＋特別会計余裕金＋回収金など

（　18　）特別会計…財政投融資の経理を明確にするための特別会計

1 非排除性　2 非競合性　3 外部経済　4 外部不経済　5 課税　6 補助金　7 累進税率
8 ビルト=イン=スタビライザー〔自動安定化装置〕　9 法人税　10 可処分所得
11 国会の議決　12 特別会計予算　13 政府関係機関予算　14 資金運用部　15 自主運用
16 財投機関債　17 財政融資　18 財政投融資

おさえておきたい Point　ミニ演習

1　いわゆる昭和40年不況時、税収減少に対応するために多額の国債を発行したことから、国債発行残高は前年度比で約5倍に増加した。

× 赤字国債発行が再開されたのが昭和40年なので、前年は発行されていない。

2　第二次世界大戦後、わが国では、国債の発行について、日本銀行に引き受けさせることを禁じ、市場で消化することを原則としている。

○ 市中消化の原則。ただし、国会議決を経た特別の事由として、借換債の引き受けは行われている。

3　財政の健全性・持続可能性を計る尺度としてのプライマリー・バランスの観点からすれば、政府の歳入総額と歳出総額が等しくなることが望ましい。

× 歳入・歳出の均衡は当然望ましいが、プライマリー・バランス（基礎的財政収支）均衡だけでは国債償還（借金返済）はできない。

4　財政政策の効果として最近話題にされる非ケインズ効果とは、政府支出の増加や減税などの財政赤字の増加が、人々の将来見通しへの影響を通じて、景気を拡大する効果を指す。

× 非ケインズ効果とは、財政支出増や減税がマイナスに作用し、逆に支出削減や増税が景気やGDP にプラスの影響を与えるという考え方である。

5　財政投融資とは、財投債の発行など国の信用等に基づいて調達した資金を財源として、政策的な必要性がありながら民間金融では困難な長期資金の供給や大規模・超長期プロジェクトの実施を可能とするための投融資活動である。平成13

○ 財投改革により、財政投融資計画残高（ストック）は着実に圧縮されてきた。ただ、平成21・22年は世界年度の財政投融資制度の改革以後、平成20年度まで財政投融資計画残高は減少し続けている。

的金融危機への対応のため、財政投融資計画規模（フロー）は増加している。

6　国と地方公共団体の財政に関して、平成16～18年度の予算において行われた、いわゆる三位一体の改革では、地方の税源を国に移譲する一方、国庫補助負担金及び地方交付税交付金を増額した。これによって、国と地方公共団体の財政の一体性の強化が図られるとともに、国・地方全体の行財政のスリム化が進められた。

× 三位一体の改革とは、国庫補助負担金の削減、税源移譲、地方交付税の見直しの3つを一体として、国の関与を縮小し、地方の権限・責任を拡大して、地方分権を推進するものである。

7　経済情勢の変化や政策の変更などにより、当初予算をそのまま執行することが不適切となった場合には、補正予算を組むことができるが、財政法により、補正予算は1年度に2回までとされている。また、年度開始までに本予算が成立しない場合には、暫定予算を組むことになるが、平成元年度以降に暫定予算が組まれたことはない。

× 補正予算の回数に制限はない。また、平成4年までは7年連続で暫定予算が組まれており、来年度の本予算が年度内に成立せず、状況によっては暫定予算で乗り切る事態もある。

4 租税 ▶p174

租税とは、国または地方公共団体が、行政サービスの経費をまかなうために、強制的に徴収する収入をいう。

⑴租税原則：租税のあり方

❖アダム=スミスの4原則

（　1　）	各人の担税能力と収入に応じて負担すること
（　2　）	納税の時期・方法・金額が明瞭であること
（　3　）	支払いに最も便利な時期と方法であること
最小徴税費	徴税にかかる費用は最小であること

⑵租税の根拠

①応益（利益）説：各人の受けた便益の大きさに応じて負担する

②応能（能力）説：所得や資産などの経済的負担能力の大きい者ほど多く負担する

⑶租税の種類

①直接税：［国税］＝所得税・法人税・相続税・贈与税（地価税は課税停止）

　　　　　［地方税］＝住民税・事業税・自動車税・固定資産税・都市計画税

②間接税：［国税］＝消費税・酒税・たばこ税・揮発油（ガソリン）税など

　　　　　［地方税］＝地方消費税・軽油引取税など

※わが国の消費税（＝多段階の付加価値税）は1989年に導入され、現在税率は10％である。

⑷公平

①（　4　）公平：担税力の大きい者ほど大きい税負担⇒直接税が適している

②（　5　）公平：等しい担税力を有する者は等しい税負担⇒間接税が適している

5 公債 ▶p156

公債は政府の借金であり、景気政策や社会資本建設のための財源調達手段として活用されている。

⑴公債の種類

償還期限別の分類

1年未満	（　6　）国債⇒割引短期国債と（　7　）がある
2年～5年	中期国債
5年を超える	（　8　）国債⇒10年債は国債の中で最大のシェア
15年を超える	超長期国債

※財政法4条は､公共事業費の財源に充てる場合の国債＝（　9　）国債の発行を認める（(9) 国債は昭和41年度の予算から発行され、毎年発行され続けている)。

※経常収入の不足を補うための国債は（　10　）国債と呼ばれ、これは各年度限りの特例法で発行される（昭和50年度から平成2～5年度を除いて発行され続けている)。

⑵公債残高

平成30年度末見込で普通国債・特例公債残高が約883兆円。

⑶公債発行の問題点

①公債発行は、民間資金を圧迫して（　11　）（締め出し）を生じさせる。

②特例国債は、負担を将来世代に転嫁させて、世代間の公正を阻害する。

6 地方財政

［地方財政］＝（　12　）会計で把握する

(12) 会計＝地方公共団体の（　13　）＋公営事業会計を除く（　14　）

⑴地方財政計画

内閣が、年度ごとに (12) 会計の翌年度の歳入・歳出総額を見積り、国会に提出する書類。地方公共団体全体の歳入と歳出の規模についての見込みを示す。

⑵歳入

①地方税

②地方交付税交付金（国の一般会計から地方団体の財源不足等に対応して交付)

③地方譲与税（国の一般会計を経由せず､道路の延長や面積などの客観的基準により配付)

※①～③は使途の自由な（　15　）

④国庫支出金（地方団体に対して、特定の行政目的を達成するための経費として支出される負担金・委託金・補助金をいう。⇒公共事業・社会保障・教育などに支出)

⑤地方債（平成28年度末で地方債残高は約145兆円)

⑶歳出

①投資的経費、②給与関係費、③一般行政経費

1 公平　2 明瞭〔明確〕　3 便宜　4 垂直的　5 水平的　6 短期　7 政府短期証券　8 長期
9 建設　10 特例〔赤字〕　11 クラウディング＝アウト　12 普通　13 一般会計
14 特別会計　15 一般財源

おさえておきたい
Point
ミニ演習

1　課税原理である応益原則とは、各人の税負担能力に応じて課税するという原則である。

× 応益は、受けた便益に応じるもの。負担能力に応じるのは応能。

2　税の水平的公平性とは、等しい状況にある人は、等しい負担をすべきであるという概念である。

○ 経済状況が同じなら担税力は等しく、税負担を等しくするという考え方。

3　課税ベースを所得とした場合、所得の1円の増加に対する税の支払いの増加分を、平均税率と呼ぶ。

× 所得1円増加に対する税の増加は「限界」税率。支払い税額を総所得で割ったものが平均税率。

4　日本の所得税は、累進税を採用しているが、これは、高所得者であるほど税金の所得に占める割合が大きくなる税のことである。

○ 所得に応じた税負担で、所得による格差を是正する。

5　日本の住民税は、所得水準に依存せず税率が10パーセントであるが、このように、所得水準にかかわらず、一定の税率を課す税を逆進税と呼ぶ。

× 一定の税率の場合は定率税。一定額の場合は定額税。逆進税は、課税標準の増加で税率が低くなる場合である。

6　法律上の納税義務者と実際の税負担者が同一である税を間接税と呼ぶ。日本の消費税は、間接税の代表例である。

× 義務者＝負担者なのは直接税。

7　我が国では国も地方公共団体も国債、地方債などを発行して多額の借金を負っており、2014年度末の長期債務残高は国が約200兆円、地方が約800兆円となっている。国債は、建設国債と赤字国債に分類されるが、建設国債の発行は財政法上は認められていないので、これを発行するには個別の立法措置が必要となる。

× 長期債務残高の額が国と地方で逆。また、建設国債は別名4条国債と呼ばれ、財政法4条で「公共事業費、出資金及び貸付金の財源」として認められている。

8　国債の発行は財政法で原則禁止とされているが、公共事業費及び国債償還費の財源に充てるため、国は特例法を制定し2001年度以降赤字国債を発行している。

× 国債には、財政法4条の建設国債と、特例法制定による赤字国債の発行が認められている。

9　国の一般会計歳出のうち国債費の占める割合は、2001年度以降は当初予算ベースで25％を超えており、社会保障費の占める割合を上回っている。

× 2018年度予算で、社会保障費33.7％。国債費23.8％、地方交付税交付金等15.9％。

10　国債の各年度における発行額は1975年度以降一貫して増加を続けており、2018年度末の国債残高は900兆円に達している。

× 建設国債発行は続いているが、特例国債は発行のない年もあり、新規発行は増減がある。平成30年度末見込みの公債残高は、883兆円。

11　地方財政法では、地方公共団体は、地方債をもって災害復旧事業費や公共施設の建設事業費の財源とすることができるとされている。

○ 公共事業、インフラ整備、出資、借換え、災害復旧事業などの目的の財源とすることができる（地方財政法5条）。

12　都道府県及び市町村が発行する地方債の残高は、2016年度末で700兆円を超え、わが国のGDPを上回っている。

× 2016年度末、地方の借入残高は197兆円で、うち地方債残高145兆円。

7 金融活動と金融政策

Level 1 ▷ Q07　Level 2 ▷ Q16

おさえておきたい **Point** キーワードチェック

1 通貨制度

⑴金本位制

一国の通貨量を金の保有量で管理し、物価を安定させようとする通貨制度

●調整過程：国際収支赤字→金の流出→国内の貨幣供給量減少→物価水準の下落→為替レートの減価→輸出増加→国際収支改善

⑵管理通貨制度

現在の通貨制度。各国の通貨当局が政府の信用を支えとして、裁量的に通貨の発行量を管理し、物価を安定させようとする通貨制度。

2 金融構造 ▶p158

今日、家計・企業・政府や金融機関などの各経済主体は、貨幣だけでなく様々な金融資産を保有している。金融の役割とは、資金が不足する経済主体と資金に余裕のある経済主体の金融資産と負債を円滑に結びつけることである。

⑴金融の方式

①直接金融：資金の借り手が、自ら直接に社債や株式を発行して資金を調達する

②間接金融：資金の借り手が、金融機関を通して資金を調達する

⑵金融機関の種類

①中央銀行である（　1　）　②政府系金融機関　③市中金融機関

⑶金融市場

資金の貸借取引の行われる市場。

①国内金融市場と国際金融市場

②短期金融市場と長期金融市場

短期市場：企業の運転資金・割引市場・コール市場（金融機関相互の一時的貸借）
長期市場：企業の設備資金・長期国債

3 金融政策 ▶p152 ▶p176

日銀がマネー＝サプライ（マネー＝ストック）や金利の変更を通じて経済に影響。

目標：（　2　）の安定、（　3　）の均衡、経済成長など

⑴（　4　）操作：日銀が（4）で各種の証券や国債を売買する

（買いオペレーション）：買いオペは、日銀が市中の証券を購入するので、日銀から資金が新たに供給される（マネー＝サプライの増加）。

（売りオペレーション）：売りオペは、日銀保有の証券を市中に売るので、市中の資金が吸収される（マネー＝サプライの減少）。

⑵（　5　）操作：法定準備率（支払準備率）の変更

引き下げ→市中金融機関の貸し出し増加（信用乗数拡大）→マネー＝サプライ増加
引き上げ→市中金融機関の貸し出し減少（信用乗数縮小）→マネー＝サプライ減少

※以前は、日銀が行う市中金融機関への貸出金利（公定歩合）の操作が金融政策の中心であったが、金利自由化が進展した状況では、「公定歩合引き下げ＝貸出金利の低下＝借入企業のコスト低下」（コスト効果）という図式は成り立たなくなっている。現在では、日銀の態度を示すというアナウンスメント効果のみであるとされる。

1 日本銀行　2 物価　3 国際収支　4 公開市場　5 準備率

おさえておきたい
Point　ミニ演習

1　日本では、景気変動や物価を金融政策などによって調節するため、1940年代に管理通貨制度が採用されたが、管理通貨制度のもとでは、銀行券は金・銀などとの交換が保証される兌換紙幣となる。

2　公定歩合操作とは、銀行が日本銀行に預けることを義務付けられている預金の割合である公定歩合を上下させることによって通貨量を調節しようとするもので、公定歩合を引き下げると市中銀行の企業への貸出しが増加する。

✕ ニクソン・ショックで金とドルの交換が停止され、各国が変動相場制に移行し、通貨と金との関係がなくなる。管理通貨制度の下では通貨は不換紙幣である。

✕ 従来の公定歩合（現在の基準割引率および基準貸付利率）は、市中銀行へ融資するときの金利。現在では金融政策の政策金利としては機能していない。

3　公開市場操作とは、日本銀行が金融市場で国債や手形などの有価証券を売買することによって、直接的に通貨量を調節するものであり、国債や手形を買い上げると市中銀行の企業への貸出しが減少する。

× 日銀が買いオペで市中の証券を購入すると、マネー＝サプライが増加し金利が下がり、企業等への貸出しは増加する。

4　政府は、1990年代後半から外国為替取引の自由化、銀行と証券との業務の枠の見直しなどの金融制度の抜本的な改革を行ったが、これらの改革は、日本版ビッグバンと呼ばれる。

○ 他にも株式売買手数料の自由化、ネット証券取引などにより、自由で公正な世界に通用する金融市場とする金融規制改革。

5　BIS規制とは、不良債権に関する国際規制のことをいい、BIS規制では、総資産に対する不良債権の割合の上限について、国際業務を行っている銀行と国内業務だけの銀行とを別に定めている。

× BIS規制（バーゼル規制）は国際金融に携わる銀行の自己資本比率の規制である。

6　日本銀行は金融政策により通貨量を調節して景気の変動を緩和し、物価の安定を図っている。しかし、通貨量を増加させる金融政策の実施には、民間の投資を抑制するクラウディング・アウト効果が生じるリスクを伴う。

× マネーサプライが増加する金融政策では金利が低下し、民間の投資と消費が増大し、景気好転が期待される。クラウディング・アウトは逆に政府支出の増加により利子率が上昇し民間投資が締め出されることをいう。

7　市中銀行は預金の一定割合（預金準備率）を日本銀行に預けることになっており、日本銀行はこれを操作して通貨量を調節し、物価の安定を図っている。預金準備率の引下げは通貨量を増やす効果がある。

○ 量的緩和政策が採られ、準備額を上回る資金が日銀の当座預金に供給されたため、実際に準備率操作は行われていない。

8　日本銀行は、国債などの有価証券を売買する公開市場操作により通貨量を調節し、経済の安定を図っている。買いオペレーションは景気の過熱を抑制し、売りオペレーションは景気を刺激する効果がある。

× 買いオペは通貨量増大により景気を刺激し、売りオペは通貨量減少で景気過熱を抑制する。

9　日本銀行は、国債、地方債などの公債を発行して通貨量を調節し、経済安定を図る。公債の発行は市中銀行の預金量を拡大し、貸出金利を引き下げ、通貨量を増やす効果がある。

× 国債は政府、地方債は地方公共団体が発行する。日銀に公債発行権限はない。

8 日本経済の歩み

Level 1 ▷ Q08

おさえておきたい
Point キーワードチェック

1 戦後日本の経済民主化

［（　1　）の解体］：持株会社の解体と巨大企業の分割（巨大企業の325社が指定を受けたが、実際の分割は11社のみ）

［（　2　）改革］：地主制の廃止と自作農の創設(農地買収により193万町歩の小作地を解放)

［労働民主化］：労働三法の制定　（　3　）法・（　4　）法・（　5　）法

2 戦後の経済復興

⑴金融緊急措置令（昭和21年）

インフレ抑制のため、金融機関の預金封鎖や旧円の新円への切り替え。

⑵（　6　）方式（昭和22～23年）

限られた物資や労働力を、石炭・鉄鋼・電力などの基幹産業に投入。金融面からの支援として、政府全額出資の国営銀行として（　7　）を創設。復興金融債を日銀引き受けで調達。

⑶ドッジ＝ライン

昭和24年日本経済の安定化政策。

①（　8　）の確立：シャウプ勧告により（　9　）中心の税制の確立

②（　10　）財政：補助金・補給金・公共事業費の削減

③復興金融債の発行停止：インフレの抑制

④単一為替レートの決定：1ドル＝360円

※ドッジ＝ラインは黒字財政とインフレの収束を実現したが、デフレにより（　11　）に陥った。

⑷朝鮮戦争と特需景気

昭和25年（1950年）に朝鮮戦争が勃発した。米軍からの軍需物資の補充・修理などの特別調達需要（特需）により、生産の拡大や（　12　）の獲得がもたらされ、ドッジ＝ラインによる不況から脱出した（1951年：輸出額が前年比65％、鉱工業生産が38％増加)。

※その後の高度経済成長の経済的基盤をつくった。

3 高度経済成長期 ▶p160

⑴（　13　）景気

昭和29年11月～昭和32年6月（31カ月）…造船・鉄鋼・電気・石油化学などの重化学工業部門の設備投資が牽引

⑵（　14　）不況

（13）景気の反動として起こった不況

⑶（　15　）景気

昭和33年6月～昭和36年12月（42カ月）…重化学・自動車産業中心に設備投資が牽引

⑷オリンピック景気

昭和37年10月～昭和39年10月（24カ月）…東京オリンピックを控えた建設投資ブーム

⑸40年不況

オリンピック景気の反動による戦後初の大不況［昭和41年度予算より（　16　）国債が発行され、以後毎年発行されている］

⑹（　17　）景気

昭和40年10月～昭和45年７月（57カ月）…輸出主導型による戦後最長の好況

4 石油危機と安定成長 ▶p161

⑴国際金融体制の動揺

①ニクソン・ショック

昭和46年８月に出された対ドル防衛策　（　18　）体制の崩壊→一時的に変動相場制に

②（　19　）合意

昭和46年12月［多国間で通貨調整→固定相場制への復帰］１ドル＝（　20　）円

※1973年にはドル不安が再燃し、1973年春に主要国は（　21　）に移行

⑵第１次石油危機：1973年（昭和48年）末

第４次中東戦争による石油危機が発生し、原油の公示価格が３ドル／バレルから約12ドル／バレルに値上がりした。日本を含む主要先進国は（　22　）、不況下の物価上昇という経済状況に陥った。1974年２月には狂乱物価といわれた大幅な物価上昇を経験。経済成長率は戦後初のマイナス成長となり、高度経済成長は終焉した。

5 プラザ合意と円高不況

二度の石油危機を乗り越えた日本経済は、ドル高・円安の下で輸出を拡大。→輸出ドライブが日米の貿易摩擦を引き起こす。

⑴プラザ合意

1985年（昭和60年）→先進５カ国・中央銀行総裁会議（G5）

ドル高是正のために、ドル売りの協調介入。→急激な（　23　）［１ドル＝240円程度→120円前後］。輸出産業を中心に円高不況への懸念。→金融緩和（低金利）政策へ

⑵バブル経済

輸出依存型経済から（　24　）主導型経済への転換（財政拡大＋大幅な金融緩和）

⇒好景気、株や土地への投資、資産価値の上昇

6 最近の日本経済

日本経済は、2008年9月のリーマンショック後の世界的な景気悪化を経て、2009年春頃からアジアを中心とした海外経済の堅調な成長と、エコカー補助金・減税や家電エコポイント制度を始めとした景気刺激策の効果により景気は持ち直してきた。2010年夏にはこれに猛暑効果も加わり、家計や企業の所得の増加、国内民需の拡大につながっていき、自律的回復が期待されていた。

しかし、IT関連財の需要減少を背景にアジアを中心として生産調整が行われ、外需・輸出の弱さが次第に明らかになり、日本経済は急激な円高の影響を受ける。2010年秋に入ると猛暑効果の反動やエコカー補助金終了の影響も加わり、景気は足踏み状態となる。高い失業率など雇用面での厳しい状況も続いたが、その後、アジアにおける生産調整が進展するとと

もに、生産や消費の一時的な落ち込みが緩和していき、2011年に入って景気は脆弱ながらも再び持ち直しに転じつつあった。こうした状況のなかで東日本大震災が発生した。震災の被害規模だけでなく、サプライチェーンや電力供給のダメージ、原子力災害等を通じ、被災地域以外にも広く経済的な影響を及ぼした。それでも、2012年11月を底に緩やかな景気回復基調が続いている。この背景には、①アベノミクスの取組のもと雇用・所得環境が改善、②企業収益が過去最高水準まで上昇、③日本銀行の取組のもとデフレ脱却に向け進展、④2014年半ばからの原油価格の下落によって交易条件が大幅に改善、などがある。

1 財閥　2 農地　3 労働組合　4 労働関係調整　5 労働基準（3・4・5は順不同）
6 傾斜生産　7 復興金融公庫　8 健全財政　9 直接税　10 緊縮　11 安定恐慌　12 外貨
13 神武　14 なべ底　15 岩戸　16 建設　17 いざなぎ　18 ブレトン＝ウッズ
19 スミソニアン　20 308　21 変動相場制　22 スタグフレーション　23 円高　24 内需

おさえておきたい
Point ミニ演習

1　1940年代後半には、石炭・鉄鋼などの基幹産業の生産増強を図るため傾斜生産方式を採用したことにより、深刻なデフレーションが発生したが、拡張財政政策であるドッジ=ラインの実施によって、不況から脱却した。

✕ 供給力増強のための傾斜生産方式採用は通貨供給量を増加させ、インフレーションが加速した。ドッジ=ライン実施でインフレは収束するが逆にデフレ不況となる。

2　1960年代初頭に池田内閣は実質国民総生産を10年間で2倍にする国民所得倍増計画を発表したが、実際にはこの計画は達成できなかった。

✕ 10年間に国民所得を26兆円に倍増させる目標だったが、実質国民所得は7年で倍増した。

3　高度経済成長の要因として、円の変動為替相場制への移行や円高の進行により、原材料を安い価格で豊富に確保できたことや、政府が国内製品と競合する外国製品の輸入制限をせず、国内製品の国際競争力を高めたことが挙げられる。

✕ 変動相場制移行、第一次石油危機により高度経済成長は収束する。円高はその後のプラザ合意以降に生じたものである。

4　高度経済成長の要因として、欧米の技術を輸入して技術革新が行われたことで、重化学工業から精密な加工や組立を行う軽工業や知識集約型産業へ比重が移るなど、産業構造の高度化が進展したことが挙げられる。

✕ 要因の一つに技術革新や生産性向上があるが、高度経済成長は重化学工業の高度化の進展が支えたといえる。

5　高度経済成長の要因として、個人所得の上昇により国内市場が急速に拡大し、企業の生産拡大が進んだことや、政府が金融自由化を進めて企業の資金調達を支援したり、特例公債の発行により財政支出が拡大したことが挙げられる。

✕ 要因として国内需要が拡大したことはあるが、金融自由化は進んでおらず、政府による財政出動もなされていない。

6　高度経済成長の要因として、良質で豊富な労働力が主に農村部から都市部や工業地帯に流入したことや、国民の貯蓄率が高く、豊富な資金が金融機関を通じて企業に貸し出され、その活発な設備投資を支えたことが挙げられる。

○海外技術の導入と改良による生産性の向上に加え、高い貯蓄率に支えられた民間設備投資の拡大と、質の高い豊富な労働力の供給が三大要因である。

7　1970年代末に発生した第二次石油危機は、狂乱物価といわれるほどの物価上昇を引き起こし、実質経済成長率は、戦後初めてマイナスを記録した。

×戦後初のマイナス成長は第一次石油危機直後の1974年。第二次石油危機は、学習効果により比較的混乱は少なかった。

8　1980年代半ばのプラザ合意がもたらした急激な円安は、日本経済をスタグフレーションに直面させたが、政府の金融引き締め政策や技術革新などによって内需主導型経済への構造転換が進んだ。

×プラザ合意によりもたらされたのは急激な円高であり、政府は国内需要拡大、低金利政策をとり、その後のバブル景気へとつながっていく。

9　地価や株価が本来の価値を超えて高騰したバブル経済は、1990年代初頭に崩壊し、多額の不良債権が発生した結果、破綻したり経営危機に陥る金融機関も現れ、金融システムに対する不安が生じた。

○北海道拓殖銀行、日本長期信用銀行、山一證券などが破綻。不良債権処理や自己資本比率規制の改革が進められた。

10　わが国では、1990年代に多くの銀行がいわゆる不良債権問題に直面し、いくつかの銀行が破綻する事態に陥った。これに対し、政府は、銀行に公的資金を注入するだけでなく、破綻銀行の預金者にペイオフを発動して預金を支払った。

×ペイオフが初めて発動したのは、2010年の日本振興銀行破綻の時。バブル崩壊後の破たん処理では預金保険によるペイオフ（定額保護）は行われていない。

9 現代の世界経済

おさえておきたい **Point**　**キーワードチェック**

Level 1 ▷ **Q09**

1 戦後の世界経済 ▶p162

⑴戦後の経済体制

第二次世界大戦の末期の1944年７月、アメリカのニューハンプシャー州のブレトン＝ウッズに連合国の代表が集まり、戦後の復興と国際経済体制の構築を話し合った（イギリス代表＝ケインズ、アメリカ代表＝ホワイト）。ここで、国際通貨基金（IMF）の設立を中心にした国際通貨体制と国際復興開発銀行（IBRD）の設立により、「（　1　）体制」が構築された。

①（　2　）通貨としてのドル

（2）通貨＝（　3　）通貨＋（　4　）通貨＋（　5　）通貨　となりうるものである。

②自国の対外価値を金または米ドルで表示：金１オンス＝35ドル（IMF平価の設定）

③為替レートを平価の上下１％の範囲内に維持：（　6　）相場制
［日本：1952（昭和27）年にIMFに加盟し、１ドル＝360円 ±１％以内に決定］
④GATTの設立
GATT＝関税と貿易に関する一般協定（1947年ジュネーブで設立）
(a) 関税の引き下げ・輸入数量制限の撤廃・その他の貿易障害の軽減による貿易の自由化を実現する。
(b) 貿易による差別待遇の廃止
［1960年代初頭］：５回の関税交渉（引き下げ）
［（　7　）・ラウンド］：関税の一括引き下げ(平均で35％の引き下げ)(1964～1967年)
→1972年に完了
［（　8　）・ラウンド］：新たな多角的貿易交渉（非関税障壁・セーフガード・農産物）
（1973～1979年）→1987年に終了（段階的引き下げ）
［（　9　）・ラウンド］：モノの自由化に加え、金融・情報などのサービスの自由化や農業問題・緊急輸入制限のあり方
（1986年～）→1991年12月の（　10　）案提示
［例外なき（　11　）］
⑵ニクソン＝ドクトリン（宣言）：1971年８月（日本ではニクソン＝ショック）
1960年代末期からのインフレとドル安不安から米を防衛するために新経済政策を発表した。①金とドルとの交換停止、②10％の輸入課徴金、③賃金と物価の90日間の凍結
→一時的に、欧州の主要国や日本も変動相場制に移行した。
⑶スミソニアン協定（合意）：1971年12月
国際的通貨調整が行われ、ドルは主要国通貨に対して切り下げられた（代償として、輸入課徴金は撤廃された）。＝固定相場制への復帰（１ドル＝308円）
→アメリカのドル安誘導・インフレ拡大により、結果的に日本・西ドイツの経済成長が促進され、対米輸出を増大、貿易赤字は拡大した。
→ドルは売られ、1973 年２月には、主要国は固定相場制を維持できなくなり、変動相場制に移行した。
［キングストン合意］：1976年
①変動相場制への移行を承認
②金に変わりSDR（特別引き出し権）を中心とした準備資産の創設
⑷サッチャー政権（英）：1979年に登場
戦後の高福祉・高負担や国有化政策による価格メカニズムの阻害が、先進国病をもたらしていた（公共部門の肥大＋労働組合問題）。
［基本政策］：（　12　）政府（政府部門の縮小）＋市場メカニズムの活用
（　13　）の削減＋（　14　）のコントロールにより、（　15　）の抑制
→国営企業の民営化＋税制改革を実現した。
⑸レーガン政権（米）：1981年に成立
［基本政策］：(強いアメリカ）＋（　16　）政府
［経済政策］：レーガノミックス＝（　17　）＋（　18　）の経済政策
［①減税、②財政支出の削減、③規制緩和、④安定的な通貨供給］

→大幅な（　19　）と高金利・ドル高による（　20　）のいわゆる（　21　）の赤字を生み出した。

⇒プラザ合意（ドル高是正のために、ドル売りの協調介入）→ドル安

⑹アジア通貨危機

1985年のプラザ合意以後、東南アジアはアメリカドルとの固定相場制を維持し、ドル安基調の中、日本企業の進出に代表されるような外国資本の流入により経済発展を遂げてきた。しかし、開放政策を推進する中国への生産拠点シフトに加え、1995年以降ドル高が進んだことでアジア通貨高となり、東南アジア諸国は国際競争力を失い貿易赤字が膨らんでいく。この状況で外国資本が一気に流出、1997年、ヘッジファンドの空売りにタイ政府はバーツを買い支えきれず、変動相場制に移行する。為替レートは一気に暴落し、アジア通貨危機が発生した。タイ、インドネシア、韓国の3カ国はIMFに支援を要請し、タイ・インドネシアの政権崩壊、景気悪化、失業者増加など、アジア諸国に深刻な影響を及ぼした。

⑺サブプライムローンからリーマンショック・世界金融危機

アメリカの低所得者向け住宅ローン（サブプライムローン）が住宅価格下落により焦げ付き、2007年になると企業の経営破綻が続き、このローンを証券化した金融商品の暴落を招いた。続く連鎖的な資産価値の暴落により、巨額な損失を抱えた投資銀行リーマン・ブラザーズは、2008年9月に連邦破産法の申請。世界的な金融企業の倒産は、アメリカ経済の不安、さらには世界的金融危機へと広がっていく。各国政府・中央銀行は、金融機関への公的資本注入等の緊急金融システム安定化措置を打ち出し、スパイラル的な景気悪化を食い止めるために、大規模景気刺激策や金融緩和策を展開した。

2 近年の世界経済の動向

⑴アメリカ

アメリカ経済は、2009年6月より景気回復局面に移行した。ただ、2011年夏頃に連邦債務の法定上限問題が浮上し一時的ながら緊張が高まり、株価下落や消費・経営マインドが悪化した。さらに、雇用回復の遅れやガソリン価格高騰により個人消費の減少がみられた。しかしながら、2011年後半から雇用環境の改善に加えて個人消費の緩やかな増加といった動きがみられ、世界経済が引き続き欧州政府債務危機で動揺する中にあっても、FRBの量的緩和政策による景気下支えもあり、全体的に緩やかな回復を続けてきた。ただ、米中貿易摩擦は企業マインドに陰を落とし、製造業を中心に生産の動きが弱まっている。

⑵EU

ユーロ圏では、11年10～12月期以降、南欧諸国等における住宅バブル崩壊の後遺症や財政緊縮の影響等により景気低迷が続いていたが、その後ユーロ圏全体の実質経済成長率が、ユーロ安、原油安等を背景に連続プラスとなり、景気は緩やかに回復した。スペインが引き続き力強い成長を示し、ドイツ、フランスも安定的な伸びとなった。しかし、ギリシャ・欧州債務危機、英国のEU離脱などの背景にある、EUの経済ガバナンス問題は残り、加えて、①移民難民問題、②ドイツ車排ガス不正の問題、③テロ事件による消費マインド低下など、その先行きには不安要素も存在する。

⑶中国

2010年に日本を抜き世界第2位の経済規模となった中国は世界経済におけるプレゼンス

を拡大したが、成長の原動力となった投資が国内経済に様々なひずみをもたらした。実質経済成長率は10年に10.6%を記録して以降低下傾向にあり、18年には6.6%となった。世界金融危機後に実施された4兆元の景気対策後の調整が続き、中国経済の減速と米中経済摩擦が世界経済の成長率低下の要因の一つとして挙げられている。

⑷アジア諸国

韓国では実質経済成長率が13年4～6月期以降安定して推移し、台湾でも13年10～12月期に前期比年率7.6%と高まって、景気は持ち直した。韓国は自動車や電気機械、台湾は電子部品がそれぞれ輸出をけん引しているが、中国経済の成長率の低下によって影響を受けるなどの懸念材料もある。ASEAN諸国の経済は、13年に入ってから内需を中心に総じて持ち直しの動きが続いていたが、14年から景気は足踏み状態となっている。インドでも、経済成長率は11年以降鈍化し始め、消費や投資の伸び悩みによる内需の不振が続いたが、内需の回復による弱干の持ち直しが見られる。

（内閣府「世界経済の潮流」より）

1 ブレトン=ウッズ　2 基軸　3 取引　4 介入　5 準備　6 固定　7 ケネディ　8 東京
9 ウルグアイ　10 ドンケル　11 関税化　12 小さな　13 財政支出　14 マネー=サプライ
15 インフレ　16 小さな　17 マネタリズム　18 サプライ=サイド=エコノミクス
19 財政赤字　20 経常収支の赤字　21 双子

おさえておきたい Point ミニ演習

1　1929年の世界恐慌後、各国が金本位制を維持できなくなった経緯から、1944年のブレトンウッズ協定では、金に代わってドルを国際貿易の基軸通貨とし、ドルと金との兌換は認めないが、各国通貨とドルの間で一定の安定的な交換比率を設定した固定為替相場制を導入した。

×IMF平価で金1オンスを35ドルと設定、金とドルを交換可能とし（間接的な金本位制）、自国の対外価値を米ドルで表示する固定為替相場制であった。

2　1944年のブレトンウッズ協定により、為替レートの安定、為替制限の撤廃による国際収支の不均衡の調整を目的とする機関として、世界銀行に代わり国際通貨基金（IMF）が設立された。IMFは国際収支の赤字が続く途上国などに対する、経済開発のための長期資金の融資も行っている。

×ブレトンウッズ体制は、IMFと国際復興開発銀行（IBRD、世界銀行）の2組織が中心。途上国の長期融資は主にIBRDが行い、IMFは短期の融資を行う。

3　1971年、アメリカ合衆国のニクソン政権は、海外に多量に流出したドルを防衛するため、ドルの変動為替相場制への移行を発表するとともに、ドルを補充する第三の国際通貨としての特別引き出し権（SDR）の創設を柱とする政策を実施し、これはニクソンショックと呼ばれた。

×ニクソン政権はドル安からドル防衛のため、金との交換停止を行った。金に変わるSDR等の準備資産は、キングストン合意で創設された。

4　1970年のスミソニアン協定では、円切上げなど各国通貨

○ドルは切り下げられるが、

の平価調整が行われたが、その後も国際通貨情勢が安定せず、主要各国が変動為替相場制に移行したことから、1976年のキングストン合意では、変動為替相場制を正式に承認した。

アメリカの貿易赤字は拡大。ドル売りはとまらず、固定相場制の維持が困難となり、主要国は変動相場制へと移行した。

5　1985年のプラザ合意では、レーガノミックス政策から発生したアメリカ合衆国の財政と経常収支の赤字(双子の赤字)の影響によるドル安を是正するため、各国が協調して対応することを決定し、その結果、短期間に急激なドル高・円安が進行して、日本の輸出が急速に拡大した。

×プラザ合意では、ドル高是正のため、先進国5カ国が為替市場に協調介入することとし、ドル安を実現した。日本では円高不況への懸念から、超低金利政策を採用することとなった。

6　わが国では、第一次石油ショック後の世界同時不況においては、石油価格の高騰により物価上昇が加速する一方で個人消費を中心に内需が減退し、スタグフレーションの状態となった。

○不況下の物価上昇という経済状況に陥り、戦後初めて経済成長率がマイナスとなった。

7　1997年にタイで発生したアジア通貨危機では、マレーシアやインドネシアなど他のアジア諸国にも危機が伝播した。このとき、各国の通貨の対米ドル為替相場は大幅に増価し、また、各国の経済は大きな打撃を受けた。

×アジア諸国は固定相場制から変動相場制に移行し、各国の為替レートは一気に暴落、通貨価格は下落した。

8　2008年に米国で発生した金融危機は世界経済に影響を及ぼし、欧州各国を始め、わが国でも景気が後退した。これに対し、日本、米国、EUの各中央銀行は政策金利を引き下げるとともに、流動性供給を拡大する措置をとった。

○世界金融危機発生後、市場の流動性や安定性確保のため、先進国は非伝統的金融政策や流動性供給策が大規模に実施された。

9　政府開発援助（ODA）の対GNI比率の目標が国際連合で決議されたが、日本は、常にその目標を上回ってきた。

×GNI比で日本は0.2%前後の実績で、0.7%の目標は達成したことはない。

10　国連資源特別総会で採択された「新国際経済秩序（NIEO）の樹立に関する宣言」では、天然資源に対する資源保有国の恒久主権などが宣言された。

○南北対立、資源ナショナリズムの高まりから、1974年の資源と開発に関する国連特別総会で採択された。

11　先進国から資金を借りた発展途上国に対し、金利や元本の支払いを遅らせる債務返済の繰延べを、モノカルチャーという。

×債務返済猶予はモラトリアム。モノカルチャーは、単一の農産物栽培に依存する途上国経済。

12　発展途上国の中で、工業化に成功し、経済的に躍進したブラジル、ロシア、インド及び中国を新興工業経済地域(NIEs）という。

×頭文字で「BRICs」。「NIEs(新興工業国)」は、東アジアの奇跡と呼ばれた韓国・

台湾・シンガポールなどを中心とした10カ国。

13　1960年代、発展途上国は経済的自立に必要な条件を確保するために国連の関税及び貿易に関する一般協定（GATT）のウルグアイラウンドに結集し、一次産品価格の引き下げ、先進国製品に対する関税の撤廃、先進各国からの援助目標をその国のGNP比１％に設定することなどを要求した。

×一次産品の価格安定、特恵関税、GNPの1%の援助は、「国連開発の10年」や国連貿易開発会議（UNCTAD）の目標設定。GATTは多国間の多角的貿易交渉だが、途上国の輸出品に特恵関税などを認めている。

14　1970年代、発展途上国は環境を破壊しない天然資源の利用を主張する資源ナショナリズムの動きを強め、石油輸出国機構（OPEC）に加盟する産油国が二度にわたって原油減産の措置をとるなど、鉱物を産出する資源国がナショナル・トラスト運動を展開した。

×産油国の権益を主張する資源ナショナリズムと、環境保護のナショナル・トラスト運動とは別の問題である。

15　1980年代、中南米諸国などで多国籍企業を誘致するために先進国から借りた短期資金の返済が困難になる累積債務問題が表面化したため、経済協力開発機構（OECD）が緊急の短期融資を行い、先進国が協調して債務返済の繰り延べ（リスケジューリング）の措置をとった。

×IMFの指導の下で債務支払時期が延期された。その後もベーカー提案（1985)、ブレイディ提案（1989）がまとめられ、ラテンアメリカや東南アジア諸国に適用された。

16　1990年代、鉱物や木材などの豊富な資源の開発で成長をとげたアジアの新興工業経済地域（NIEs）と、天然資源に恵まれず、貧困に悩むアフリカの後発途上国（LDC）との間で資源の確保をめぐり、南南問題と呼ばれる新たな経済対立が浮上した。

×当初、資源国と無資源国の格差の問題であった南南問題は、1980年代から新興工業国と後発の途上国との経済的対立の問題となっている。

17　1990年代から、発展途上国の間で地域的な経済連携協定を締結する動きがみられ、東南アジアにASEAN自由貿易地域（AFTA)、南米に南米南部共同市場（MERCOSUR）が発足した。その後も発展途上国を含む二国間や多国間で自由貿易協定締結の動きが続いている

○2国間のFTAにとどまらず、多国間の地域経済連携、さらには関税同盟を結成し、先進国に対して地域の利益を主張する勢力となっている。

18　今日の先進工業国の間では、それぞれの国が機械、自動車、エレクトロニクス製品などの特定の工業製品に特化する垂直的分業が見られる。

×垂直的分業は、原材料供給と工業製品生産の分業。特定の工業製品生産の分担は水平的分業。

19　国際収支は、経常収支と資本収支に大別され、商品の輸出入による収支である貿易収支は、資本収支の１項目である。

×経常収支は、貿易・サービス・第1次所得・第2次所得の4つの収支。他は資本

20　各国国内での購買力が等しくなるような通貨の換算レートは、購買力平価と呼ばれる。これは、変動相場制の下で各国の国内経済の比較分析や物価水準の国際比較にも用いられる。

移転等収支・金融収支であり、現在、資本収支という項目はない。

○購買力平価とは、物価水準を比較するため、同じ財・サービスの各国通貨の購買力が等しくなるように計算した各国通貨の交換比率である。

第2章 経済 Level 1

Q01 経済学説

問　ケインズ学派とマネタリストの経済政策の考え方に関する次の記述中の空欄A、B、E、F、Gに当てはまる用語の組合せとして、妥当なものはどれか。　(国家一般類題)

マネタリストはケインズ学派とは対照的に、（ A ）の変化が（ B ）経済の総需要に与える効果を強調し、（ C ）の効果を疑問視する学派である。初期のマネタリストは、古典派の素朴な（ D ）に基づいており、(A) の変化は長期的には名目価格に影響を与えるだけで、産出･雇用量にはほとんど影響を及ぼさないと主張したが、1960年代末頃からのマネタリストは、ケインズ学派が重きを置かなかった（ E ）の効果を強調した。ケインズ学派とフリードマン派のマネタリストとの大きな見解の相違は、経済不安定の発生源についての見方の違いにある。すなわち、（ F ）の見解では、民間部門は本来、安定的なものであり、（ G ）がその効果を主張する（C）によって総需要を増やしても、低下させることができない自然失業率が存在し、そうした政策はむしろ経済を不安定にするため、（ H ）を一定に保つなどの一定の政策ルールが必要であるとする。

1	A	貨幣供給量	B	ミクロ	E	財政政策	F	ケインズ学派	G	マネタリスト
2	A	貨幣供給量	B	マクロ	E	財政政策	F	マネタリスト	G	ケインズ学派
3	A	財政支出	B	ミクロ	E	金融政策	F	ケインズ学派	G	マネタリスト
4	A	財政支出	B	マクロ	E	金融政策	F	マネタリスト	G	ケインズ学派
5	A	貨幣供給量	B	マクロ	E	金融政策	F	マネタリスト	G	ケインズ学派

おさえておきたい
Point　キーワードチェック

◉ケインズ経済学

第一次大戦後イギリスの（ 1 ）制復帰に反対して、ケインズは（ 2 ）制度を提唱する。また、『雇用・利子および貨幣の一般理論』で、公共投資による（ 3 ）の創出と、それによる（ 4 ）失業の克服という経済理論を発表し、政府の（ 5 ）な政策の必要性を強調する。すなわちケインズは、自由放任の下における（ 6 ）の働きに対して懐疑的な立場であったのである。ケインズの理論は「ケインズ革命」といわれるほどの影響を及ぼし、アメリカの（ 7 ）政策に採用されたほか、当時の各国の政策決定において、完全雇用･景気回復のための（3）拡大政策が主張された。

◉マネタリズム（新自由主義）

『貨幣数量説再述』で（ 8 ）は、市場メカニズムに対する信頼から、自由市場原理をできる限り維持、拡大できるような経済政策を主張する。

この（8）を中心とする（ 9 ）たちは、ケインズの主張する（3）拡大政策が短期的に生産力を高め失業率を減らす効果をもつが、他方でインフレが発生し、実質所得や失業率はもとの水準に戻ることを指摘した。（9）は、マクロ的な需要拡大政策では変動させることができない失業率のことを（　10　）失業率と呼んだ。そして、（9）は政府のとるべき政策として、政府の（5）な政策ではなく、（　11　）ルール（貨幣供給量の伸びを一定に保ち経済成長を達成するルール）に基づく政策を提唱した。

◉合理的期待形成学派

（　12　）、サージェントらは、（9）の主張をさらに強調し、価格が完全に伸縮的で、経済主体が合理的に行動するという設定から、ケインズの主張する裁量的な有効需要拡大政策が、（　13　）だけでなく短期的にも無効であると主張した。

◉サプライサイド・エコノミックス

サプライサイド・エコノミックス（フェルドシュタイン、ラッファー）では、ケインズ経済学に対する消極論を展開したマネタリズムや合理的期待形成学派に対し、財政の構造から（　14　）面に問題が生じることを指摘した。そこで、財政構造を変革することにより、経済を（14）の面から活性化することを提唱した。また、税制とインフレが、生産力の基礎である労働と資本の（14）を阻害するとして、減税政策を主張した。この経済政策論を採用したアメリカの（　15　）大統領の下では（レーガノミックス）、巨額な財政赤字が生じ、貿易赤字とともにアメリカ経済を停滞させる原因となった。

1 金本位　2 管理通貨　3 有効需要　4 非自発的　5 裁量的　6 市場メカニズム
7 ニューディール　8 フリードマン　9 マネタリスト　10 自然　11 k％　12 ルーカス
13 長期的　14 供給　15 レーガン

A01　正解ー5

ケインズ学派の特徴は、財政支出・財政政策による、政府の裁量的経済政策重視である。

マネタリストの特徴は、自然失業率と貨幣供給の一定の成長率という金融政策重視に基づいた、政府による裁量的政策の排除にある。

したがって、A～Hの各空欄に当てはまる用語は、A：貨幣供給量、B：マクロ、C：財政政策、D：貨幣数量説、E：金融政策、F：マネタリスト、G：ケインズ学派、H：貨幣供給量の成長率、となる。

Q02 需要曲線・供給曲線

問 私たちに必要不可欠で無料で供給される空気中の酸素及び引取料を支払って家庭が捨てるゴミの需要曲線及び供給曲線を示した図の組合せとして、最も妥当なのはどれか。

なお、ゴミについては、ゴミを出す家庭が供給者、ゴミを引き取る側が需要者であるものとする。（国家一般）

A

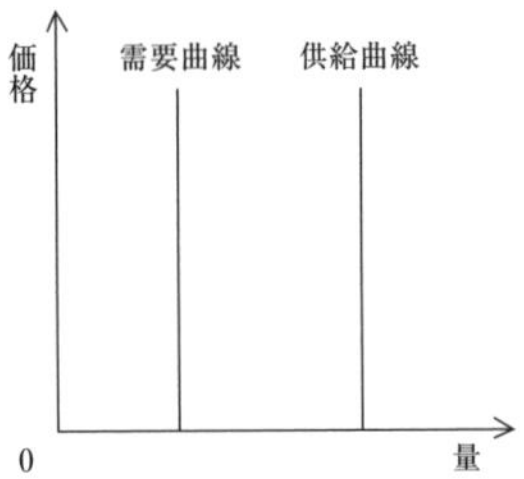

B

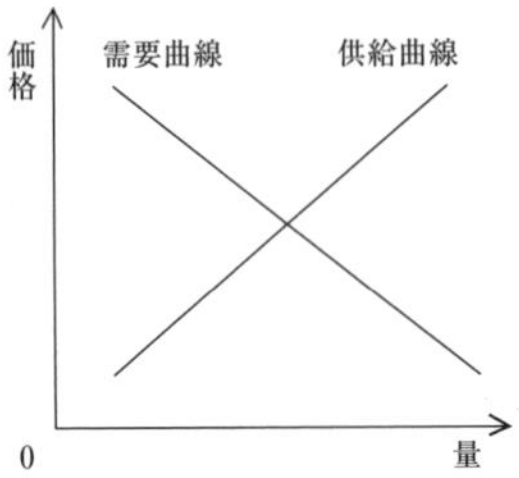

C

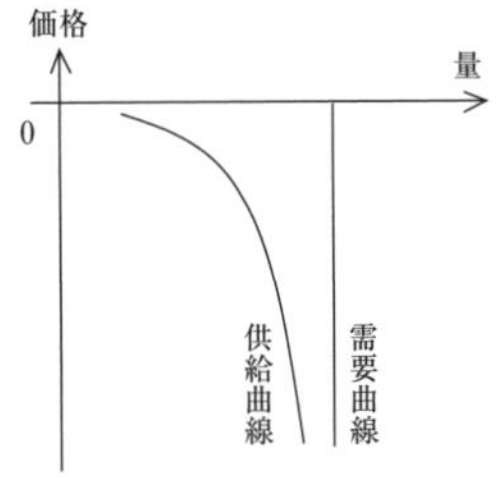

D

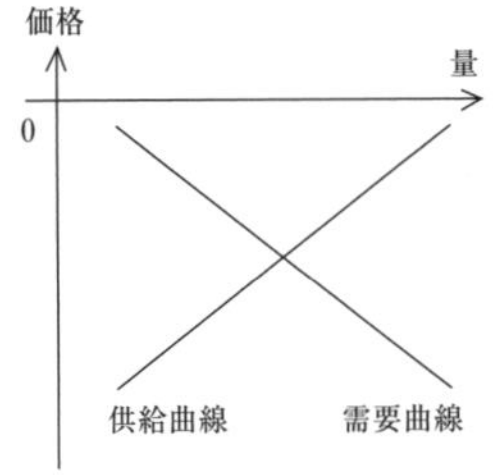

（空気中の酸素、ゴミ）

1 （ A 、C ） 2 （ A 、D ） 3 （ B 、C ）
4 （ B 、D ） 5 （ C 、B ）

おさえておきたい **Point** キーワードチェック

◉需要量の変化

⑴需要曲線

価格と需要量（消費量）の関係を示す線分（D）。通常、価格が下落すると需要量が増加するので、グラフは（ 1 ）になる。

⑵需要曲線のシフト

価格が変わらず需要が増大すると、需要曲線は（ 2 ）にシフトし（D→D_1）、逆に需要が減少すると（ 3 ）にシフトする（D→D_2）。

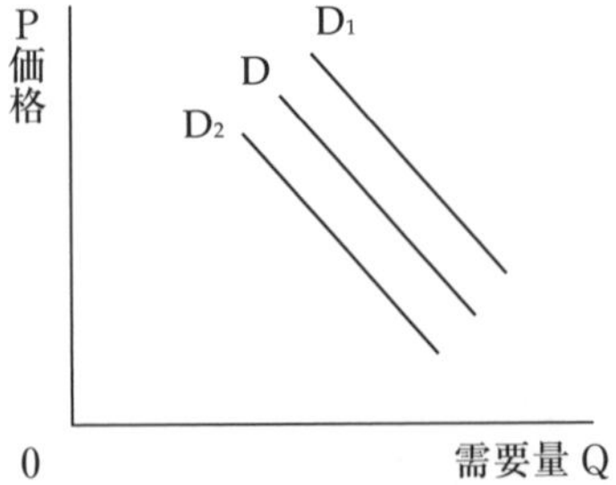

◉供給量の変化

⑴供給曲線

価格と供給量（生産量）の関係を示す線分（S）。通常、価格が下落すると供給量も減少するので、（　4　）になる。

⑵供給曲線のシフト

価格が不変で供給量が増大するとき、供給曲線は（　5　）にシフトし（S→S_1）、逆に供給量が減少するときは（　6　）にシフトする（S→S_2）。

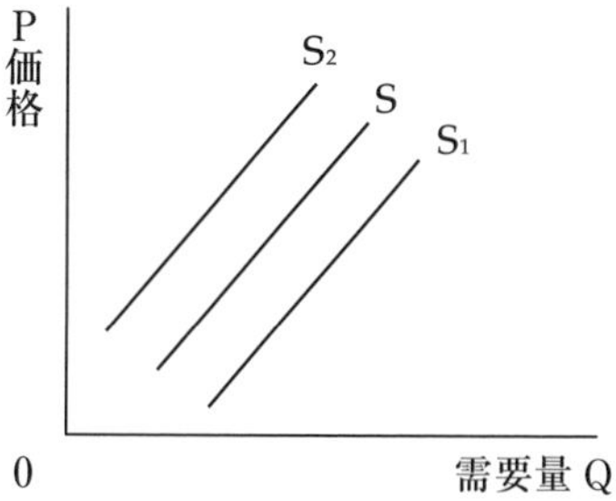

◉需要と供給の法則

通常、価格の上昇に従って（　7　）は減少し、価格の下降に従って（7）は増加する。また、価格の上昇に従って（　8　）は増加し、価格の下降に従って（8）は減少する。また、需要が供給を上回ると価格は上昇し、反対に需要が供給を下回ると価格は低下する。

1 右下がり　2 右　3 左　4 右上がり　5 右　6 左　7 需要量　8 供給量

A02 正解ー2

〈空気中の酸素〉

通常、市場で取引きされる財は経済財と呼ばれる。稀少性があるため、対価を支払わないと消費できない財である。

これに対して、市場での需要をはるかに上回る豊富な供給があるため、稀少性がない財を「自由財」という。空気や海水などがこれにあたる。自由財は、無限に存在するため、対価を支払わなくても消費ができる。そのため取引（売買）は成立せず、需要と供給の均衡という市場の機能は働かないこととなる。

グラフでは、価格がいくらであっても、需要量は一定、供給量はそれを上回り一定で、両曲線は交わらない。したがって、Aのグラフとなる。

〈ゴミ〉

ゴミを出す家庭が供給者、ゴミを引き取る側が需要者と仮定している。この場合、ゴミ処理サービスにかかる引取料を価格と考えるので、供給者が料金を支払う、すなわち価格がマイナスの領域で表される。料金が低くなれば、供給するゴミの量は増えるが、引き取る側の需要量は減ることになるので、グラフはDとなる。

Q03 フローとストック

問　次の文は、経済諸量のフローとストックに関するものである。A～Eに入る語句の組合せとして、正しいものはどれか。　(地方上級類題)

経済諸量のなかには、一定期間についてその大きさが把握される量と一定の時点における存在量としてとらえられる量とがある。前者はフローといわれ、たとえば（　A　）がある。後者はストックといわれ、たとえば（　B　）がある。経済分析において、それらのどちらかに重点が置かれるということがある。利子率についてみると、（　C　）が可能になるためには、まず（　D　）がなければならず、利子率はその両者を均衡させるものとして定まるというのが元来の古典派の考え方で、これはフローに重点を置いた考え方である。これに対して、（　E　）は、利子率は貨幣量と貨幣を手元に保持しておきたいという選好状態との関係から定まるとしたが、これはストックに重点を置いた考え方である。

1	A マネー・サプライ	B GDP	C 貯蓄	D 投資	E ケインズ
2	A GDP	B マネー・サプライ	C 所得	D 投資	E マルクス
3	A マネー・サプライ	B 国民所得	C 投資	D 所得	E ケインズ
4	A 国民所得	B GDP	C 貯蓄	D 所得	E マルクス
5	A GDP	B マネー・サプライ	C 投資	D 貯蓄	E ケインズ

おさえておきたい
Point　キーワードチェック

◉フローとストック

経済規模を図るとき経済諸量のとらえ方として、フローとストックがある。一般的に、フローは一定期間に移動した量を指し、ストックとはある時点でのフローの蓄積量を表す。例えば、水道口から出てくる水量（10ℓ）や排水口から流れる水の量（6ℓ）は（　1　）で、貯まった水（4ℓ）は（　2　）。銀行預金の場合、現在の残高（4万円）は（　3　）で、通帳の預け入れ（10万円）・引き出し（6万円）の欄の金額は（　4　）となる。

⑴フローとしてのGDP

フローは、「一定期間について」その大きさが把握される量である。たとえば、GDP500兆円といってもそれだけの現金が現時点で存在しているというものではなく、1年間に生み出した（　5　）の合計数量なのである。

⑵ストックとしてのマネー・サプライ

ストックは、「一定の時点において」存在量としてとらえられる量である。たとえば国富とは、年度末に国民が保有している（　6　）から負債を引いた総合計を表す（平成30年末のわが国の国富は3,457.4兆円）。投資の蓄積と捉えれば前年よりも増加するのが普通だが、災害や地価の下落により減少することもある。

マネーサプライ（通貨供給量）または（　7　）（通貨残高）も、金融機関と政府を除く、個人や企業が保有する通貨の合計であり、ストックにあたる。

1 フロー　2 ストック　3 ストック　4 フロー　5 価値　6 資産　7 マネー・ストック

A03 正解－5

前半はフローとストックに関するものだが、これにからめて古典派とケインズ派の違いをポイントにしている。ただ、前半のA・Bが決まれば後半で悩む必要はない。まずは、フローが「ある一定期間に生み出された数量」に関する概念であり、ストックが「ある一時点に存在する数量」に関する概念であることを、十分に理解していれば、あとは国民所得、GDP、マネー・サプライ（マネー・ストック）の基本的知識だけである。

GDP（国内総生産）は、「ある国の領域内で一定期間内に作り出された最終生産物の総価値額」と定義される。一定期間に生み出された量であり、フローに関する変数である。

また、国民所得は、広義ではGDPのことをさすが、狭義の国民所得（NI）は、国民総所得（GNI）から固定資本減耗（減価償却費）と間接税を差し引き、補助金を加えたものとして定義される。どちらの意味であっても、一定期間に生み出された量であり、フローに関する変数である。

一方、マネー・サプライ（貨幣供給量）は、「経済主体（民間の非金融部門）が保有する通貨の総量」と定義される。ある一時点に「存在する貨幣の総量」であり、ストックに関する変数である。

したがって、問題文のAにはフローに関する変数、Bにはストックに関する変数が入るので、選択肢は2か5に絞られる。

次に、古典派経済学では、投資するためには貯蓄がなければならず、貯蓄は利子率が高いときには多くなり、利子率が低いときには少なくなるので、貯蓄と投資を均衡させるように利子率は決定されると考えた。

したがって、Cには投資、Dには貯蓄が入るから、正解は肢5となる。

さらに、ケインズの利子理論は「流動性選考の利子理論」と呼ばれる。すなわち、貨幣はいつでも他の商品と交換することができる特徴があり、ケインズはそれを流動性と呼んだ。そして、利子率は、貨幣を保有したいと思う量である貨幣需要量と貨幣供給量とを等しくさせるように決定されると考えた。

Q04 マクロ理論

問 下の図はIS-LM理論による利子率と国民所得の決定を示している。当初の均衡がAであるとき、均衡Bを達成するのに適切な政策は、次のうちどれか。 (地方上級)

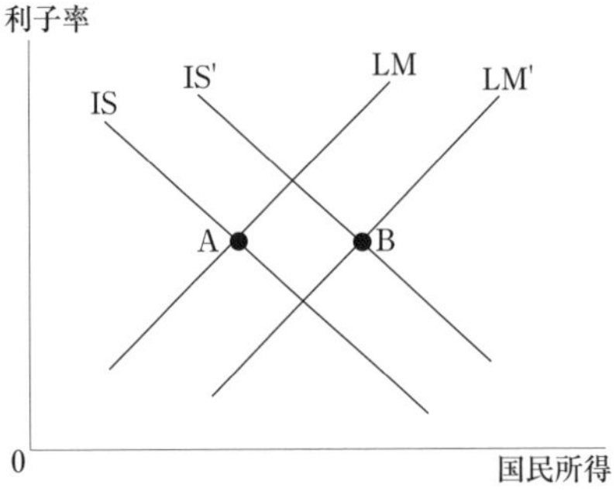

1 政府の増税と中央銀行による買いオペレーション
2 政府の増税と中央銀行による売りオペレーション
3 政府の減税と中央銀行による売りオペレーション
4 政府の国債発行による財政拡大と中央銀行による買いオペレーション
5 政府の国債発行による財政拡大と中央銀行による売りオペレーション

おさえておきたい **Point** キーワードチェック

◉マネー・サプライ（マネー・ストック）

通貨供給量、貨幣供給量。経済主体（民間の非金融部門）が保有する（ 1 ）。この通貨の機能を持つ範囲について、日本ではM_2＋CDが代表的指標であったが、2008年から日銀は（ 2 ）を代表的な指標として「マネー・ストック」統計と名称を変更している。

(1)M_1…（ 3 ）通貨＋預金通貨
①（1）＝銀行券発行高＋貨幣流通高
②預金通貨＝要求払預金－金融機関保有の（ 4 ） ※全預金取扱機関対象
(2)M_2…（1）＋国内銀行等に預けられた預金 ※国内でもゆうちょ銀行は除く
(3)M_3…M_1＋定期性預金（準通貨）＋（ 5 ）預金（CD）
現金通貨と全預金取扱機関に預けられた預金 ※対象機関はM_1と同じ
(4)広義流動性…M_3＋金銭・投資信託＋金融債・銀行普通社債＋金融機関CP＋国債・外債
※M_3対象金融機関、国内銀行信託勘定、政府、保険会社等、外債発行機関が対象

◉金融政策一公開市場操作

(1)公開市場操作
中央銀行が、金融市場で（ 6 ）を売買してマネー・サプライに影響を与えること。

⑵買いオペレーション…中央銀行が（6）を買う
（6）の代金を市中金融機関に支払うため、市中に出回るマネー・サプライは（ 7 ）。
⑶売りオペレーション…中央銀行が（6）を売る
市中金融機関が（6）の代金を支払うため、市中に出回るマネー・サプライは（ 8 ）。

◉金融政策―支払準備率操作

⑴支払準備率（法定準備率）
市中銀行が払戻しの準備のために、中央銀行に預け入れる割合を支払準備率という。日銀が政府の承認なしに金融政策として実行できる。
⑵支払準備率引下げ
中央銀行に預け入れる割合が減少するために、市中に出回るマネー・サプライは（ 9 ）。
⑶支払準備率引上げ
中央銀行に預け入れる割合が増大するために、市中に出回るマネー・サプライは（ 10 ）。

1 通貨の総量　2 M_3　3 現金　4 手形・小切手　5 譲渡性　6 有価証券　7 増大　8 減少
9 増大　10 減少

A04 正解―4

①政府の増税→可処分所得の減少→消費の減少→総需要の減少→ IS 曲線の左シフト
②政府の減税→可処分所得の増加→消費の増加→総需要の増加→ IS 曲線の右シフト
③政府の国債発行による財政拡大→政府支出乗数分だけ国民所得増加→ IS 曲線の右シフト
④中央銀行による買いオペレーション
市中金融機関の証券を買い取る→市中でのマネー・サプライの増加→ LM 曲線の右シフト
⑤中央銀行による売りオペレーション
日銀保有の債権を市中に売る→マネー・サプライの減少→ LM 曲線の左シフト

本問のAからBへの移動は、IS 曲線の右シフト＋ LM 曲線の右シフトで実現できる。したがって、IS 曲線の右シフトとなる②③と、LM 曲線の右シフト④の組み合わせの政策で達成可能である。以上から、③と④を選択している肢4が正解となる。

Q05 財政の機能

問　我が国の財政に関するA～Dの記述のうち、妥当なものを選んだ組合せはどれか。

（地方上級）

A　我が国の予算は、一般行政に伴う財政活動の予算である一般会計と、政府関係機関や地方公共団体に対し、政策的な投融資のみを行うための予算である特別会計からなる。

B　我が国の財政法は、公共事業費、出資金及び貸付金の財源に充てるための建設国債について、その発行を認めている。

C　我が国の税制は、第二次世界大戦前は直接税中心の税制であったが、戦後、高い累進税率が勤労意欲の妨げになる等の弊害が指摘され、シャウプ税制勧告により間接税中心の税制に改められた。

D　同時に多数の人が利用できるとともに、対価を支払わない人を利用から排除することが困難な財は公共財と呼ばれ、財政は、その供給を通じて、資源配分の機能を担っている。

1　A、B
2　A、C
3　A、D
4　B、C
5　B、D

おさえておきたい
Point　キーワードチェック

◉財政の機能

⑴資源配分機能

市場を通じては供給が困難な財・サービス（（　1　））について政府が補完する機能。

①公共財

消費の非競合性（消費の集団性）、消費の非排除性を同時に満たす財であり、（　2　）では供給されないため政府が供給する。

②外部性

（　3　）：ある経済主体の活動が、他の企業や家計の生産量や効用を増やしたり、生産費用を低下させる効果。（果樹園と養蜂園の関係）

（　4　）：ある経済主体の活動が、他の企業や家計の生産量や効用を低下させたり、生産費用を増加させる効果。（公害）

資源の効率的配分を実現するために、政府が（　5　）や補助金によって介入し、是正することができる。

③費用逓減産業

電力・ガス・鉄道などの公益事業は（　6　）供給のほうが効率的だが、妥当な価格形成を妨げるため、政府による価格の規制が必要となる。

⑵所得再分配機能

最適な資源配分であっても、所得（　**7**　）が公正とは限らず、所得格差の緩和のため政府が是正する必要がある。

①歳入面…（　**8**　）課税制度（高所得者に高負担）

②歳出面…（　**9**　）保障制度（低所得者や社会的弱者に多く分配）

⑶経済安定化機能

財政による景気の調整機能。

①フィスカル＝ポリシー

（　**10**　）財政政策。景気を調節するため、意図的に実施する政策。

過熱期：予算規模の抑制や増税などで（　**11**　）

不況期：政府支出の拡大や減税により（　**12**　）

②ビルト=イン=スタビライザー

財政の中に制度として組み込まれているもの

好況期：（8）課税（所得増で税収が増加、消費や投資を抑制）、（9）保障制度（失業者減で社会保険給付減）→マネー・サプライ減で景気を（　**13**　）

不況期：（8）課税（所得増で税収が減少、消費や投資を刺激）、（9）保障制度（失業者増で社会保険給付増）→マネー・サプライ増で景気を（　**14**　）

1 市場の失敗　**2** 市場メカニズム　**3** 外部経済　**4** 外部不経済　**5** 課税　**6** 独占的　**7** 分配
8 累進　**9** 社会　**10** 裁量的　**11** 需要抑制　**12** 景気刺激　**13** 抑制　**14** 刺激

A05　正解－5

A－誤　一般会計は、国の歳入・歳出を経理する会計であり、特別会計は、国が特定の事業を営んだり、特定の資金を運用する場合の会計である。政策的な投融資を行うための予算は、財政投融資特別会計である。

B－正　財政法４条。公共事業費、出資金および貸付金の財源は、国会の議決を受けた金額の範囲内ならば国債を発行して賄うことができる。

C－誤　戦後日本の税制改革のため、ＧＨＱの要請で、1949 年シャウプ使節団が来日し、直接税を基本とする税制改革、シャウプ勧告を行っている。これに基づき、1951 年から税制改革が行われ、基本的な税体系は現在まで受け継がれている。

D－正　公共財（例：灯台や警察サービス）は、集団で消費を行い（非競合性）、対価を支払わないものを拒めない（非排除性）という性質があり、市場が成立せず（市場の失敗）、政府が供給しなければならない。

Q06 経済政策・国債発行

問　近年のわが国の国債管理政策に関する次の説明文中の、A～Cの空欄に入る語句の組合せとして最も適当なのはどれか。　　（裁判所職員）

わが国の特例公債（通称「赤字国債」）の新規発行額は、1975年度から連続してプラスであったが、好景気を背景として（　A　）には一時ゼロとなった。しかし、1990年代末の不況期に新規発行額が再び増大したため、2001年に発足した小泉政権では、当初「公債発行額の抑制」を公約に掲げた。だが、1999年度から2006年度までの特例公債新規発行額の実績値を見ると、毎年（　B　）兆円から（　C　）兆円の間を維持していた。

	A	B	C
1	1980年代末	20	30
2	1980年代末	30	40
3	1980年代末	40	50
4	1990年代初め	20	30
5	1990年代初め	30	40

おさえておきたい Point　キーワードチェック

◉国債

歳入不足を埋め合わせるために、国および地方公共団体が債券発行をもって金融市場から借り入れる（借金）ものが公債である。国の借金が（　1　）、地方の借金が（　2　）。

⑴建設国債

財政法4条は、（　3　）、出資金および貸付金の財源は、国会の議決を受けた金額の範囲内ならば国債を発行して賄うことができるとしている。この規定により発行される国債が建設国債である。

⑵特例国債

（　4　）国債ともいう。財政法では（　5　）国債以外の国債発行を認めていないが、(3)以外の財源不足を埋め合わせる目的でその都度、単年度立法の（　6　）に基づいて国債が発行されることがある。これが特例国債である。

◉国債発行と財政の硬直化

⑴国債の発行

建設国債は1965（昭和40）年度補正予算以降、特例国債は1975（昭和50）年度～ 1989（平成元）年度、1994（平成6）年度以降の毎年度発行されている。

⑵国債発行の問題点

当然のことではあるが、国債は財政に対して、元本の返済（（　7　））と、（　8　）という二重の負担を与えるものである。国債（　9　）度が高くなると、国債費（国の歳出のうちの国債・借入金の償還に必要な経費、国債・借入金の利子や財務省証券割引料に必要な経費、国債処理に必要な手数料・事務費）が大きくなる。これにより財政赤字累増による利払い費などの増大が、政策的経費として使える予算を圧迫することになる（（　10　））。国債残高は2018（平成30）年度末見込で普通国債・特例公債残高が約883兆円。地方債残高を合わせると国民に対する借金は約1027兆円の巨額に上っており、財政政策の転換が求められている。

◉借換国債

満期の来た国債の（　11　）財源とするため新たに発行される国債。従来から、建設国債については、満期時の現金（11）以外を借換国債によるとしてきたが、法改正により1985年度以降は特例国債の借換えにも発行されている。

◉財投債

財投機関債の発行が困難な特殊法人に融資するために、（　12　）特別会計で国の信用で発行する国債。調達した資金は融資の財源となり、償還・利払いは貸付回収金などで賄う。ただ、通常の国債とあわせて発行され、金融商品としては普通国債と変わりはない。

1 国債　2 地方債　3 公共事業費　4 赤字　5 建設　6 特例法　7 償還　8 利払い　9 依存
10 財政の硬直化　11 償還　12 財政融資資金

出題Point：財政　**一般会計・特別会計**

①一般会計…一般行政に関わる財政活動のための予算。歳入は主に租税、公債金収入。歳出は社会保障関係費、公共事業関係費が一般歳出（政策的経費）。

②特別会計…特定事業・資金運用の予算で、一般会計の規模を上回る。一定の範囲で特別会計の余剰金を一般会計に繰り入れることも可能。

③財政投融資…国の信用で集めた資金を財投機関に融資して運用。郵便貯金・年金積立金の預託義務は廃止されている。

A06 正解－4

A－1990年代初め

1990年から1993年までは、好景気による税収増や財政再建策により、特例法による特例国債（赤字国債）は発行されていない。

B－20（兆円）

C－30（兆円）

2009年から新規発行額40兆円超えが続いたが、平成28年の新規国債発行額（特例国債・建設国債）は、34.4兆円になっている（当初予算）。さらに復興債、借換債、財投債を合わせると、国債発行総額は合計162.2兆円である。

Q07 金融政策

問　中央銀行の金融政策に関する次の記述のうち、妥当なものはどれか。　（国家一般）

1　マネー・サプライとは、中央銀行及び市中金融機関から供給され、企業・個人・地方公共団体等が保持している現金通貨の総量をいい、金融情勢の把握や金融政策の運営に際して重要な指標となるとともに、物価をはじめ経済の各面に大きな影響を与える。

2　貸出政策は、中央銀行が市中銀行に対して行う貸出しの金利または貸出しの総量を調節することをいい、市中銀行の経営の健全化を指導することを主な目的としている。

3　窓口規制は、貸出増加額規制とも呼ばれ、市中銀行の企業等に対する貸出増加額や貸出残高増加率等について、中央銀行が限度枠を示すものであり、金融政策の大きな柱の一つとされている。

4　手形債券売買操作は、中央銀行が手持ちの手形や債券を直接にまたは市場を介して売買するもので、中央銀行の優越性を放棄するものであるので、政策的効果は弱く、マネー・サプライ管理政策としては例外的な手段とされている。

5　支払準備率操作は、市中銀行が受け入れた預金の一定割合を中央銀行に預け入れるよう義務づけ、この割合を中央銀行が政策的に変更することをいうが、本来、預金者保護制度であったものが、市中銀行の資金量を調節する手段となったものである。

おさえておきたい
Point　キーワードチェック

◉日本銀行の役割

日本銀行法に基づく（　1　）法人としての株式会社（資本金1億円。うち55％が政府出資）であるが、日本の経済・金融システムの中枢機関として次のような重要な役割を担う。

⑴通貨の発行・発行量調整

法定通貨である日本銀行券を発行する唯一の（　2　）銀行。経済の動きにより通貨発行の（　3　）調整を行う。

⑵銀行の銀行

市中金融機関と預金の受入れ、貸出し、手形再割引、（　4　）の売買などの取引を行う。

⑶政府の銀行

（　5　）の出納、公債発行･償還事務の代行、外国為替の管理･決済など政府の金銭面の管理を行う。

⑷金融政策の実施

国の中央銀行として（　6　）政策を行う。最高政策決定機関は（　7　）(総裁､副総裁2人､審議委員6人の9人で構成。1998年施行の改正日銀法で政府からの独立が強化され、政府代表委員は廃止)。

◉金融政策の効果（金融緩和と金融引締め）

⑴公開市場操作

利子率、金利体系に大きな影響。

不況期→買いオペ（マネー・サプライ増大）→金利（ 8 ）・貸出（ 9 ）→景気刺激

好況期→売りオペ（マネー・サプライ減少）→金利（ 10 ）・貸出（ 11 ）→景気抑制

⑵支払準備率操作

本来は預金者保護制度。

不況期→支払準備率引下げ（マネー・サプライ増大）→金利（8）・貸出（9）→景気刺激

好況期→支払準備率引上げ（マネー・サプライ減少）→金利（10）・貸出（11）→景気抑制

1 認可　2 発券　3 量的　4 有価証券　5 国庫金　6 金融　7 日銀政策委員会　8 下げ
9 増加　10 上げ　11 減少

A07 正解－5

1－誤　マネー・サプライ（マネー・ストック、貨幣供給量）とは、経済主体（民間の非金融部門）が保有する通貨の総量である。現金通貨だけではなく、普通預金、当座預金、定期預金、外貨預金、譲渡性預金（CD）なども含む。

2－誤　貸出政策とは、市中銀行への貸出金利である政策金利（従来の公定歩合）を操作することで市中銀行の貸出金利を上下させ、民間経済へ影響を与えようとするものである。

3－誤　窓口規制は、民間金融機関の貸出額の増加量に上限を設定し、通貨量をコントロールする直接的信用統制手段である。市中銀行の協力を前提とした「道徳的説得」の一種であり、資金繰りの指導や貸出増加額の規制を含むが強制力はなく、政策の柱とはいえない。

4－誤　これが公開市場操作であり、金融政策の一つである。この政策は中央銀行自身が主導権を発揮でき、機動的・弾力的に操作できるという特徴を持っている。

5－正　金融政策の柱の一つであり、その効果は金融機関に対して直接的、かつ持続的な特徴があった。ただ、公開市場操作ほど弾力的に運営しにくく、現在では諸外国でも金融政策として用いられることは少なくなっている。

第2章 経済 Level 1

Q08 日本経済史

問　第二次世界大戦後の我が国の経済史に関する記述として最も妥当なのはどれか。

（国家一般）

1　1960年代を通して、個人消費や設備投資などの内需が低迷したことから、我が国の企業は需要を海外に求めて輸出を伸ばした。その結果、大幅な貿易黒字が発生し、自動車や半導体をめぐる貿易摩擦が欧米諸国との間で深刻化した。

2　1970年代前半に策定された「国民所得倍増計画」では、完全雇用を維持しつつ、10年間に実質国民所得を2倍にするという目標が設定された。このため、我が国の経済は、景気過熱とインフレーションが共存する「スタグフレーション」に直面した。

3　1980年代前半のニクソンショックにより円安ドル高が進展し、民間設備投資ブームが生じたため、景気拡張の期間が57か月に及ぶ大型景気が到来した。この景気は巨額の税収をもたらしたことから、1980年代半ばには、赤字国債の残高はゼロになった。

4　1980年代後半には、低金利政策などによって生じた余剰資金が、株式や土地購入などへの投機に向かったため、株価や不動産価格などの資産価格は高騰した。一方、この時期、卸売物価、消費者物価は、資産価格のような大きな変化はなかった。

5　1990年代初頭、政府は我が国の経済を「ゆるやかなデフレにある」と認定し、デフレ脱却のための各種措置を講じた。その一環として実施された量的緩和政策は、積極的な財政支出により有効需要を刺激しようとするものであった。

おさえておきたい
Point　キーワードチェック

◉高度経済成長期（1950～60年代）

⑴朝鮮特需景気

1950年からの（　1　）による軍需物資需要で戦後初めての好景気(山は51年6月)。その後、金属、機械、セメント、肥料などの輸出が急伸。51年には実質GDPは戦前の水準を超え、民間設備投資も（　2　）工業を中心に急伸。

⑵神武景気（1954年11月～1957年6月）

（　3　）投資の拡大、輸出の伸長、米豊作などが原動力。（　4　）と呼ばれた電気冷蔵庫、電気洗濯機、白黒テレビが消費を牽引。「もはや戦後ではない」(戦後復興期終了)。

⑶岩戸景気（1958年6月～1961年12月）

（3）投資が活況、実質経済成長率は59年9.2%、60年14.1%、61年15.6%を記録。60年、（　5　）内閣は「所得倍増計画」を発表。

⑷オリンピック景気（1962年10月～1964年10月）

建設ラッシュと（2）工業製品を主とする輸出の好調な伸び。

⑸昭和40年不況（証券不況）

過剰設備投資、労働力不足で大型企業が次々に倒産。証券業界救済のために戦後初めて

（　6　）を実施。65年政府は財政建直しのため（　7　）発行。

⑹いざなぎ景気（1965年10月～1970年7月）

再び高度成長過程に入り、66年から70年にかけて年実質ＧＮＰ成長率約11％の2ケタ成長。西側諸国では（　8　）を抜きアメリカに次ぐＧＮＰ世界2位に。

◉石油ショック後・安定成長期（1970～90年代）

⑴ニクソン・ショック

1971年8月、ニクソン米大統領は、ドルと金との（　9　）措置を主とするドル防衛策を発表。日本は円切上げを実施するが、対米輸出に頼っていた（　10　）業界に大きなダメージ。

⑵石油危機

1973年10月、OAPEC（アラブ石油輸出国機構）の石油生産削減・供給制限、OPEC（石油輸出国機構）の（　11　）の70％値上げで、日本は未曾有の経済危機に陥る。

⑶第2次石油危機

OPECは1979年、2度の原油値上げ。6月アジア初開催の（　12　）の主要議題。

⑷プラザ合意

急激な円高の進行は、日本に深刻な（　13　）不況をもたらす。対策としての海外への直接投資（企業進出）が増大。（　14　）の増加で日本の貿易収支の黒字は急激に縮小。

⑸平成景気

円高景気、バブル景気。1986年11月～91年2月。円高に支えられた資金力による（3）投資の活況化、投資意欲の上昇から（　15　）価格が高騰し、好景気をもたらす。

1 朝鮮戦争　2 重化学　3 設備　4 三種の神器　5 池田勇人　6 日銀特融
7 特例国債（赤字国債）　8 西ドイツ　9 交換停止　10 繊維　11 原油価格
12 東京サミット　13 円高　14 輸入　15 資産

A08 正解－4

1－誤　60年代の景気は内需にも支えられており、貿易黒字（貿易摩擦）が問題となったのは70年代に入ってからである。

2－誤　所得倍増計画は1960年。またスタグフレーションは不況とインフレの共存であり、1973年末の第1次石油危機により発生した。

3－誤　ニクソンショックは1971年で円高・ドル安が進展し輸出産業に打撃を与えた。赤字国債の残高はバブル景気の1990年にゼロになっている。

4－正　1986年からのバブル景気についての記述である。

5－誤　政府がデフレ認定をしたのは2001年3月になってからである。デフレ解消には超過供給を解消する総需要の促進（金融政策・財政政策）が必要であるが、量的緩和は日銀の当座預金残高を増加させる金融緩和政策であり、財政支出の拡大ではない。

Q09 世界経済史

問　1980年以降の国際経済動向に関する次の記述のうち、妥当なものはどれか。

（地方上級）

1　プラザ合意では、ドル安是正のため各国が外国為替市場に協調介入することが決められた。

2　ウルグアイ・ラウンドでは、知的所有権やサービス貿易などが新たな交渉の対象として加えられた。

3　日米構造協議において、アメリカはわが国に対し、輸出自主規制や市場開放を要求したが、経済政策や商慣行などの是正は要求しなかった。

4　スーパー301条は、アメリカの包括的通商法の規定であり、自由な貿易活動を促進するため、貿易の相手国に対する輸入課徴金の廃止を定めている。

5　マーストリヒト条約は、欧州連合加盟国（EU）の通貨を単一化するプログラムを定めたが、共通外交や共通市民権を内容とする政治統合については定めなかった。

おさえておきたい
Point　キーワードチェック

◉ブレトン=ウッズ体制

⑴ブレトン=ウッズ協定

戦後の（　1　）安定、（　2　）振興、戦災国復興・発展途上国開発のための国際協力体制。

①IMF（（　3　））

為替制限の撤廃と、短期融資による為替の安定化によって国際貿易の促進。

※SDR（IMF特別引出し権、外貨不足の国がIMF指定の国に供給）

②IBRD（国際復興開発銀行、（　4　））

戦災国の復興と発展途上国の開発のための長期的資金および技術援助の提供。

⑵ブレトン=ウッズ体制を補完する貿易体制

GATT（（　5　））は、高関税、輸入数量制限などの貿易上の制限を撤廃して自由貿易を促進。

◉ブレトン=ウッズ体制の変容

⑴アメリカの国際収支悪化

1960年代半ば（　6　）の経済力上昇によりアメリカの国際収支は悪化し、（　7　）準備は大幅に減少した。

⑵ニクソン・ショック

1971年8月、ニクソン米大統領は（7）とドルとの交換一時停止を発表した。これによって、ブレトン=ウッズ体制（IMF体制）は実質的に崩壊した。

⑶スミソニアン体制

ドルの切下げ、ドルに対する各国通貨の切上げ、（　8　）為替相場制の継続。

⑷変動為替相場制

ドルへの信頼は回復せず通貨危機が相次ぎ、主要国は変動為替相場制に移行した。

⑸キングストン体制

変動相場制への移行を承認。（ 9 ）は各国の市場介入監視、政策協調の協議機関としての性格が強まる。（9）の融資制度はその後も東南アジアの通貨危機を救済している。

◉ウルグアイ・ラウンドとGATTの変容

⑴ウルグアイ・ラウンドの合意事項

①モノの関税引下げ、（ 10 ）障壁の撤廃だけでなく、サービス・（ 11 ）所有権などにも自由貿易の原則を拡大。

②農産物は原則として（10）措置を廃止し、（ 12 ）化する。日本のコメは特例措置により6年間（12）化が猶予され、その間、国内消費量の4～8%を（ 13 ）として輸入する。

③アンチダンピング、補助金、セーフガード措置などの貿易措置の運用・手続きの明確化。

④合意事項実施のための国際機関（世界貿易機関・WTO）の設置。

⑵WTO（世界貿易機関）

国連の関連機関の一つとして1995年1月に設立された国際貿易機関。（ 14 ）の任務を引き継ぐとともに、以前はなかった強力な権限をもって国際貿易の自由化・貿易ルールづくり、紛争処理などに当たる。対象範囲がモノに限らずサービス・(11) 所有権などを含み、紛争処理には（ 15 ）方式（すべての国が反対しない限り実施）で当たること、閣僚理事会を最低2年に1回開くことなどが（14）と異なる。

1 国際通貨　2 自由貿易　3 国際通貨基金　4 世界銀行　5 関税および貿易に関する一般協定
6 欧州・日本　7 金　8 固定　9 IMF　10 非関税　11 知的　12 関税
13 ミニマム・アクセス　14 GATT　15 ネガティブ・コンセンサス

A09　正解－2

1－誤　1985（昭和60）年9月のプラザ合意では、いきすぎたドル高を是正すべく各国がドル売りの協調介入を行うことを決めた。これにより、日本の対ドルレートは250円から150円程度に大幅に上昇した。

2－正　1991年12月のドンケル案により、「例外なき関税化」が提示された。

3－誤　日米の構造的貿易不均衡を是正する目的で、1989年ブッシュ大統領が提案した。貿易不均衡の主因が日本市場の閉鎖性にあるとして、公共投資の拡大や流通システムの改善、さらには排他的商慣行の除去や独禁法の運用も要求した。

4－誤　スーパー301条は、アメリカが貿易相手国を「不公正」だと認定すれば、一方的に制裁を発動できるものであり、保護貿易的な内容である。

5－誤　マーストリヒト条約は「経済統合」や「市場統合」だけでなく、共通の外交政策や安全保障政策、さらには司法・市民権も含む「政治統合」をめざす。

Q10 利潤最大化

問 グラフはある企業の限界費用と平均費用を表している。価格水準がP_0であるとき、この企業の生産量と利潤に関する次の記述のうち、妥当なものはどれか。 (地方上級)

1 企業の生産量がY_1であるとき、企業は1単位生産量を減らすことでより多くの利潤を獲得できる。

2 企業の生産量がY_2であるとき、企業は1単位生産量を減らすことでより多くの利潤を獲得できる。

3 企業の生産量がY_3であるとき、企業は1単位生産量を増やすことでより多くの利潤を獲得できる。

4 企業の生産量がY_4であるとき、企業は1単位生産量を減らすことでより多くの利潤を獲得できる。

5 企業の生産量がY_5であるとき、企業は1単位生産量を増やすことでより多くの利潤を獲得できる。

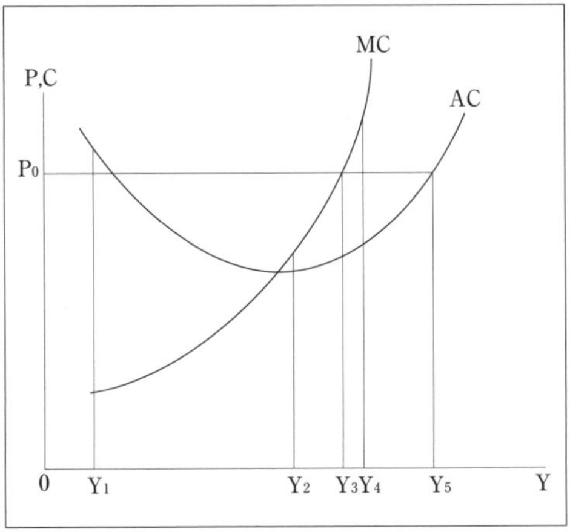

PointCheck

◉損益分岐点と操業停止点（キーワードチェック P115参照）

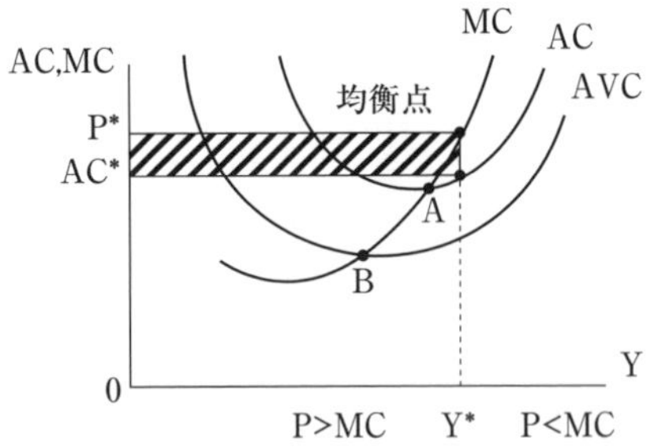

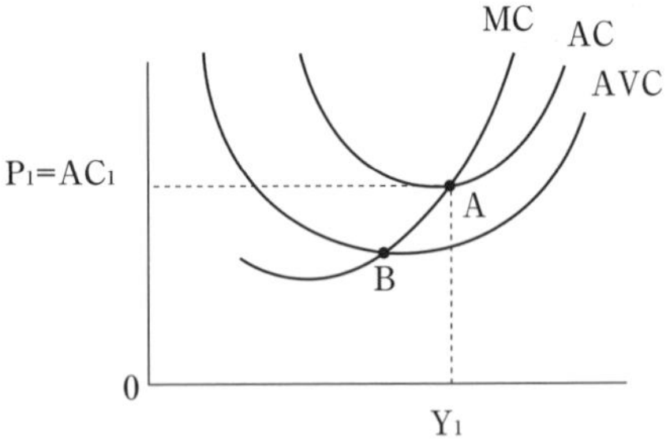

(1)価格がＡＣ曲線の最低より高い
①利潤を得ながら生産を続行
②利潤＝$P^* \times Y^* - AC^* \times Y^*$(斜線部)

(2)価格がＡＣ曲線の最低と等しい
①利潤は０だが、生産を続行
②ＡＣ曲線の最低点Ａ：損益分岐点

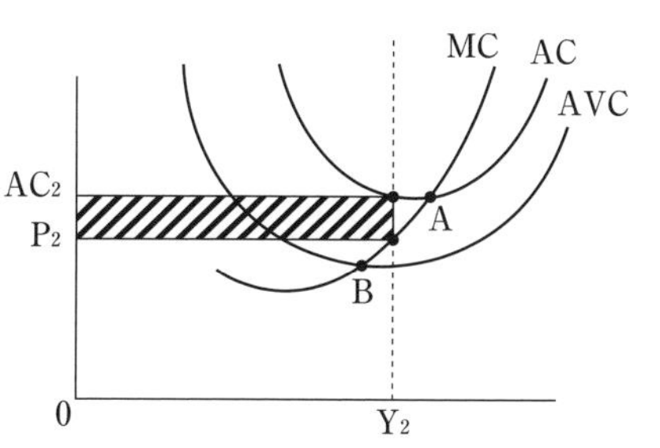

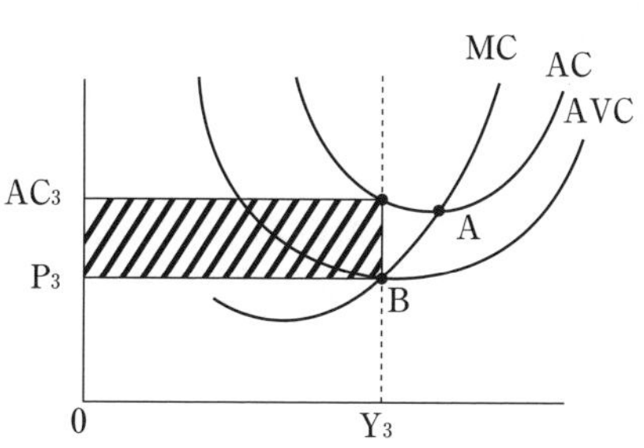

⑶価格がＡとＡＶＣ曲線の最低点Ｂとの間
①負の利潤（赤字､斜線部）が生ずるが、生産を続行
②生産を停止しても支払わねばならない固定費用の額（(ＡＣ－ＡＶＣ）×Ｙ）よりは赤字額が小さいため、固定費用をいくらか回収できる。

⑷価格がＡＶＣ曲線の最低点Ｂと等しい
①赤字額が固定費用の額と等しく、ここまで生産は続行。
②ＡＶＣ曲線の最低点Ｂ：操業停止点（生産停止点）

Level up Point!

各公式の導出や計算などの専門的部分を掘り下げるよりも、結論に至る流れと常識的な知識を説明する枠組みだけ理解しよう。一般常識である損益分岐・操業停止については、グラフで理解ができれば、教養レベルでは十分。

A10 正解ー4

1－誤　利潤の最大化と生産量を決めるのは､価格 P_0（＝追加収入）と限界費用 MC（＝追加費用）である。生産量が Y_1 であるとき、グラフより、P_0 ＞ MC なので、生産量を増やすことでより多くの（追加）利潤が獲得できる。

2－誤　生産量が Y_2 であるときも、1 と同様に P_0 ＞ MC なので、生産量を増やすことでより多くの（追加）利潤が獲得できる。

3－誤　生産量が Y_3 であるとき､ちょうど価格と限界費用とが等しく（P_0 ＝ MC）なっており、利潤が最大化されているので生産量を増やすことも減らすこともしない。

4－正　生産量が Y_4 であるとき、グラフより P_0 ＜ MC となっており、生産を続けると 1 単位あたりで損失（赤字）が発生することになるので、Y_3 まで 1 単位生産量を減らすのである。

5－誤　4 と同様に、生産量を Y_3 まで減らすことで利潤を最大化できる。

Q11 ゲームの理論

問 **ある寡占市場において、A国の企業aとB国の企業bが新技術の開発競争問題に直面している。この技術開発では、市場全体で80万ドルの利益を見込めるものの、両方の企業が開発に成功すると、利益を半々に分け合う形になる。また、開発に当たっては、1社当たり50万ドルの費用がかかる。**

ここで、A国政府が企業aに対して20万ドルの開発補助金を支給する場合と、いずれの企業も補助金を支給されない場合のそれぞれについて、次のア〜エの記述のうち、妥当なもののみをすべて挙げているのはどれか。

なお、各企業は、相手企業に関する情報を完全に入手しており、その情報に基づいて自らの行動を決定するものとする。また、開発に伴う不確実性は存在せず、費用さえかければ必ず開発に成功するものとする。 （国税専門官）

ア 補助金が支給されていないとき、企業bの行動にかかわらず、企業aは必ず開発を行う。
イ 補助金が支給されていないとき、企業aの行動にかかわらず、企業bは必ず開発を行う。
ウ 企業aに補助金が支給されるとき、企業bの行動にかかわらず、企業aは必ず開発を行う。
エ 企業aに補助金が支給されるとき、企業aの行動にかかわらず、企業bは必ず開発を行う。

1 ア、イ、ウ　2 ア、エ　3 イ　4 ウ　5 ウ、エ

PointCheck

◉ゲームの理論

ゲームの理論とは、一定の条件・制約・情報の下で、複数の主体（プレーヤー）が相互に作用（駆け引き）しあい行動する時の、意思決定に関する研究である。ここでは、相手の戦略が自分にどう影響するか、逆に自分の戦略で相手がどう出るかを判断し、自分の利益最大化あるいは損失最小化を図る最適戦略を分析し、行動の意思決定をすると考えていく。

◉囚人のジレンマ

犯罪の共犯者としてAとBが逮捕され、別の場所で取調べを受けているとする（非協力ゲーム、自分の利益を最大にするように行動）。A・Bには自白するか黙秘するかで、2人とも黙秘ならともに3年の刑、2人とも自白すればともに5年の刑、一方だけが司法取引に応じて自白すれば執行猶予となり他方は8年の刑となる。

この場合、Aとしては、Bが自白するなら自分も自白したほうが刑は軽くなる。Bが黙秘するなら自分は自白して執行猶予となったほうがよい。Bも同じであるので、結局2人は自白することになり、5年の刑を受けることとなる。

結果として、自分の利益だけ考えて意思決定をすると、3年または執行猶予を期待しながら、より重い5年の刑になってしまうことが「囚人のジレンマ」である。

		B	
		自白	黙秘
A	自白	（5年、5年）	（0、8年）
	黙秘	（8年、0）	（3年、3年）

このジレンマを解消するには、非協力ゲームの前提を外し、協力して黙秘し短い3年の刑を受けることである。

Level up Point! 教養試験で問われる経済理論は、グラフや表で説明できる表面的なものが中心なので、本問のようなゲームの理論でも利得表が作れれば難しい問題ではない。

A11 正解ー4

a社のみだと、80万－50万＝30万の利得。b社のみでも同じ30万ドル。しかし、a・b両社が開発すると、80万÷2－50万＝－10万と損失が生じる。以下、表にまとめる。

※（a社の利得、b社の利得）であらわす。

		b社	
		開発成功	開発せず
a社	開発成功	（－10万、－10万）	（30万、0）
	開発せず	（0、30万）	（0、0）

ここで、b社が開発しないケースでは、a社は開発すれば30万、しなければ0となるので、開発する。しかし、b社が開発するケースでは、a社は開発すれば－10万、しなければ0となり、開発しない。b社も同じ状況で、必ず開発するというア・イは妥当ではない。

次に、補助金が支給されると、a社には20万が加わるので、下の表となる。

		b社	
		開発成功	開発せず
a社	開発成功	（10万、－10万）	（50万、0）
	開発せず	（0、30万）	（0、0）

ここで、b社が開発しないケースでは、a社は開発すれば50万、しなければ0。b社が開発するケースでは、a社は開発すれば10万、しなければ0となる。いずれも開発すれば利益が見込まれるので、開発することになる。ウは妥当である。

逆に、a社は必ず開発するとb社は判断できるので、b社は開発すれば－10万、しなければ0となり、必ず開発しないことを選択する。

第2章 経済 Level 2

Q12 IS 曲線・LM 曲線

問　図は、生産物市場での均衡をもたらす国民所得と利子率との関係を示すIS曲線、また貨幣市場での均衡をもたらす国民所得と利子率との関係を示すLM曲線を示したものである。

政府支出を増加させる財政政策又は貨幣供給量を増加させる金融政策が採られた場合の結果についてのア～オの記述のうち、妥当なもののみをすべて挙げているのはどれか。　(国税専門官)

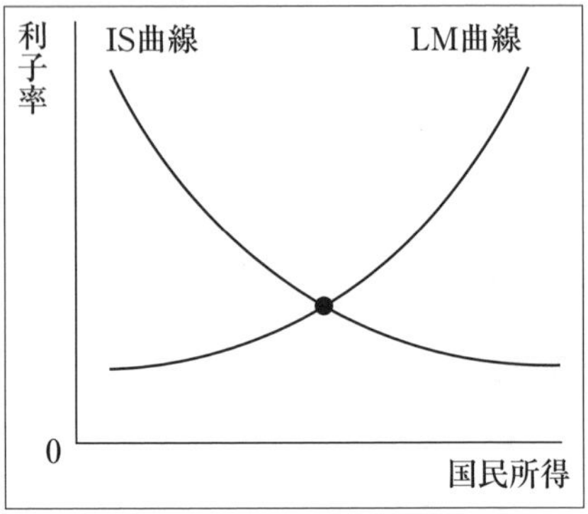

ア　政府支出を増加させた場合、IS曲線は左下方にシフトする。
イ　政府支出を増加させた場合、IS曲線は右上方にシフトする。
ウ　貨幣供給量を増加させた場合、LM曲線は左上方にシフトする。
エ　貨幣供給量を増加させた場合、LM曲線は右下方にシフトする。
オ　政府支出の増加と貨幣供給量の増加を同時に行った場合、国民所得は減少する。

1　ア、ウ
2　ア、ウ、オ
3　ア、エ
4　イ、ウ
5　イ、エ

PointCheck

◉IS曲線

財市場が均衡する利子率（r）と国民所得（Y）の組み合わせを表す曲線で、利子率が上がると国民所得が減少し、利子率が下がると国民所得が増加することを示す。

◉IS曲線の性質

⑴右下がりの曲線
①利子率（r）の低下　→　②投資が増加　→　③需要増加　→　④財市場で超過需要　→　⑤在庫減少　→　⑥生産増加（Y増加）
⑵IS曲線上の点で財市場は均衡
⑶消費、投資、政府支出の増加で右上方シフト

①消費の増加　→　②国民所得の増加　→　③IS曲線は元の曲線の右側に移動
⑷消費、投資、政府支出の減少で左下方にシフト
①消費の減少　→　②国民所得の減少　→　③IS曲線は元のISの左側に移動

◉LM曲線

貨幣市場が均衡する利子率と国民所得の組み合わせを表す曲線で、利子率が上がると国民所得が増加し、利子率が下がると国民所得が減少することを示す。

◉LM曲線の性質

⑴右上がりの曲線
①利子率（r）の上昇　→　②投機的貨幣需要の減少　→　③貨幣市場で超過供給が発生　→　④貨幣供給は固定なので、国民所得が上昇して貨幣需要が増加
⑵LM 曲線上の点で貨幣市場は均衡
⑶貨幣供給量の増加で右下方シフト
①国民所得は固定して貨幣供給量を増加させる　→　②貨幣市場で超過供給　→　③利子率が低下　→　④LM曲線は元の曲線の右側に移動
⑷貨幣供給量の減少で左上方シフト
①国民所得は固定して貨幣供給量を減少させる　→　②貨幣市場で超過需要　→　③利子率が上昇　→　④LM曲線は元の曲線の左側に移動

◉財市場と貨幣市場の同時均衡

IS曲線とLM曲線の交点で、財市場と貨幣市場の両方が同時に均衡する利子率と国民所得が決定される。

Level up Point!　やはり、IS・LM曲線の導出や分析よりも、結果としてどうなるか、その過程がどう違うかといった基本的モデルの理解が重要。覚えるのではなく、筋道を追えることが大切である。

A12　正解ー5

アー誤　政府支出を増加させた場合、IS曲線は「右上方」にシフトする。
イー正
ウー誤　貨幣供給量を増加させた場合、LM 曲線は「右下方」にシフトする。
エー正
オー誤　IS 曲線は「右上方」、LM 曲線は「右下方」にシフトするので国民所得は「増加」する。

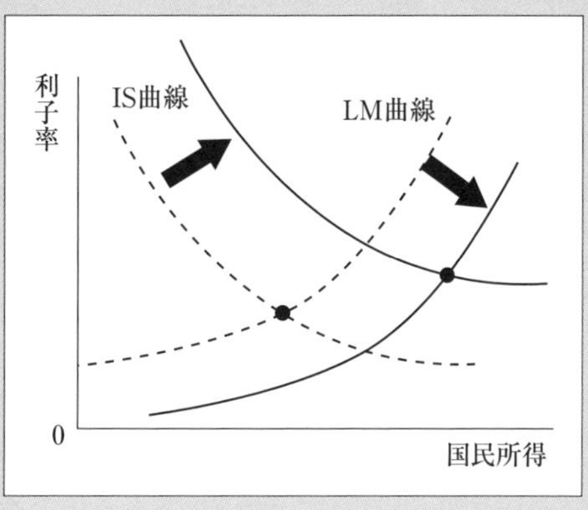

Q13 経済成長

問 ハロッド＝ドーマーの成長理論では、資本係数や貯蓄率を不変と仮定している。労働力の増加率が1%、技術進歩率が2%、資本係数が4、貯蓄性向が0.16のとき、保証成長率、自然成長率の正しい組み合わせは次のうち、どれか。 （地方上級）

	保証成長率	自然成長率
1	2％	2％
2	3％	2％
3	3％	3％
4	4％	3％
5	4％	4％

PointCheck

◉経済成長

経済成長とは、拡大していく一国の経済規模をさすが、この変化の測定にはGDP（国内総生産）の変化率で表す。

①経済成長率：GDP（国内総生産）の対前年度増加率

$$\text{今年度の経済成長率} = \frac{\text{今年度のGDP}-\text{昨年度のGDP}}{\text{昨年度のGDP}} \times 100$$

※昨年度のGDP＝500兆円、今年度のGDP＝520兆円とすると、

$$\text{経済成長率} = \frac{520\text{兆円}-500\text{兆円}}{500\text{兆円}} \times 100 = 4\%$$

②名目GDP・実質GDP

GDPは、一年に生産された財について市場価格に生産量をかけて、生産された価値の総額を算出する。したがって、物価が上昇して財の価格が2倍になればGDPは2倍になる。このように、物価上昇分を含んだ形で推計されるGDPが名目GDPである。

名目GDPの比較では、GDPが2倍になったからといって、経済の規模が2倍になったとはいえず、物価変動の影響を除いて経済の状況を知る必要がある。実質GDPは、名目GDPから物価上昇率を取り除いたものである。

③名目成長率・実質成長率

名目成長率は、GDPの金額の中に物価上昇分を含んだ数値により求めた成長率。

実質成長率は、名目成長率から物価上昇率を取り除いた成長率。

{ 実質GDP＝名目GDP÷GDPデフレーター（物価指数）
{ 実質GDP成長率（％）＝名目GDPの成長率（％）－物価上昇率（％）

※GDPデフレーターがプラスであればインフレ、マイナスであればデフレ。

		名目GDP成長率	
		高	低
実質GDP成長率	高	高度成長	デフレ経済
	低	インフレ経済	低成長

◉ハロッド=ドーマーの成長理論

ケインズの弟子だったハロッドが構築した長期の経済成長論である（ドーマーも同理論を提示）。財市場の均衡条件から、成長率（G）は貯蓄率（s）を資本係数（v）で割ることで求められることを提示した。

資本係数（v）とは、財を1単位生産するのに、何倍の資本量が必要かを表す比率。

①現実成長率（G）：一国全体で実現される現実の成長率

$$G = \frac{s}{v} = \text{貯蓄率÷資本係数}$$

②保証成長率（G_w）：企業にとって望ましい成長率（＝資本の完全利用を保証する率）

$$G_w = \frac{s}{v_r} = \text{貯蓄率÷必要資本係数}$$

※資本係数 v_r：企業にとって望ましい資本係数

③自然成長率（G_n）：完全雇用を実現する成長率（一国最大の成長率）

$G_n = n + \lambda$

※n：労働人口の成長率、λ：技術進歩率＝労働生産性の上昇率（λがない場合もある）

Level up Point!

本問のような計算問題の出題は多くはないが、成長論の出題レベルはここまでである。つまり、おおむね公式を理解して、あてはめるだけ。国民所得（Y、GDP）との関係を意識して覚えれば難しくはない。

A13 正解ー4

問題の意味を理解したら、単純に公式にあてはめる。

保証成長率：$G_w = s / v$ ＝貯蓄率／資本係数＝ 16%／4＝4%

自然成長率：$G_n = n + \lambda$ ＝労働力の増加率＋技術進歩率＝ 1%＋2%＝3%

Q14 景気動向

問　わが国の景気判断に関する次の説明文中のＡ～Ｄの空欄に入る語句の組合せとして最も適当なのはどれか。　（裁判所職員）

景気判断を行う資料として、いわゆる「短観」と呼ばれる全国企業短期経済観測調査が用いられるが、これは、（　Ａ　）が年に（　Ｂ　）回、全国の企業約１万社に対して行っている統計調査である。この調査は企業が経済環境の現状や先行きについてどうみているかという項目や売上高、収益、設備投資額といった事業計画の実績・予測値など広範な項目に及ぶものであり、特に景気の先行きを示すものとして重視されている項目は（　Ｃ　）である。また、内閣府から公表される（　Ｄ　）は、政府の正式な景気の現状判断が示されており、そこで示される景気認識がその後の政府の経済運営の重要な資料となる。

	Ａ	Ｂ	Ｃ	Ｄ
１	日本銀行	2	雇用人員判断DI	金融経済月報
２	財務省	3	業況判断DI	月例経済報告
３	日本銀行	3	雇用人員判断DI	月例経済報告
４	財務省	4	雇用人員判断DI	金融経済月報
５	日本銀行	4	業況判断DI	月例経済報告

PointCheck

◉景気動向の判断

⑴経済成長率

GDP（国内総生産）がどれだけ成長したかを示す指標であり、国全体の経済を見るためには最も重要である。特に、景気好調の要因が、個人消費・設備投資・海外への輸出の伸びのいずれであったかを判断する点で基本となる資料である。しかし、これらのデータは、内閣府が四半期ごとに集計する「国民所得統計」で示され、公表が遅くなることから現時点での判断材料にしづらいことが問題点となる。

⑵日銀短観

景気動向を判断する際に、企業経営者の実感を表わす指標となる。日本銀行が3か月ごとに行う景況感に関するアンケートで、業況が良いと判断する経営者比率が悪いと判断する経営者比率をどの程度上回るかを示すものである。計数調査と判断調査に分けられるが、なかでも業況判断を中心としたデータ（業況判断DI）、特に大企業製造業の業況判断DIが、景気動向の判断での注目度が高い。比較的速報性が高いが、経営者の実感という主観的な指標なので、客観性が問題視されることもある。

⑶景気動向指数

内閣府が毎月発表する景気動向指数は、景気を敏感に反映する経済データから29指標を先行系列・一致系列・遅行系列に分類し、総合的に景気の現状把握および将来予測を行うためのものである。コンポジット・インデックス（CI）とディフュージョン・インデックス（DI）の2種類がある。

- 先行系列：新規求人数、新設住宅着工床面積、東証株価指数など
- 一致系列：生産指数、商業販売額、有効求人倍率など
- 遅行系列：家計消費支出、法人税収入、完全失業率など

DIは、景気の各経済部門への波及の度合いを表す指標であり、景気拡大局面か後退局面かを判断する。機械的であるため客観性の点で優れているが、景気変動の方向を示すものであり、景気の力強さ、量的な判断はできない。

CIは、DIの欠点を補うため、景気の変動の強弱を定量的に計測する指標である。DIでは計測できない景気の山の高さや谷の深さ、拡張や後退の勢いといった景気の「量感」を計測することができる。

⑷月例経済報告

毎月政府が景気についての公式見解を公表する報告書であり、民間データも含めた個別データを利用して、総合的な景気の基調判断がなされる。加えて、GDP、個人消費、設備投資、住宅建設、公共投資、輸出入、企業収益、雇用、物価、海外情勢などの動向の個別判断もなされる。

Level up Point!

新聞の経済欄・日本経済新聞などでは、短観や月例経済報告は頻繁に取り上げられている。実際の経済的視点を身につけるのは簡単ではないが、結局、日頃から経済用語に接しているかどうかが重要。

A14 正解－5

A－日本銀行

統計法に基づいて行う統計調査であり、全国の企業動向を的確に把握し、金融政策の適切な運営に資することを目的としている。

B－4

毎年3・6・9・12月に調査し、それぞれ4月・7月・10月の初旬と12月中旬に調査結果を公表している。

C－業績判断DI

調査回答率は99％で、翌月には業種別・規模別等に分類され集計結果が発表されるため、短期的な景気判断として利用される。

D－月例経済報告

関係閣僚会議に経済財政政策担当大臣が提出し、了承を得た上で政府公式見解となる。

Q15 財政制度

問　わが国の税制等に関する次の記述のうち、妥当なものはどれか。　（国家一般）

1　わが国は、先進諸国の中ではアメリカと並び直接税の割合が高いが、直接税は間接税と比較すると景気の変動を受けにくく税収が安定するという特徴がある。
2　バブル期の異常な土地の値上がりに対する反省から地価税が導入されたが、土地の値下がりや企業収益の悪化により土地の流動性を高める必要性が生じたことから1993年に廃止された。
3　税金は金納であることが原則であるが、相続税については金銭納付が困難な場合に物納が認められることもある。相続税の物納はバブル経済の影響により急増した。
4　わが国の税制は、以前から「クロヨン」などの言葉に代表されるように職種により不公平感があったが、消費税の導入により、自営業者や農家の所得の捕捉が困難となり不公平感が増した。
5　国民所得に対する租税負担額、および年金や医療保険にかかる支払い保険料である社会保障負担額の比率を示す国民負担率は、近年急速な高齢化の進展により上昇を続けており、1990年代の初頭には50％を超えた。

PointCheck

◉直接税と間接税（景気変動と関係の深い直接税）

⑴直接税

法律上の納税義務者と租税負担者が一致している税（所得税、法人税、相続税、贈与税、地価税など）。特徴として、①経済力のある者が高負担、②個人の所得税は高所得ほど税率が高くなる、③景気変動で税収が左右される、などがある。

⑵間接税

法律上の納税義務者と租税負担者が不一致の税（消費税、酒税、たばこ税など）。特徴として、①経済力に関係なく一律徴収で徴収が容易、②低所得者層に負担が重い、③景気変動に影響を受けにくいとされる。

⑶租税の比率

①直間比率…直接税と間接税の税収割合。
②租税負担率…国民所得に対する租税負担(国税＋地方税)の割合。
③国民負担率…国民所得に対する租税負担と社会保障負担の割合。日本は30％台後半。

◉垂直的公平と水平的公平

⑴垂直的公平

タテの公平。租税は、その負担能力の大きい者により大きい税額を負担してもらうべきだという考え方。直接税、特に所得税（累進課税で高所得者に高い税率が課せられる）は、垂直的公平確保に優れた税。

⑵水平的公平

ヨコの公平。租税は、その負担能力が等しい場合は等しい税額を負担するべきだという考え方。間接税、特に消費税は水平的公平確保に優れた税。

⑶水平的公平の阻害要因

①クロヨン問題

個人の職業によって税務当局の所得金額の捕捉率に格差が存在すること。実際の所得金額が同じでも、納税額に大きな差が生じ、水平的公平を損なうことになる。

②不公平税制

特定の納税者の税金、減免の特別措置のうち、医師優遇税制、公益法人の優遇税制などは、租税負担の公平を犠牲にした不公平税制と指摘された。

Level up Point!

税制・社会保障の大きな改革が叫ばれる中、現行制度の詳細知識を出題することはできないだろう。財政の大きな枠組み、考え方の方向性、その歴史的背景がシッカリ理解されているかに絞って準備すべきである。

A15 正解－3

1－誤　代表的な直接税である所得税や法人税は、雇用者所得や企業収益に大きく依存しているため、景気の変動による影響を受けやすくなり税収も安定しないのが特徴である。ちなみに、平成30年度予算の日本の直間比率は、国税で58：42、地方税は82：18である。

2－誤　地価税（税率0.15%）は、土地の投機的取引による地価高騰を抑制させるため導入されたが、現在では逆に地価は低迷しており、土地の流動性を高める必要性から廃止を求める声もある。1998（平成10）年から地価税の適用は停止されている。

3－正　平成4～6年度はバブル経済崩壊の影響を受けて物納申請が1万件を超えた。平成30年度の物納申請件数は99件で、ピークの0.6%である。

4－誤　クロヨン（9・6・4）やトーゴーサン（10・5・3）は、課税所得の捕捉率に関する業種間格差を意味する言葉である。サラリーマンは9割、自営業者は6割、農業従事者は4割しか課税所得が把握できないという意味である。消費税は間接税なので、所得とは無関係に水平的公平を実現するのに優れている。

5－誤　国民負担率とは、所得に対する租税負担・社会保障負担の割合である。税金と年金や社会保険料の合計を国民所得で割って算出する。わが国は、1990年代以降も30%台後半で推移していたが、2008（平成20）年には40%を超えた。2018（平成30）年は42.8%。高福祉高負担のスウェーデンでは約59%で、フランス約67%、ドイツ約53%、イギリス約47%、アメリカ約33%であり（いずれも2016年）、日本は低い水準にはある。

Q16 財政政策・金融政策

問　変動為替相場制の下における財政政策・金融政策が一般に経済に与える影響に関するA～Dの記述のうち、妥当なもののみをすべて挙げているのはどれか。　（国税専門官）

A　政府投資の増加は金利上昇につながるため、自国通貨の増価が進み輸出は減少する。

B　減税は金融市場に影響を与えないため、国民所得は増加し、金利と自国通貨の価値はともに変わらない。

C　公開市場操作における買いオペレーションの実施は金利低下につながるため、自国通貨の減価が進み輸出は増加する。

D　預金準備率の引上げはマネーサプライの増加につながるため、自国通貨の減価が進み輸出は増加する。

1　A、B
2　A、C
3　B、C
4　B、C、D
5　D

PointCheck

◉マンデル=フレミング・モデル

R.マンデル、J.フレミングがほぼ同時期に提示した、国際的な取引を考慮した開放経済下での財政・金融政策の効果を分析したモデル。

⑴変動相場制下

資本移動（資金の移動）が完全に自由なとき、①財政政策は為替レートの増価（日本なら円高）による輸出減少・輸入増加により、効果が打ち消され無効となる。②金融政策は、為替レートの減価（日本なら円安）による輸出増加・輸入減少により、一層有効になる。

⑵固定相場制下

資本移動が完全に自由なとき、①財政政策は外国からの資本の流入を招き、それが国内の貨幣量を増加させることで、一層国内の景気を刺激し有効となる。②金融政策は、逆に外国への資本の流出を招き、それが国内の貨幣量を減少させ、金融政策の効果を打ち消し無効となる。

◉金融政策の効果（買いオペレーションの場合）

変動相場制の下で、日本銀行が買いオペレーションを行った場合、その政策効果は図のようなプロセスで現れる。

⑴金利低下

買いオペレーションによる金利低下は、次のような変化を生じる。

①企業の資金需要の増大

金利低下は企業の銀行からの借り入れを容易にし設備投資などの資金需要を増大させる。

②消費の拡大

金利低下は家計の面から貯蓄が不利になり、そこから消費の拡大がもたらされる。

③資本流入の減少

日本の銀行が高金利なら外国から資本流入が増えるが、金利低下では減少する。

⑵円安

資本流入の減少は、為替レートを円安にする。円安とは円の価値の低下を意味する。

⑶輸出増大

円安は日本の商品の価格を安くし、外国での需要を高めるため、輸出を増大させる。

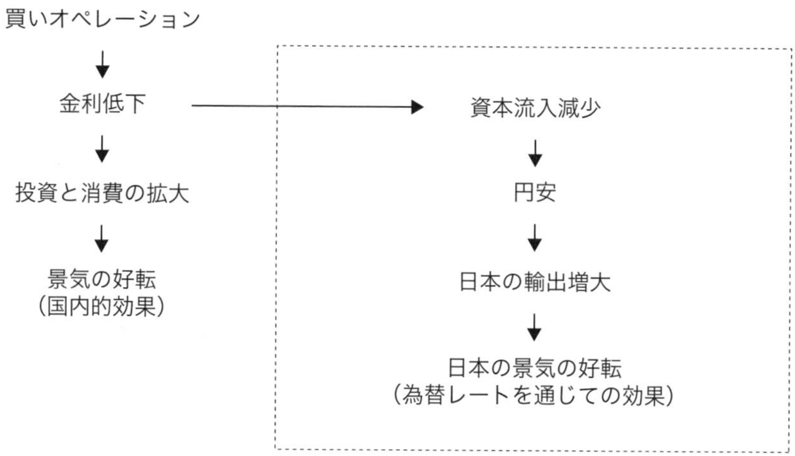

Level up Point!

PointCheckのマンデル=フレミングも、買いオペの流れも実際に出題された内容。当然、現実の財政政策・金融政策を理解するために必要な知識・理解なのである。

A16 正解ー2

A－正　金利上昇により円高（自国為替レート上昇）となり、輸入増加・輸出減少になる。

B－誤　金融市場で金利が上昇するので、円高（自国為替レート上昇）となる。

C－正　金利低下により資本流入は減少し、円安、輸出の増加となる。

D－誤　金融機関の貸し出し減少（信用乗数縮小）を招き、マネー＝サプライは減少する。

第3章 社会

Level 1 p202～p215 Level 2 p216～p229

1 社会学・心理学の基礎知識

Level 1 ▷ Q01,Q02 Level 2 ▷ Q08

おさえておきたい Point キーワードチェック

1 社会集団の類型 ▶ p202

一般的名称	基礎的集団	機能的集団
内容 ／ 社会学者名	家族・村落・民族など、血縁や地縁に基づく自然発生的集団	国家・企業・学校など、特定の機能を果たす目的で人為的につくられた集団
テンニース	（ 1 ）	（ 2 ）
ギディングス	生成社会	組成社会
（ 3 ）	コミュニティ	アソシエーション
（ 4 ）	第一次集団	第二次集団
高田保馬	基礎社会	派生社会

その他の分類法

（ 5 ）	内集団（「われわれ」という一体感）	外集団（敵意の対象となる「かれら」）
マートンなど	所属集団（個人が所属する集団）	（ 6 ）（比較や同調の対象となる集団）

2 都市

（ 7 ）学派の都市社会学

社会学者名	用語	意味・内容
（ 8 ）	人間生態学	都市における人々の相互関係を研究
ワース	（ 9 ）	都市的生活様式（第二次的接触、アノミー、家族紐帯の弱化）
バージェス	（ 10 ）	中心業務地区、遷移地帯、労働者住宅地帯、中流階級住宅地帯、通勤者住宅地帯が同心円状に分布

3 社会学史

社会学者名	用語・内容	
（ 11 ）	三段階の法則 人間の知性段階：神学的段階→形而上学的段階→実証的段階 社会の発展段階：軍事的段階→ 法律的段階 →産業的段階	
（ 12 ）	社会進化論：軍事型社会→産業型社会	
（ 13 ）	理解社会学・価値自由・理念型	
	『プロテスタンティズムの倫理と資本主義の精神』	プロテスタントの禁欲的な教義が近代的合理主義と資本主義を生む
（ 14 ）	機械的連帯（環節的社会）から有機的連帯（近代社会）へ	
	『自殺論』	自己本位的自殺、集団本位的自殺、アノミー的自殺、宿命的自殺
	（ 15 ）	社会規範の崩壊による無規範状態
（ 16 ）	形式社会学	人間関係の形式を研究

4 日本論

日本社会の特徴	論者／著書	内容
（ 17 ）の文化	ルース=ベネディクト『菊と刀』	西欧「罪の文化」、日本「(17)の文化」
タテ社会	（ 18 ）『タテ社会の人間関係』	個人の所属する「場」での序列関係を重視
（ 19 ）	土居健郎『「(19)」の構造』	西欧に比べて（19）のような依存的な心理を許容

5 欲求 ▶ p204

欲求の種類	一次的欲求（ 20 ）	食・性・睡眠・呼吸など身体・生理的に必要な欲求
	二次的欲求（ 21 ）	達成、承認、攻撃など後天的に学習された欲求

(1)（ 22 ）の欲求階層説

人間の欲求は成長にともない、低次欲求から高次欲求へと進む。

(低次欲求) ――――――――――――→ (高次欲求)

生理的満足→安全と安定→所属と愛情→承認と自尊心→自己実現

（ 23 ）	欲求が満たされない状態
（ 24 ）	両立しない欲求が同時に存在する状態

⑵防衛機制

（23）や（24）が生じた際に自己の安定化のために無意識的に起こる心の調整機能。以下のような防衛機制が知られている。

置き換え・代償	求めても得られない欲求の対象をほかのものに代えること
（　25　）	求めても得られない欲求と全く別の行動を取ること
投影	自分の欠点を他者に転嫁して不満を解消すること
同一視	価値のあるものに自分を同一化させて満足を得ること
（　26　）	葛藤や罪悪感に理由をつけて解消すること
（　27　）	社会的に認められにくい欲求をより認められやすい欲求に置き換えること
逃避	欲求の対象から離れることで不満を解消すること
退行	「赤ちゃん返り」のように以前の未熟な段階に戻ること
抑圧	満たされない欲求を意識から締め出す無意識的な働き

6 パーソナリティー ▶p216

⑴個人の行動や思考の一貫した傾向。気質。

⑵（　28　）の気質類型：臨床経験から体型と気質の親和性を主張

分裂気質（分離性気質）	細長型（やせ型）・非社交的・内気・きまじめ・利己的・空想的
躁うつ気質（循環気質）	肥満型・社交的・適応的・妥協的・無邪気・躁状態とうつ状態の循環
粘着気質（てんかん気質）	闘士型（筋肉質）・粘り強い・几帳面・鈍重・秩序や礼儀を守る

⑶ユングの気質類型

（　29　）	知覚・思考・感情・行為などが他者によって決定される
（　30　）	知覚・思考・感情・行為などが自己の主観によって決定される

⑷社会的性格

（　31　）は『自由からの逃走』において、第一次世界大戦後のドイツでナチズムが台頭したのは、伝統的権威が解体した後、下層中間階級に生じた権威主義的な社会的性格のためであると論じた。

1 ゲマインシャフト　2 ゲゼルシャフト　3 マッキーヴァー　4 クーリー　5 サムナー　6 準拠集団　7 シカゴ　8 パーク　9 アーバニズム　10 同心円理論〔同心円地帯理論〕　11 コント　12 スペンサー　13 ウェーバー　14 デュルケーム　15 アノミー　16 ジンメル　17 恥　18 中根千枝　19 甘え　20 生理的欲求　21 社会的欲求　22 マズロー　23 欲求不満〔フラストレーション〕　24 葛藤〔コンフリクト〕　25 反動形成　26 合理化　27 昇華　28 クレッチマー　29 外向型　30 内向型　31 フロム

おさえておきたい Point ミニ演習

1　デュルケームのアノミーとは、社会規範の動揺や崩壊によって生じる混沌状態、ないしはその結果である社会成員の欲求や行為の無規制状態のことであり、際限なく肥大化した個人の欲求がもたらす不満、焦燥、幻滅などの心理経験が「アノミー的自殺」の原因となる。

○アノミーとは、社会的規範が失われ、社会が乱れて無統制になった状態。欲求に対する規制の喪失でアノミー的自殺が起こると考えた。

2　デュルケームのアノミーとは、社会において文化的に設定された目標とそれらを達成する制度的手段の不統合が成員個々人に課する緊張、及びそれによる社会的規範の事実上の衰耗状態のことであり、目標を達成するために逸脱者となる一定の集団においては、犯罪が常態化する。

×デュルケームを受け継いだ、マートンのアノミー論に関する記述である。

3　デュルケームのアノミーとは、政治的無関心の状態のことであり、政治意識の調査で「Don't know」と答えるDK層や選挙に際して投票所へ足を運ばない層として析出され、また、精神医学的には、神経症性の無気力、無感動を指すものである。

×無関心・無気力・無感動は、アノミーではなく、アパシーである。無関心に関しては、リースマンやラスウェルの分類が有名。

4　デュルケームのアノミーとは、無政府主義のことであり、個人を分断・抑圧する国家・政府を廃絶し、私有財産の廃止により、民衆が自発的に自由かつ平等な社会をつくるべきだとする考え方として、19世紀以降の近代国家の成立とともに重視されてきた。

×無政府主義はアナーキーである。

5　デュルケームのアノミーとは、民族生活の場において経験する不思議な、あるいは神秘的な出来事の背後に目に見えない霊的存在を認め、それを精霊あるいは神として信仰し、命名し、文化的に受容している原初的な宗教生活の形である。

×記述にあるような精霊信仰は、アニミズムである。

6　エリクソンは、青年を子どもと大人の中間に位置し、いずれにも成りきれないという意味で「境界人」と呼び、心理的に不安定な状態にあるとした。

×ドイツの心理学者レヴィンが指摘した、「境界人」（マージナルマン）の説明である。

7　エリクソンは、「これが自分だ」と確信できるような「自分」を見出すこと、すなわちアイデンティティの確立が青年期の重要な課題であるとした。

○エリクソンは、アイデンティティの確立を青年期における発達課題とした。

8　エリクソンは、自我のめざめは、精神的な独立を意味する心理的離乳の第一歩であるとし、新しい自己の行き方を求め

×ルソーは青年期を「第二の誕生」とし、社会的な存在

て模索する青年期を「第二の誕生」の時期と呼んだ。

としての誕生と位置づけた。

9　エリクソンは、青年期を大人になるための準備期間として、大人としての責任と義務を当分の間猶予されている時期ととらえ、それを「同一性拡散の状態」と呼んだ。

× 同一性拡散の状態は、アイデンティティの確立が困難な状態であり、モラトリアムとは異なる。

10　エリクソンは、青年期における発達課題として、「職業を選択し、準備すること」、「行動の指針としての価値や倫理の体系を学ぶこと」などの10項目を挙げた。

× エリクソンは発達段階を8つにわけ、各段階の発達課題を提示している。

11　サン=シモンは、これまでの行為理論の歴史を踏まえて、「行為の一般理論」、「社会システム論」という形で彼自身の総合的な行為の理論を構築するとともに、社会体系存続の仕組みを分析した「構造—機能主義」を主張した。

× パーソンズの主張である。パーソンズは行為を行為システムと捉え、社会一般に渡る一般理論の構築を目指した。

12　サン=シモンは、フランス革命後のフランスにおける新秩序を建設するには、時代が要請する新しい実証主義的精神と知識とを培養することにより、社会を有機的全体として考察する社会生理学を樹立し、現実に応用することを目指すべきであると主張した。

○ サン=シモンの社会研究成果はコントの実証主義的社会学に引き継がれる。マルクスは彼の社会主義を空想社会主義と呼んだ。

13　サン=シモンは、人間と社会の存立根拠を問い、資本主義社会を解剖することで人間と社会とが歴史的に存続するうえでの絶対的に不可欠な物的生産と、そこにおける社会的生産関係の解明を目指すべきであると主張した。

× マルクスの主張である。マルクスは、社会的生産諸力と社会的生産諸関係との間に存在する衝突を説明すべきだとした。

14　サン=シモンは、自殺率が増大する原因を、社会構造の急激な変化に基づく社会の無規制状態（アノミー）に由来するものであるとし、それを克服する現実的救済の道には、社会が自らの規制力を新たに組織化する以外にないと主張した。

× デュルケームの主張である。無規制状態で焦りや不満が生じ、自殺が誘発されるものがアノミー的自殺である。

15　サン=シモンは、社会の内容と形式を分離して考え、科学的抽象によって取り出される相互作用の「形式」こそが最も厳密な意味において「社会的なもの」であり、社会学の独自・固有の対象であるとして、「形式社会学」を提唱した。

× ジンメルの主張である。ジンメルは、社会学の研究対象はこの心的相互作用であると主張した（形式社会学）。

16　リースマンはその社会的性格論で、物質的に満たされた現代社会においては、期待や願望といった他者からの信号に敏感に反応し、それに応じて自己の生活目標を変えていく「他人指向型人間」が支配的だとした。

○ リースマンは社会的性格を伝統志向型、内部志向型、他人志向型に分類し、現代社会に支配的な社会的性格を「他人指向型」とした。

17　リースマンはその社会的性格論で、組織で働く現代の職業人は、集団の倫理を順守して組織に献身し、そこに安息の場を見いだしており、個人としての主体性を喪失した「オーガニゼーション・マン」であるとした。

× オーガニゼーション・マン（組織の中の人間）は、W.ホワイトの著作である。

18　リースマンはその社会的性格論で、現代の進展した消費社会においては、商品の間の「記号的な差異」によって人々の消費への欲望がかき立てられ、人々は産業的な仕掛けによって消費を拡大させていく存在であるとした。

× ボードリヤールは、商品は利用価値だけで施用するのではなく、社会的権威や幸福感といった他者との差異を示す「記号」としての役割を持つと主張した。

19　リースマンはその社会的性格論で、人間が自らのためにつくり上げた合理的な社会が、人間による制御をはるかに超えて巨大化しているため、人間自身が「道具的理性」によって支配・管理される存在と化しているとした。

× フランクフルト第一学派のホルクハイマーやアドルノの主張である。

20　リースマンはその社会的性格論で、現代人は異なる文化をもつ複数の社会（集団）に属するため、いずれの社会（集団）にも帰属し得ず、それぞれの社会（集団）の境界に位置する不安定な「マージナル・マン」であるとした。

× シカゴ学派のパークが主張したマージナル・マンの概念である。6で指摘したレヴィンの「境界人」と異なる概念。

21　ポジティブ・アクションとは、資本主義社会の発展に伴い女性の社会進出が進んだことを背景に、女性自身が家事や育児の合理化・外注化を推し進めてきた思想や運動を指す。

× ポジティブ・アクションとは、女性の能力発揮を促進するための積極的な取組。職場の男女労働者での格差解消を目的とする。

22　第一波フェミニズムとは、おおむね19世紀後半から20世紀前半にかけて各国で展開された、女性の参政権獲得など男女の法的平等の実現を求めた運動を指す。

○ 第1波フェミニズムは女性参政権等の法制度に着目した男女平等の実現を目指した。

23　性別役割分業とは、労働に対する意識、勤続年数などが男女間で異なることを背景に、会社組織における男女の役割が違うことを当然視する意識やそれに基づく制度を指す。

× 性別役割分業、男は仕事、女は家庭、といった性別による役割分担であり、会社組織内の問題ではない。

24　ジェンダーとは、社会における女性差別を、男女の生物学的・身体的な違いによる所与のものとして女性自身が引き受け、容認している状況を指す。

× ジェンダーは、男女の社会的文化的差異・区別を指し、生物学的な区別（セックス）とは異なる。

25　シャドウ・ワーク（影の労働）とは、同じ労働内容でありながら男性と異なる賃金体系や労働条件を強いられてきた女性の労働の歴史やその背景を指す。

× シャドウ・ワークは、人間生活に必要だが報酬が払われない労働をいう（家事労働など）。

2 現代社会　Level 1 ▷ Q03〜Q06　Level 2 ▷ Q09〜Q11,Q13,Q14

おさえておきたい
Point　キーワードチェック

1 大衆社会とマス=コミュニケーション

⑴大衆社会

人間集合について類似の概念を整理すると以下のようになる。

（　1　）	空間的に近接	(1) 心理など感情的
（　2　）	空間的に分散	世論形成など理性的
（　3　）	空間的に分散	マスコミに操作されやすい

⑵マス=コミュニケーション

新聞・雑誌・ラジオ・テレビなどによって不特定多数に情報を伝達すること。マス=メディアは受け手が直接経験できない情報を提供することで擬似環境を形成する。メディアの情報を使いこなす（　4　）の能力が重要となる。

2 犯罪

わが国の犯罪の動向　（平成30年版『犯罪白書』より）

認知件数 罪名の動向	平成14年に戦後最多の約369万件を記録した刑法犯は、平成29年は約91万件である。刑法犯の6割を占めていた（　5　）の認知件数が60%以上減少したことが大きな要因。次いで、器物損壊（10.1%）、詐欺（4.7%）の順。
検挙率	検挙率は刑法犯全体で70%前後で推移していたが、近年低下傾向にあり、平成13年は刑法犯全体で19.8%であった。平成29年は一般刑法犯（自動車運転過失致死傷等をのぞいたもの）で35.7%と、引き続き低水準にある。
検挙人員	平成29年の刑法犯の検挙人員は約21.5万人で減少傾向にあり、（　6　）が50.8%を占めている。最近は全般的に高年齢化が進み、特に65歳以上の者の構成比は、平成10年には4.2%であったのが、平成29年には65歳以上の高齢者が21.5%（46,264人）を占めている。
少年・若年者 犯罪者の実態	一般刑法犯検挙人員の年齢層別構成比では、少年が12.6%、若年者（20歳以上30歳未満の者）は17.5%であり、これらの世代に対する犯罪対策が重要である。一般刑法犯検挙人員の罪名別構成比を見ると、少年・若年者共に、（5）の構成比が最も高く、次いで遺失物等横領が高い。
刑務所の状況	平成29年の刑事施設収容人員は53,233人（前年比4.9%減）であった。しかし、女子について見ると平成4年には1,997人であったものが、平成29年は4,445人と高水準にある。

少年院の状況	平成29年における少年院入院者の非行名別構成比を見ると、男女共に（5）、傷害・暴行の構成比が最も高いが、女子はその構成比が低く、（　7　）、ぐ犯（犯罪につながるおそれのある不良行為）の構成比が高い。

3 科学技術 ▶p226

⑴情報技術

情報化社会	パソコン、インターネット、スマートフォンなど情報通信技術（ICT）の発達と普及により、社会生活、産業、行政のあり方が大きく変化しつつあり、ICT革命とも呼ばれている。
インターネット	（　8　）で始まった研究用ネットワークが相互接続することにより、79年頃現在のインターネットの基礎ができる。日本では84年に誕生し、90年代に商用化が進み、2000年に入り急速に拡大した。平成26年のわが国のインターネット普及率は82.8％に上昇している。
ICTによるイノベーションと経済成長	我が国が抱える様々な課題(少子高齢化、医師不足、協働教育の実現等)に対応し、地域経済の活性化などで経済成長に貢献するため、ICT（情報通信技術）の利活用は必要不可欠。
IoT（Internet of Things）	あらゆるモノがインターネットに接続することで、モノから得られるデータの収集・分析等の処理や活用が実現。
（　9　）	大量のデータの収集・蓄積・保存・管理・分析そして共有のための技術革新を促進し、科学・工学における発見の加速、安全保障の強化、教育の革新に活用。
人工知能（AI）	ビッグデータ活用を背景に適用領域が拡大し、注目すべき要素（特徴量）の抽出から、特徴量間の関係の発見までもコンピューターが行うようになり、ディープラーニングなどの実用化が進展。
（　10　）	情報技術を利用できる者とできない者の間の情報格差。情報化社会における新たな社会的格差として対応が必要。

⑵遺伝子工学

（　11　）	1個の生物をつくる遺伝子のセット。人間については（　12　）の解読が1991年に開始され2003年に解読完了。2004年に遺伝子数修正。
（　13　）細胞	人工多能性幹細胞。京都大学・山中伸弥教授のグループが作製に成功。体細胞に特定の遺伝子を導入して多くの細胞に分化できる万能細胞。

1 群集〔群衆〕　2 公衆　3 大衆　4 メディア=リテラシー　5 窃盗　6 窃盗
7 覚せい剤取締法違反　8 アメリカ　9 ビッグデータ　10 デジタル=デバイド　11 ゲノム
12 ヒトゲノム　13 iPS

4 わが国の農業

食料自給率	わが国の食料自給率は先進諸国と比べて最低水準にあり、カロリー(熱量) ベース自給率で37%。豆類が7%、砂糖類34%、特に小麦が12%、油脂類が13%と低い (平成30年度)。 先進国の食料自給率 (カロリーベース) と比べると、アメリカ130%、フランス127%、ドイツ95%、イギリス63%で、わが国は先進国の中で最低の水準である。
食料輸入	GATT (関税と貿易に関する一般協定) ウルグアイ・ラウンド合意により1977年から (1) の関税化。近年では、環太平洋戦略的経済連携協定 (TPP) 参加、輸入自由化の議論と並行して、農水省、生産者団体は食料輸入量増加でさらなる食料自給率低下を招くと主張。
農家の現状	農家戸数は60年代から (2) しており、農業従事者は約175万人、平均年齢は66.8歳であり高齢化が進んでいる。国際競争力を高め、持続可能な農業改革が求められている。
牛海綿状脳症 (BSE)	1986年イギリスで初めて確認され、タンパク質の一種プリオンが病原と考えられる。2001年に日本でも感染した牛が確認され、2009年に最後の36例目を確認。2013年に日本は清浄国に認定された。

5 教育

学習指導要領	令和2 (2020) 年度から順次実施される新しい学習指導要領の主な内容 ・「(3)」学びの、その先へ ・「知識及び技能」「思考力・判断力・表現力など」「学びに向かう力、人間性など」の3つの柱 ・「外国語教育」や「プログラミング教育」が充実 ・主体的・対話的で深い学び (アクティブ・ラーニング)
幼稚園	小学1年生の幼稚園修了者の比率は約44.6% (平成30年)
不登校	小学生3万5千人、中学生10万8千人 (平成29年) で微増
高校進学率	約98.8% (平成29年)
高校中退	高校中退者は46,802人で、高校生の1.3%。主な理由は学校不適応、(4)、学業不振など。平成11年の約10万6千人から半減。
大学・短大進学率	平成28年3月高等学校卒業の大学等進学者数は57万8千人で、大学等進学率は54.7% (男子51.8%、女子57.7%)

6 医療

脳死臓器移植	1997年臓器移植法により、脳死者からの（　5　）、肺、肝臓、腎臓その他厚労省令で定める内臓および眼球の移植が可能に。当初、書面による本人の意思表示と家族の総意による同意が必要とされたが、2009年改正により、①書面で親族への優先的提供、②本人の意思が不明な場合にも家族の承諾での臓器提供が可能になる。②により15歳未満の者からの提供も可能となった。
生殖技術	人工受精、体外受精などがわが国でも行われているが、（　6　）は日本産婦人科学会の自主規制により、わが国では原則認められていない（法規制はなく混乱が生じている）。
感染症	ウイルス性の感染症：インフルエンザ、後天性免疫不全症候群（AIDS）、B型・C型肝炎、コロナウイルス呼吸器症候群（SARS、MERS）、ノロウイルス、エボラウイルス、デング熱、ジカ熱など。 食中毒をもたらす細菌：サルモネラ菌、ボツリヌス菌、ブドウ球菌、腸管出血性大腸菌（O157、O111など）。 結核の復活：1950年まで死因のトップで以後減少していたが、90年代には患者数、罹患率が増加に転じる。 新型インフルエンザ（H1N1）：豚由来のA型インフルエンザが変異し、ヒト-ヒト感染するようになったもの 高病原性鳥インフルエンザ（H5N1）：人への感染の可能性は極めて低いが、SARSやH1N1と同様に感染力を持つことが懸念されている
死因	（　7　）、心疾患、肺炎、脳血管疾患、老衰、不慮の事故、腎不全、自殺の順。

7 労働 ▶p206 ▶p208 ▶p218 ▶p222

失業率	わが国の完全失業率は平成に入るまで1～2％の水準であったが、90年代に入り急上昇し、2000年代に入り5％に達した。平成30年平均の完全失業率は2.4％（総務省労働力調査）。平成30年の比較では、アメリカ・EU主要国の失業率より低めに推移している。
（　8　）	雇用調整のために仕事を分け合うこと。
（　9　）	1986年施行。募集・採用・配置・昇進における女性差別の禁止、違反企業の公表に加え、改正により、セクシュアルハラスメント防止のための「措置」義務、男性に対する差別・セクハラ禁止、妊娠等を理由とする不利益取り扱い禁止・防止措置義務などが盛り込まれた。
女性の就労	（　10　）：学卒後に就職し、30代で出産・育児のため離職し、その後再就職するので労働力率のグラフがM字型になる。近年、M字から台形に変化してきていると言われている。

非正規労働	雇用者に占める非正規雇用社員の割合は、1990年に20％台を超えてから、2015年は37.4％となり、3人に1人を超えるまでとなった。増加の原因は、労働者派遣事業の規制緩和進展で、企業の人件費抑制志向が強まったことが考えられる。解雇・雇止め増加や社会保険非適用などが問題視され、正規・非正規という二極化の是正が求められている。

1 コメ　2 減少　3 生きる力　4 進路変更　5 心臓　6 代理母　7 悪性新生物（がん）
8 ワークシェアリング　9 男女雇用機会均等法　10 M字型雇用形態

おさえておきたい Point　ミニ演習

1　子どもが被害者となる事件を防止するために、学校に不審者が侵入した場合を想定した防犯訓練や、学校と警察とを結ぶ緊急通報システムの整備が進められている。また、警察では、法務省から子どもを対象とした暴力的な性犯罪により刑務所に服役している者の出所情報の提供を受けて、出所者の更生や社会復帰を妨げないよう配慮しつつ、犯罪の予防への活用を図っている。

○ 性犯罪前歴者の出所情報を提供する制度は、2005年から実施されている。

2　児童虐待を防止するために、その発生予防に関しては、小学校の保健室の拡充や育児支援家庭訪問事業が推進されている。また、早期発見・早期対応に関しては、児童養護施設が地域の専門家と連携を図る事業を展開している。さらに自立支援を担う機関として近年新たに児童相談所が設置された。

× 児童相談所は、児童福祉法に基づき、1947年から都道府県・政令指定都市・中核市などに設置されている。

3　産婦人科や小児科などの特定診療科の医師数が過剰となっている現状を解消するために、大学の医学部の学生定員を削減するとともに国公立病院の医師数の制限を図っている。また、小児救急では、新たに病院を設立して複数の診療科領域にわたる重篤な救急患者に対する三次救急医療体制を確保する「小児救急医療支援事業」が開始された。

× 産婦人科・小児科は医師不足が深刻な状態である。小児救急医療支援事業は、入院治療を必要とする患者についての二次救急医療の機関体制である。

4　学校での食育を推進するために、学校給食の管理と食に関する指導を主な職務とする「栄養教諭」制度が創設され、2015年から配置する準備が進められている。また、学習指導要領が改正され、保健体育や家庭科、生活科といった教科から独立して「食育科」が小・中学校での授業科目の一つとして新たに加えられた。

× 栄養教諭は2005年から配置されている。また、小中一貫教育での食育科の取り組みが注目され、指導要領でも食育推進が規定されるが、食育科は設定されていない。

5　幼稚園は、満３歳から小学校就学前までの幼児が入園することのできる福祉施設であるが、近年、３歳児就園率の低下により定員割れの施設が多くなったことから、平成19年４月、構造改革特別区域法に基づき、特区の事業として幼稚園の入園年齢緩和が図られることとなった。

×「福祉施設」ではなく文部科学省管轄の「教育施設」である。保育所の待機児童の問題とは逆に、幼稚園は定員割れの状況である。なお、認定こども園は内閣府の管轄。

6　保護者が労働等により昼間家庭にいない、小学校に就学している児童に対し、適切な遊びや生活の場を与え、その健全な育成を図ることを目的として「適応指導教室」の事業が推進されており、厚生労働省は平成19年10月、その運営に当たっての基本的事項を示したガイドラインを策定した。

×「適応指導教室」ではなく「学童保育」である。適応指導教室は不登校児童生徒の学校生活適応を目的とするもの。

7　幼稚園、保育所における幼児期の教育と小学校以降の教育との間の円滑な移行や接続を図るため、平成20年度から、小学校第１学年の児童を担任する教諭については、幼稚園教諭免許又は保育士資格の取得を条件とすることとされた。

×就学前教育から小学校教育への円滑な接続について、一貫教育や人事交流が提案されているが、免許・資格は条件となっていない。

8　「認定こども園」は、就学前の子どもに幼児教育・保育を一体的に提供する機能と、地域における子育て支援を行う機能を備えた施設として都道府県知事が認定するものであり、就学前の教育・保育ニーズに対応する新たな枠組みとして、平成18年10月に制度化された。

○都道府県知事から認定を受ける「認定子ども園」は幼児教育・保育を一体化する施設で、保育所を基盤とするものであっても、共働き家庭が条件とはなっていない。

9　文部科学省は平成19年４月、義務教育の初期段階における学習到達度を把握するため、小学校第３、４学年の全児童を対象に「全国学力・学習状況調査」を43年ぶりに実施した。中学校第１学年についても平成27年度から実施することとされている。

×全国学力テストは、小学校6年と中学校3年が対象。1964年に中止されてから、43年ぶりに復活した。

10　日本国憲法には、「すべての国民が能力に応じて等しく教育を受ける権利」と「その保護する子女に教育を受けさせる義務」とが規定されており、この規定には、国民が自己の人格を完成、実現するために必要な学習をする権利が含まれると解されている。

○「教育を受ける権利」「教育を受けさせる義務」の規定の趣旨から、子どもの「学習権」を認めるものである（旭川学テ事件判決）。

11　教育基本法には、我が国の教育の根本的な理念や原則が定められており、幼児期、青少年期等の発達段階区分に応じた教育方針などが規定されているが、同法は昭和22年３月に公布・施行されて以来、平成27年末現在まで改正が行われていない。

×道徳や愛国心についても言及した新教育基本法は、平成18年に全面改正されたものである。

12　平成18年の学校教育法改正において、保育園と幼稚園の統合的性格をもつ特別支援学校が新たに定められ、学校の種類としては、小学校、中学校、高等学校、中等教育学校、大学、高等専門学校、特別支援学校、保育園及び幼稚園の九つが規定されることとなった。

× 学校教育法では、幼稚園、小学校、中学校、高等学校、中等教育学校、特別支援学校、大学及び高等専門学校の8種類（1条校）と、専修学校、各種学校が定められている。保育園は児童福祉法に定められている。

13　教育職員免許法には、教育職員の資質の保持と向上を図るため、その制定時から教員免許状の更新制について規定があり、免許状の有効期間は５年と定められているが、勤務成績が良好な教職員については、有効期間を延長させることができる。

× 平成19年6月の教育職員免許法改正により、平成21年4月1日から 教員免許更新制が導入された。制定時からではない。免許状の有効期間は10年後の年度末までとされる。

14　生涯学習社会の構築に向けて様々な学習の成果を適切に評価・活用する必要があるとされており、2005年に創設された高等学校卒業程度認定試験は大学入試だけでなく就職などにおいても幅広く利用されることを目的としている。

○ 高校卒業とはならないが、卒業者と同等以上の学力があると認められ、大学・専門学校受験だけでなく、就職試験や各種資格試験受験にも活用することができる。

15　生涯学習支援の一環として、リカレント教育が推進されている。これは、定年退職者等が再び社会において活躍できるよう、高齢者層に対し職業教育を付与する仕組みを指す。近年、各専修学校に対し、60歳以上を対象とした職業訓練課程を設けることが義務付けられた。

× リカレント教育（循環再教育）とは、学校を卒業した社会人が再び学校で教育を受ける場合である。生涯教育構想としてOECD（経済協力開発機構）が提唱した。

16　健康保険の教育訓練給付制度により受講者の経費を補助するシステムが浸透しており、民間のカルチャーセンター等における受講者数は、近年、大幅に増加している。一方、公共機関が公民館等において開催する学級・講座の受講者数は、全国的にみると減少傾向にある。

× 健康保険ではなく、雇用保険で行われている能力開発支援が教育訓練給付金制度である。受給者数は横ばいだが、支給額は減少傾向にある。

17　社員に対し有給教育訓練休暇を付与する企業は全体の約３割に達しており、大学の学部や大学院に入学する機会が増えている。全国の大学では、社会人のニーズに対応して各学部に多様な学習分野を開設し、全学部の学生数の約２割を社会人が占めるまでになっている。

× キャリア形成促進助成金などで企業に補助金を出し、有給教育訓練制度の支援が行われているが、実施している事業者が3%程度で少ない。

18　放送大学は、放送法によって設置された機関であり、2003年に他の国立大学とともに独立行政法人に移行した。通信制大学の中で唯一、正規の大学教育課程と認められる通

× 放送大学は学校法人（私立）であり、正規の大学教育であることは他の通信制大学

信教育を行うことができる大学であるが、少子化の影響もあり、近年の学生数は減少傾向にある。

と変わらない。

19　コンプライアンスは、企業内や社会における従来のスタンダードにとらわれず、性別、年齢、国籍などの多様な属性や価値・発想などを積極的に取り入れることで、ビジネス環境の変化に迅速かつ柔軟に対応し、企業の成長につなげようとする戦略である。

×コンプライアンスは「法令順守」である。この説明は、ダイバーシティ・マネジメント（Diversity Management）に関するものである。

20　シェアホルダーは、企業を取り巻く投資家、取引先、債権者、消費者、従業員、地域住民のほか、コミュニティなどをも含む利害関係者のことである。株主であるステークホルダーと対置され、ソーシャルマーケティングの拡大に伴って注目されてきている。

×ステークホルダーが利害関係者。シェアホルダーは株主で、ステークホルダーに含まれる場合もある。

21　ホワイトカラー・エグゼンプションは、管理職や専門職など裁量性の高い業務に従事する従業員に対し、超過労働時間が発生した場合にその長さに応じて役職手当等の削減等を行うことによって、労働時間の短縮を促進する制度である。

×労働時間規制の適用免除をホワイトカラー・エグゼンプションという。自己管理で労働時間を調整できるとする。

22　オープン・ショップは、企業採用時には組合員でなくとも雇用され、一定期間を過ぎた後には組合員に加入する義務を課し、加入しない者は使用者から解雇される制度であり、未組織労働者が安い賃金で働くことを防止する、組織強制の一つである。

×ユニオン・ショップに関する説明になっている。オープン・ショップは雇用と組合加入の関係がないことをいう。

23　メンタリングは、知識や経験の豊富な人がメンターとなり、そうでない人に対して一定期間継続して行う支援のことである。企業などでは、仕事上の上司・部下関係とは別のつながりを作り、若手社員等を精神面で支えるメンター制度が導入されてきている。

○上下関係と離れて、助言・相談ができる関係を構築し、新入社員をサポートする体制などが導入されている。

24　イギリスでは、1942年に発表されたベバリッジ報告に基づき、第二次世界大戦後に「ゆりかごから墓場まで」といわれる総合的な社会保障制度が実現された。

○国民保険法、家族手当法、家族児童法などの、当時としては手厚い社会保障制度が実現された。

25　アメリカでは、1944年のフィラデルフィア宣言に基づき、医療保険と失業保険を中心とする社会保障法が世界で初めて制定された。

×オバマ政権でも公的国民皆保険は実現できなかった。フィラデルフィア宣言はILOの基本原則。

26　日本の年金保険では、高齢社会の到来に備えるため、1985年に年金制度が改正され、すべての国民が共通の「基礎年金」の給付が受けられる基礎年金制度が導入されるとともに、報酬比例年金が廃止された。

× 二階建て部分である厚生年金の報酬比例年金は存続している。

27　日本の年金制度では、負担が世代間で異ならないように、被保険者が在職中に積み立てた保険料だけですべての年金を賄う賦課方式が採用されている。

× 積み立て方式の説明になっている。賦課方式では現役世代の保険料が老齢世代の年金になる。

28　日本の介護保険制度は、高齢者へ公的な介護サービスを提供する社会保険で、費用は65歳以上の全国民から徴収される保険料と利用者の負担金とで折半して賄われている。

× 介護保険料は40歳以上の国民から徴収される。利用者は原則1割負担である。

29　メタボリック・シンドロームは、一定以上の腹囲に加えて、高血圧・高血糖・高脂血症などの症状が重複した状態の内臓脂肪型肥満のことをいい、働き盛りの死亡や長期療養者が生じる原因である心疾患や脳血管疾患の発症リスクが高くなることが問題となっている。

○ 内臓肥満と高血糖・高血圧・高脂血症を合併した状態で、生活習慣病の一つともされる。

30　睡眠時無呼吸症候群は、睡眠時に反復して発生する無呼吸発作のことで、安眠が妨げられることにより、昼間に居眠りがちになり、交通事故を起こす危険がある。過度のストレスで副交感神経の興奮が気管を塞ぐことが原因であり、痩せた人に発生しやすい。

× 患者の多くは肥満に加え、高脂血症、糖尿病など生活習慣病を合併することが多い。

31　脚気は、過去の病気と思われていたが、近年では過度のダイエットやジャンクフードに依存した食事などで、若者にも多く発生している。カルシウムやビタミンDの不足が原因とされ、骨密度の低下により骨折しやすくなる。

× 脚気はビタミンB_1不足が原因である。カルシウムやビタミンDの不足が原因なのは骨粗しょう症。

32　花粉症は、スギやヒノキの花粉が原因とされ、花粉の繊維状の鋭いトゲによる物理的刺激により、目・鼻の粘膜が傷つけられ、この刺激によってクシャミ・鼻水が出るものである。肺の細胞が傷つけられ、肺癌が発生することが多い。

× スギ花粉症はスギ花粉を抗原とするアレルギー反応に分類される。物理的刺激ではなく、肺がんとの関係もない。

33　認知症は、転職、引っ越し、子どもの自立など外部環境の激変が原因となって心身にさまざまな症状が現れ、社会生活に支障をきたすものをいう。近年、その原因である心理社会的ストレスが多様かつ深刻化している。

× 血管性認知症、アルツハイマー型認知症など様々な原因があるが、ストレスが直接的原因ということはできない。

3 自然と環境

Level 1 ▷ Q07　Level 2 ▷ Q12

おさえておきたい
Point キーワードチェック

1 環境問題への取り組み

年	出来事
1972	国連人間環境会議（ストックホルム）で（　1　）採択 →国連環境計画（UNEP）設立 ローマクラブ『成長の限界』公表（資源採取・環境汚染による破局）
1987	環境と開発に関する世界委員会（持続可能な開発を提唱）
1992	地球サミット（国連環境開発会議・リオデジャネイロ）で（　2　）採択
1997	地球温暖化防止会議（京都）で（　3　）採択
2002	持続可能な開発に関する世界首脳会議（地球サミット2002）
2005	日本提案による「持続可能な開発のための教育の10年」がスタート
2015	「持続可能な開発のための2030アジェンダ」「持続可能な開発目標（SDGs）」

2 地球温暖化 ▶ p214

（　4　）などの温室効果ガスにより地球温暖化が進むと、海水面の上昇による低地の水没や、生態系への悪影響が懸念される。気候変動枠組み条約の締約国会議（COP）を中心に国際的な対応が進められる。

気候変動枠組条約（1992年）	先進国に温室効果ガス排出量を90年レベルにすることを求める。
第3回締約国会議 COP3（1997年） （3）の採択	先進国に温室効果ガスの排出削減目標を設定（途上国はなし）。京都メカニズム（クリーン開発・排出量取引・共同実施の柔軟性措置）を規定。
COP21（2015） パリ協定の採択	2020年以降の地球温暖化対策として、産業革命前からの世界の平均気温上昇を2度未満に抑え1.5度未満を目指す。初めて全加盟国が参加する枠組みとなり、削減目標を5年ごとに提出・更新し実施状況を報告することとなった。

（4）排出量比率（2016年）	（　5　）(28.0%)、アメリカ（15.0%）、インド（6.4%）、ロシア（4.5%）、日本（3.5%）、ドイツ（2.3%）など。
炭素税	イギリス、ドイツ、オランダ、イタリア、北欧諸国で導入。
地球温暖化対策税（環境税）の導入	わが国では、従来の石油石炭税の税率を3年半で段階的に引き上げ、CO_2 排出抑制の政策に支出する税制改正が、2012年10月から導入された。

3 オゾン層破壊

地上12～50kmの成層圏に有害な紫外線を吸収するオゾン層がある。1985年に（　6　）上空のオゾン層が破壊され、オゾンホールができていることが発表された。同年にUNEPの主導でオゾン層保護のための国際的枠組み（ウィーン条約）が採択され、それに基づき、1987年モントリオール議定書（フロンなどオゾン層破壊物質の生産削減を定める）が締結された。その後、1996年に先進国でフロン全廃（代替フロンは2020年まで）、途上国は2015年までに全廃（代替フロンは2030年まで）とされる規制が進んでいる。

4 酸性雨

工場や自動車から排出される硫黄酸化物（SO_X）、窒素酸化物（　7　）が原因で、1960年代後半から、（　8　）、北米、次いで東アジアで問題化した。ヨーロッパでは、長距離越境大気汚染条約（1979）、硫黄排出量に関するヘルシンキ議定書（1985）、窒素化合物のソフィア議定書（1988）を採択。アジアでは日本主導で、東アジア酸性雨モニタリングネットワークが1998年に設立され活動を行っている。

5 ごみとリサイクル ▶p224

一般廃棄物（ごみとし尿）排出量は年間4,289万トン（平成29年）で減少傾向にある。
産業廃棄物排出量は年間4億トン前後で横ばい。
スチール缶、アルミ缶のリサイクル率は、いずれも約93%で上昇傾向。

（　9　）	平成9年からガラスびん、ペットボトルの回収と再資源化を事業者に義務付け。平成12年からはプラスチック、紙容器も対象に。スチール缶、アルミ缶は譲渡可能なので対象外。
（　10　）	冷蔵庫、エアコン、テレビ、洗濯機について、製造業者と小売業者に引き取りと再商品化を義務付け。平成13年に完全実施。
循環型社会形成推進基本法	平成12年に成立・施行。廃棄物のリサイクルを進める基本方針を定める。廃棄物・リサイクル関連法の基本法。
自動車リサイクル法	自動車廃車時の再資源化。平成17年施行。
食品リサイクル法	排出抑制と資源有効利用。平成19年改正で定期報告義務等。
建設リサイクル法	建設工事廃棄物の分別解体・再資源化。

6 汚染物質

大気汚染防止法	施設の排出規制、指定地域での総量規制、自動車排出ガスの許容限度の設定。
（　11　）	発がん性や催奇形性のある有機塩素化合物。ごみ焼却場からの排出が問題化し、平成12年に（11）類対策特別措置法施行。
環境ホルモン	（11）、DDT、PCBなど生殖機能への影響が疑われる内分泌かく乱物質。

7 東日本大震災と原発事故

⑴平成23年東北地方太平洋沖地震の規模

	東日本大震災（東北地方太平洋沖地震）	阪神・淡路大震災（兵庫県南部地震）	関東大震災（大正関東地震）
発生	2011年3月11日	1995年1月17日	1923年9月1日
マグニチュード	9.0（最大震度7）	7.3（最大震度7）	7.9(旧震度階級で6)
地震の種類	海溝型	直下型	海溝型
震源	三陸沖(岩手県～茨城県)	兵庫県北淡町	神奈川県相模湾沖
死者・行方不明者	1万8,591人	6,437人	約14万2,807人
住宅被害(全半壊)	推定39万棟以上	約25万棟	約37万棟
被害額	推定16兆～25兆円	推定9.9兆円	推定55億～65億円

2012年12月の政府発表資料等より

⑵福島第一原子力発電所事故

東京電力報告書・政府のIAEA報告書によれば、地震発生後50分ほどで、高さ14mを超える津波が福島第一原発に到達し、発電所内では地下の非常用発電機を含む全交流電源を喪失する状態となった。原子炉内部および核燃料プールへ送水するポンプが停止したためこれらの冷却が不能となり、核燃料の溶融が発生、炉心溶融、水素爆発が発生するまでの大事故となった。原子力安全・保安院は、チェルノブイリ原子力発電所事故と同規模のレベル7（深刻な事故）と暫定評価をしている。政府の試算値では、6月時点で福島第一原発から大気中に放出されたセシウム137の量は、広島型原爆の約168個分だとした。

⑶震災による二次的被害

①都市交通の麻痺：東京都心での帰宅、避難体制の問題点が明らかに
②通信インフラ：通信網が寸断され、安否確認が困難な状態に
③電力不足：東京電力管内を中心に計画停電、夏場の大規模な節電の実施
④風評被害：被災地域からの農作物、海産物その他物資について、情報管理体制の重要性

1 人間環境宣言　2 アジェンダ21　3 京都議定書　4 二酸化炭素〔CO_2〕　5 中国　6 南極
7 NO_X　8 ヨーロッパ　9 容器包装リサイクル法　10 家電リサイクル法　11 ダイオキシン

おさえておきたい
Point　ミニ演習

1　世界遺産は、「文化遺産」、「自然遺産」、「複合遺産」の3種類に分類されているが、我が国には「複合遺産」の登録はない。

〇 文化と自然の両方の普遍的価値を有する複合遺産は、日本では登録されていない。

2　我が国から初めて世界遺産一覧表に記載された「文化遺産」は、「法隆寺地域の仏教建造物」及び「姫路城」の2件である。

〇 自然遺産は、屋久島と白神山地が初めて登録された。

3 「屋久島」、「白神山地」、「知床」は、ともに「自然遺産」として世界遺産に登録されている。

○ 2011年、新たに小笠原諸島が自然遺産に登録されている。

4 日本を代表し象徴する「名山」として親しまれてきた「富士山」は、2013年、自然遺産に登録された。

× ゴミ問題があり、自然遺産の登録から変更し文化遺産での登録となった。

5 2008年、「平泉一浄土思想を基調とする文化的景観」は、日本が世界遺産への登録を推薦した候補地としては、初めて登録延期となった。

○ 文化遺産として12番目の登録であるが、2008年に一度登録延期を勧告されている。

6 地球温暖化の原因とされている温室効果ガスとは、二酸化炭素のみを指す用語である。

× 京都議定書では、二酸化炭素、メタン、一酸化二窒素などの6種類が対象となっている。

7 パリ協定は、世界の温室効果ガス排出量の一定規模を占めていた米国と中国が批准したほか、インドや欧州連合（EU）なども批准し、同年11月に発効した。

○ 中国やインドなど途上国も参加した温室効果ガス排出削減の国際的枠組みであるが、2017年に米トランプ大統領は協定離脱を表明している。

8 パリ協定には、世界的な平均気温上昇を産業革命以前に比べて2℃より十分低く保つとともに、1.5℃に抑える努力を追求することが盛り込まれた。

○ 2015年のCOP21で採択されたパリ協定は、気温上昇を「2℃未満、1.5℃未満を目標」と明定した。

9 パリ協定では、条約に加盟する196か国・地域が、温室効果ガスの削減目標を5年ごとに国連に提出することが義務付けられ、目標達成の義務化が盛り込まれた。

× 5年ごとの提出義務による実施状況について国際的な検証を受けるが、目標達成の義務化は盛り込まれていない。

10 パリ協定には、途上国に対する温暖化対策への資金支援について、先進国が具体的な拠出金額が協定に明記された。

× 先進国は発展途上国に対して削減のための資金拠出義務があるが、途上国も自主的に拠出する。また、先進国による具体的拠出金額は明記されていない。

11 窒素酸化物（NO_x）は、工場や自動車などが主な排出源である窒素系の有害化学物質の総称であり、人間の呼吸器に悪い影響を与えてぜんそくの原因となると考えられている。軽油よりガソリンのほうが、窒素酸化物の発生量が多いため、我が国ではガソリンの税率の引上げ等の措置により、排出量

× 軽油を燃料とするディーゼル車のほうが窒素酸化物の排出量が多く、平成22年排出ガス規制ではガソリン車同等の削減が義務付けら

の多いバスやトラックなどの大型自動車は、ガソリンから軽油への燃料の転換が進められている。

れた。

12　アスベストは、天然に産する繊維状の鉱物で石綿とも呼ばれ、耐熱性、耐磨耗性、電気絶縁性などに優れており、かつては多用途に利用されてきた。しかし、発がん性が指摘され、現在は我が国での製造が原則として禁止されている。建造物にアスベストが残っているところがあり、これらの建物では劣化・損傷等による飛散防止を考慮する必要があり、また、解体時には飛散防止対策を施す必要がある。

○ 現在ではアスベストを0.1%を超えて含有するすべての物の製造、輸入、譲渡、提供、使用が労働安全衛生法で禁止されている。

13　フロンは、無色、無臭で化学的に安定しているなどの特性をもつヘリウム系のガスであり、冷蔵庫の冷媒、電子部品の洗浄、スプレーなどに使用されてきた。しかし、大気中に放出されたフロンが、皮膚がんなどの発症率を高める有害紫外線を吸収するオゾン層を破壊すると指摘され、現在は我が国では製造が原則として禁止されている。最近では、赤道付近の低緯度地帯でオゾン層の破壊が特に進んでおり、開発途上国での使用禁止措置が求められている。

× フロンの代替として、ヘリウム系のガスが冷媒として使われる。また、一般にオゾン量は低緯度では少なく高緯度で多い。特に高緯度地域（極域）でオゾンの減少率が高くなっている。

14　スギの花粉は、ヒトに対しての内分泌かく乱物質（いわゆる環境ホルモン）に該当し、花粉に含まれる硫黄分がヒトの免疫器官を刺激し、アレルギー症状（スギ花粉症）を発症させると考えられている。間伐を行わないスギ林での花粉の発生が多いので、スギの抜き伐りが実施されているが、最近では、遺伝子組換え技術で作出した無花粉スギの植栽が日本全国の国有林を中心に進められている。

× 環境ホルモンとは、ダイオキシン、PCB（ポリ塩化ビフェニール）など、生物の生殖機能をかく乱する作用のある物質である。スギの花粉が原因（アレルゲン）となって症状を起こす、アレルギー性の病気であり、環境ホルモン物質とは無関係。

15　「バーゼル条約」は、有害廃棄物の国境を越える移動等の規制について、国際的な枠組みを定めた条約である。我が国は本条約の国内実施法として「バーゼル法」を制定した。同法に基づき、金属回収など再生利用を目的とするものについて特定有害廃棄物等の輸出入の承認が行われている。

○ 輸出の許可制、事前通告制、再輸入義務などを規定しており、「特定有害廃棄物等の輸出入等の規制に関する法律」（バーゼル法）が国内法となる。

16　「生物多様性条約」は、絶滅のおそれのある野生動植物の国際取引を規制し、種の保護を図ることを目的とする条約である。我が国は、本条約に基づき「生物多様性国家戦略」を策定、「種の保存法」を制定した。国内希少野生動物として、アホウドリ、エゾシカ、ツキノワグマ等を定め、個体の繁殖や生息地の整備等の事業を行っている。

× 絶滅危惧種の国際的取引規制はワシントン条約であり、これに基づき種の保存法が制定された。生物多様性条約は、地球全体の生物多様性を保護するものである。

4 人口問題

Level 1 ▷ Q03　Level 2 ▷ Q10,Q11

おさえておきたい
Point キーワードチェック

1 わが国の人口動態 ▶p210 ▶p220

少子化	わが国の年少人口比率（0～14歳）は12.2%（2018年）で（　1　）傾向。 少子化の理由としては、高学歴化・子育て環境の未整備・価値観の変化・経済的不安定による、非婚化・（　2　）が挙げられる。
合計特殊出生率	合計特殊出生率（1人の女性が生涯に産む子の数）は1973年（第2次ベビーブーム）の2.14から低下傾向にあり、人口を維持する人口置換水準2.07をも下回り、2005年には1.26（過去最低）となった。その後、若干持ち直しているが、2018年の人口動態統計では1.42である。
高齢化	わが国の高齢人口比率（65歳以上）は28.1%で（　3　）傾向。75歳以上は14.2%で、この傾向は今後も続く（2018年）。
（　4　）	WHO等の定義で、高齢者の比率が7%以上で上昇傾向にある社会。
（　5　）	高齢者の比率が14%以上を維持する社会。日本は1994年からこの段階だが、さらに高齢者比率が21%を超えているので、「超高齢化」社会とも呼ばれる。
婚姻率	2018年は人口千人に対し4.7件で減少傾向にある。平均初婚年齢は夫が31.1歳、妻が29.4歳。年代別に見た妻の初婚率では、20代が低下し30代が上昇しており、晩婚化を裏付けている。
離婚率	平成に入ってから急激に上昇し2002年には過去最高の離婚件数（約29万組）を記録した。2018年は約20.8万組で、人口千人に対し1.68件。フランス（1.87）、ドイツ（2.0）とほぼ同水準だが、ロシアやアメリカと比べれば半分程度である。

2 少子高齢社会対策

⑴少子化対策

①エンゼルプラン（1994年）：少子化対策として保育、雇用などの子育て支援

②新エンゼルプラン（1999年）：子育てと仕事の両立のため保育施設を拡充

③少子化対策プラスワン（2002年）：男性も含めた働き方の見直し、地域の支援など総合的取り組みを推進

④次世代育成支援対策推進法（2003年）：地域・職場による次世代育成支援の行動計画、2009年改正で適用拡大

⑤少子化社会対策基本法（2003年）：少子化対策の総合的推進のための基本法、内閣府に少子化社会対策会議を設置

⑥子ども・子育て応援プラン（2004年）：保育事業から、若者の自立・働き方見直しへ、5年間の重点的計画

⑦新しい少子化対策について（2005年）
⑧子ども・子育てビジョンの策定（2010年）
⑨子ども・子育て支援法（2012年）：子ども・子育て支援給付その他必要な支援
⑩待機児童解消加速化プラン（2013年）：保育ニーズのピークを迎える2017年度末までに約40万人分の保育の受け皿を確保

⑵高齢化対策

①ゴールドプラン（1989年）
高齢者福祉事業の目標を設定、在宅福祉対策・特別養護老人ホーム整備

②新ゴールドプラン（1994年）
在宅看護の充実、ホームヘルパー確保、訪問看護ステーション設置

③高齢社会対策基本法（1995年）
就業・所得、健康・福祉、学習・社会参加、生活環境について国が講ずる施策を規定

④ゴールドプラン21（1999年）
新ゴールドプランに続く5カ年計画、介護サービスの基盤整備と生活支援対策

⑤（　6　）2000年4月より実施。
高齢者介護を社会全体で支えるための保険制度。40歳以上の国民が保険料を払う。
認定された要介護度に従い、訪問介護、訪問入浴などの在宅サービスと、介護老人福祉施設、介護老人保健施設、養護老人ホームなどの施設サービスを受ける。費用の１割は自己負担。介護業者による介護報酬架空・水増し請求が問題となっている。

3 家族

家族周期	結婚→育児期→教育期→子の独立期→老後期
非婚・晩婚化	男女ともに25歳から34歳の人々の未婚率が上昇。 初婚年齢も高くなっており、女性の初産年齢も上昇。
（　7　）	就職後も親元に同居し、自分の収入を自由に使える独身の若者。
（　8　）	精神病以外で自室などに閉じこもり、長期間にわたって社会や家族との接触を絶っている状態。全国で数十万人いるともいわれるが実態はよくわかっていない。

4 世界の人口

世界は20世紀だけで15億人から60億人へ人口を増やし、国連の推計では2011年10月31日に70億人に達したとされている。ただ、世界の人口増加率は90年代以降、若干鈍化しており、2050年には90億人を突破するがゼロ成長に近づき、100億人を突破するのは21世紀末との予測もある。

1 低下　2 晩婚化　3 上昇　4 高齢化社会　5 高齢社会　6 介護保険
7 パラサイト=シングル　8 ひきこもり

おさえておきたい
Point **ミニ演習**

1　少子高齢社会は、先進国に見られる特徴であるが、我が国の場合、その進展が極めて速い点が特徴である。

○日本では高齢化率が7%から14%に達するのに24年で、世界で例をみない速さである。

2　我が国の合計特殊出生率は、人口が減少に向かうといわれている数値をわずかに超えている。

×人口維持には2.07が必要だが､わが国は1.42（2018年）である。

3　少子高齢化の原因としては、非婚化、晩婚化、出産に対する価値観の変化や高齢者医療の進歩により平均寿命が著しく伸びたことなどが挙げられる。

○出生数減少と平均寿命延伸の原因には、他にも経済的要因や食生活の改善なども指摘される。

4　高齢化率とは、総人口に占める65歳以上の人口の割合であり、７%を超えた社会を高齢社会といい、14%を超えた社会を高齢化社会という。

×７%を超えた社会が高齢化社会、14%を超えた社会が高齢社会。

5　現在、我が国は高齢化社会から高齢社会へと突入し、超高齢社会へと向かっている。2018（平成30）年現在、65歳以上の高齢者人口は4,000万人を超えており、総人口に占める割合（高齢化率）も約30%となっている。あわせて都道府県別の高齢化率についてみると、東京、大阪、愛知などの大都市圏で高くなっている。

×平成30年の65歳以上の高齢化率は28.1%で、3,558万人である。大都市圏のほうが高齢化率は低いが、沖縄県の21.6%が最も低い。秋田県が最も高く36.4%。

6　高齢者に対する虐待が深刻な状況にあることを背景として、2005（平成17）年に高齢者虐待防止法が制定された。これにより、家族などの養護者による虐待を受けたと思われる高齢者を発見した者は、その高齢者の生命又は身体に重大な危険が生じている場合については、速やかに、市町村に通報することが義務付けられた。

○高齢者虐待の防止等に関する国等の責務、保護のための措置、養護者に対する支援などが定められている。

7　少子高齢化の急速な進展に伴って今後の労働力人口の減少が見込まれることから、2004（平成16）年に高年齢者雇用安定法が改正された。これにより、60歳を超える労働者に対する時間外・休日労働の制限や深夜業の禁止の規定が設けられ、また高年齢退職者に対する臨時的・短期的な就業機会を確保するため、新たに「シルバー人材センター」が法制化された。

×平成16年の改正では、事業主に、定年の引上げ・継続雇用制度導入・定年廃止のいずれかの措置、高年齢者等の再就職の促進などの義務を課した。さらに、平成25年には継続雇用の対象を希望者全員に改正された。

8 従来の「痴呆」という用語が高齢者の尊厳に対する配慮を欠く表現であることから、新たに「認知症」という用語が用いられることになった。認知症は、高齢者に特有の記憶障害であり、一般に、判断、言語、感情などのその他の精神機能の減退は伴わないとされている。そのため、認知症の高齢者は成年後見制度による保護の対象とはされていない。

× 認知症の原因は様々で、若年認知症もあり、高齢者特有とはいえない。また、認知症の高齢者も成年後見制度を適用できる。

9 65歳以上の高齢者の総人口に占める割合が7％を超えた社会を高齢化社会、14％を超えた社会を高齢社会と呼んでいる。我が国は、1970年に高齢化社会、2004年に高齢社会に突入し、この間に34年かかっているが、先進国では、ドイツが115年、イギリスが85年かかっており、フランスが最短の30年で到達した。

× 日本が高齢社会に達したのは1994年で24年という、例をみない速さで高齢化している。フランスが115年。イギリスが47年、ドイツが40年である。

10 急速な高齢化の背景には平均寿命の伸びや出生率の低下がある。2018年の平均寿命は男性が78.6歳、女性が85.6歳に達した。合計特殊出生率は、バブル経済の崩壊を主な要因として、その後に、離婚数が増えたことから、1990年以降、初めて人口維持に必要な水準である人口置換水準（概ね2.1）を下回る状態が続き、2018年には1.95に低下した。

× 2018年の平均寿命は男が80.25歳、女が87.32歳。合計特殊出生率は、2005年には1.26（過去最低）であった。2018年の人口動態統計では1.42。

11 2006年に高齢者などの交通機関利用を円滑化するために交通バリアフリー法が制定され、駅や空港などのターミナルを新設、改造する場合に、エレベーターやエスカレーターなどの整備が義務付けられた。また、高齢者世帯の増加に対応するため、高齢者居住法に基づき高齢者向けにバリアフリー化された優良な賃貸住宅の供給の促進が図られている。

○ バリアフリー新法とも呼ばれ、高齢者、障害者等の移動、施設の利用上の利便性・安全性の向上の促進を目的とする。また、高齢者向け優良賃貸住宅では、促進事業や各種補助金、優遇措置が実施されている。2018年には2020東京五輪に向け、改正バリアフリー法が制定された。

Q01 社会集団

問　社会集団の分類について、社会学者名、主張する分類区分および説明の組合せとして、正しいものはどれか。
（地方上級類題）

	社会学者	分類区分	区分の説明
1	マッキーヴァー	コミュニティ アソシエーション	関心の包括性と特殊性によって特色づける
2	スペンサー	生成社会 組成社会	意志結合の自然性（本質意志）と作為性（選択意志）に基づいて発展的に示す
3	デュルケーム	軍事型社会 産業型社会	社会の形成のしかたの自然性と目的性によって特質を示す
4	テンニース	環節的社会 有機的社会	社会的連帯を軸として、その機械的なものから有機的なものへの発展においてとらえる
5	ギディングス	ゲマインシャフト ゲゼルシャフト	個人と集団の自由と拘束および闘争や競争の関係を軸にして、発展的に考察する

おさえておきたい Point　キーワードチェック

◉社会集団の分類

⑴テンニース

①ゲマインシャフト（(　**1**　))：愛情や親しみなど自然的･有機的な感情の絆で結びつく社会集団。家族、村落など。

②ゲゼルシャフト（(　**2**　))：打算的な目的意識を基礎とする人為的･機械的な結合によって成立する社会集団。都市、国家など。

⑵クーリー

①（　**3**　）集団：直接的接触に基づく親密な関係の社会集団。家族、近隣。

②（　**4**　）集団：クーリーの概念を受けて後の学者が考えた概念。間接的接触への依存度が高い派生的な社会集団。学校、会社、政党など。

⑶ギディングス

①生成社会：（　**5**　）に発生した独立性の高い社会集団。

②組成社会：生成社会を基盤として（　**6**　）に形成される社会集団。

⑷マッキーヴァー

①コミュニティ（(　**7**　))：さまざまな関心を共有した生活が送られる、一定地域に成立する社会集団。村落、都市など。

②アソシエーション（(　**8**　))：一定の目的を実現するために人為的･計画的につくられる社会集団。学校、会社など。

(5)サムナー

①内集団：成員が（　9　）を強く覚え、その存続・発展を願う社会集団。

②外集団：成員に（9）がなく、時として敵対心を持ち合う社会集団。

(6)高田保馬

①基礎集団：血縁や地縁によって（5）に形成される社会集団。家族、部族、村落など。

②派生集団：基礎集団の機能を効果的とするため（6）に組織される社会集団。学校、会社、政党など。

(7)スペンサー

①軍事型社会：支配的な社会活動・組織が（　10　）にある社会集団。

②産業型社会：支配的な社会活動・組織が（　11　）にある社会集団。

(8)デュルケーム

①（　12　）的社会：同質的で類似した没個性的な結合が、環節動物の節のように連結して形成される社会集団。

②（　13　）的社会：社会的連帯が成員間の分業によって緊密に関係づけられる社会集団。

1 共同社会　2 利益社会　3 第一次　4 第二次　5 自然発生的　6 人為的　7 共同体
8 結社　9 帰属意識・一体感　10 軍事　11 産業　12 環節　13 有機

A01　正解－1

1－正　マッキーヴァーは独自の社会構造論を展開したアメリカの社会学者。

2－誤　ギディングス（同類意識などの概念で心理学的社会学を確立したアメリカの社会学者）の分類。

3－誤　スペンサー（進化主義的社会学を創始したイギリスの社会学者。社会有機体説を主張）の分類。

4－誤　デュルケーム（実証科学としての社会学を確立したフランスの社会学者。自殺や道徳、宗教など社会的事実の観察と説明の方法を定式化した）の分類。

5－誤　テンニース（人間の意思の分析に重点を置きつつ、社会集団の独自の基礎理論を展開したドイツの社会学者）の分類。

第3章 社会 Level 1

Q02 防衛機制

問　次の記述はフラストレーション状態をはじめとして、人が自己の心理的安定を脅かされた場合にとる自我防衛のメカニズムについての例である。ア～ウに入る組合せとして最も妥当なものはどれか。　(地方上級類題)

・仕事が思うようにいかないため悩んでいたAは、気晴らしにしばしば酒を飲んでいた。これを（　**ア**　）という。
・テニスの試合に負けたBは、「あのときは風邪をひいていたから力が出なかった」と述べていた。これを（　**イ**　）という。
・過去に非行に走った経歴のあるCは、成人後は一転して宗教活動に打ち込み青少年の善導に努めた。これを（　**ウ**　）という。

	ア	イ	ウ
1	補償	退行	同一視
2	補償	合理化	同一視
3	逃避	合理化	同一視
4	逃避	退行	昇華
5	逃避	合理化	昇華

おさえておきたい **Point**　キーワードチェック

◉防衛機制

自我防衛のメカニズムを、精神分析の理論としたものが「防衛機制」である。心理的安定を脅かされた状況で、人間がとるさまざまな言動を分析体系化すると、自己の環境への適応の方向で働く場合と、逆に環境への不適応機制となる場合とがある。（　1　）機制は、特に神経症患者に多く見られる症状である。

⑴代償（補償）

当初の目標とは別に、機能的に（　2　）した目標を達成することで満足を得る。

⑵昇華

対象になっている目標を､社会的･文化的に（　3　）されたものへと転換して満足を得る。

⑶合理化

自分に都合のよい理屈で、本来の欲求や動機を隠して（　4　）化する。

⑷抑圧

意識すると不快や不安を覚えるような記憶や観念を、意識の外へ押し出そうとする。通常は、（　5　）で無意識に実現することが多いが、「制止」あるいは「禁止」で意識的に行われることもある。過度の抑圧が神経症の原因の一つとなる。

⑸反動形成

内心抱いている感情や欲求とは反対の態度や発言をする。

⑹投影

自分が持つことを認めると傷ついてしまうような衝動や感情を、無意識に他の人や物に転換する。恐怖症や精神分裂病の妄想にみられることがある。

⑺退行

欲求不満によって生じた（　6　）を、自分の生活史の前段階もしくは無関係の原始的行動へ戻ることで緩和する。

⑻逃避

苦痛や不安などから逃れるために、他の現実または（　7　）へと逃げる。

⑼転移

ある特定の対象に向けられていた感情や態度を、別の対象に向け変える。一般的には、人から人への（　8　）転移がみられる。

⑽同一視

自分以外のものに自分の姿を重ねることによって、自分にできないことを達成しようとする。

1 不適応　2 類似　3 承認　4 正当　5 忘却　6 緊張　7 空想　8 感情

A02 正解－5

アー逃避

苦しい現実（仕事がうまく行かない）→ 逃避 →他の現実（気晴らしの飲酒）

イー合理化

満たされない本来の欲求（勝つ）→（負けた）← 合理化（風邪をひいた）

ウー昇華

本来の目標・欲求（非行）→ 昇華 →承認された目標・欲求（青少年の善導）

Q03 戦後の女性の地位の変化

問　わが国における戦後の女性の地位の変化に関する次の記述のうち、妥当なものはどれか。

（国家一般類題）

1　政府の調査では、昭和25年には、生まれ変わることができるとしたら「女に生まれたい」とする女性は約50％を占めていたが、平成20年には、女性の社会的地位が低いこと等を理由として「女に生まれたい」が約10％へと大きく減少した。

2　戦後、経済的ゆとりや教育の機会均等の理念の浸透により、女性の教育水準は飛躍的に向上し、昭和40年代以降、女性の４年制大学への進学率は、男性の進学率を上回っている。

3　政府の平成29年の「男は仕事、女は家庭」という考え方についての調査では、女性の回答は、この考えに「賛成」と「反対」とがほぼ拮抗しており、男女間の役割分担を肯定する考えが根強く残っている。

4　女性の年齢別労働力率は、出産、育児のため一時仕事を辞めるM字型曲線を示しているのが特徴である。この曲線を昭和30年と平成29年とで比べると、曲線はM字の谷も山も上方へシフトし、女性の労働市場への参入が進んだことがうかがわれる。

5　戦後、新憲法の下で女性は初めて参政権を得たこともあり、昭和20～30年代の国政選挙レベルでの投票率は、男性に比べてかなり高かったが、その後、徐々にその差を縮めて、平成に入ってからの選挙では男性と逆転しその差は拡大している。

おさえておきたい
Point　**キーワードチェック**

◉男女共同参画社会基本法

男女共同参画社会の実現を21世紀のわが国社会を決定する最重要課題として、（　1　）、（　2　）制度や（　3　）における男女平等への配慮、国・地方公共団体の政策立案・決定への男女共同参画といった基本理念を明示するとともに、国・地方公共団体・国民の責務を規定している。この法律により内閣府の下の（　4　）会議に政策の調査・審議機能が付与された。さらに、2001年に内閣府に（　5　）が設置され、ポジティブ・アクションを含む男女共同参画社会形成の施策を行っている。

◉男女雇用機会均等法

1985年成立の従来の均等法は、97年・99年・07年の改正を経て現在に至る。99年の改正では、制定時には（　6　）目標だった募集・採用、配置・昇進、教育訓練、福利厚生、定年・退職・解雇についての男女の不均等な取扱いを（　7　）規定とした。男性のみ女性のみの募集や選考方法の変更は禁止され、性別を表す職種の募集（婦人警察官・保母・スチュワーデスなど）も規制された。労働基準法改正に伴い、（　8　）労働の制限も撤廃された。身長・体重や転居・転勤を採用や昇進の要件とする（　9　）差別も禁止された。

是正勧告に従わない企業名の公表や、使用者の（　10　）防止義務、ポジティブ・アクションに対する国の支援導入も規定されている。

◉国際会議と女性の権利

⑴世界女性会議

第1回は国連の定めた「国際婦人年」の1975年にメキシコシティーで開催され、「世界行動計画」が採択された。第2回はコペンハーゲンで80年に開催され、「(　11　)撤廃条約」(日本も署名。84年の国籍法改正、85年の男女雇用機会均等法制定、家庭科教育の見直しなどの条件整備を経て、85年に批准）の署名が行われた。第4回は95年に北京で開かれ、2000年までの「行動綱領」と「北京宣言」が採択された。第5回は2000年にニューヨークで「国連特別総会女性2000年会議」が開かれ、女性に対する暴力、政策決定過程への女性の参加促進などが取り上げられた。第9回は2005年に韓国ソウルで開催された。

⑵ペイ・エクイティ

(　12　）の原則。1995年の北京世界女性会議で、男女間で保障する法の制定と施行が各国政府に求められた。

⑶ポジティブ・アクション

職場の男女労働者での格差解消を目的とした、女性の（　13　）を促進するための積極的な取組みをいう。北京世界女性会議で採択された行動綱領により、日本では男女共同参画2000年プランを策定し、（　14　）法でポジティブ・アクションに対する国の援助が盛り込まれた。

⑷リプロダクティブ・ヘルス/ライツ

人々が安全で満ち足りた性生活を営み、（　15　）能力を持ち、子どもを持つか持たないか、いつ持つか、何人持つかを決める自由をもつことを意味する。1994年、カイロでの国際人口開発会議で採択された行動計画に基づく。

1 人権尊重　2 社会　3 慣行　4 男女共同参画　5 男女共同参画局　6 努力　7 禁止
8 深夜・休日　9 間接　10 セクハラ・マタハラ　11 女子差別　12 同一労働同一賃金
13 能力発揮　14 男女雇用機会均等　15 生殖

A03 正解－4

1－誤　71％の女性が「女に」と回答し増加傾向にある（平成20年）。
2－誤　4年制大学では男性が上回り、短大も含むと女子が若干上回る。
3－誤　女性は58.6％が反対。全体でも平成19年から反対が5割を超えた。
4－正　M字のくぼみは浅くなっているが、いまだ女性の潜在的労働力は存在している。
5－誤　昭和40年代から女性が逆転し、平成はほとんどの選挙で女性のほうが高投票率である。

Q04 労働者の就業形態

問 現在、企業で雇用される労働者の就業形態は多様化しているが、これらの労働者を正社員とそれ以外の非正規労働者とに分けたとき、非正規労働者の実情に関する次の記述のうち、正しいものはどれか。なお、非正規労働者を就業形態によって分類すると、以下のとおりである。 （国家一般類題）

出向社員………………… 他企業より出向契約に基づき出向してきている者
派遣労働者……………「労働者派遣法」に基づき派遣元事業所より派遣されている者
パート、アルバイト… 正社員より所定労働時間または所定労働日数が少ない者
臨時・日雇い…………… 臨時的にまたは日々雇われる者で、正社員と所定労働時間および所定労働日数が同じ者
契約・登録社員……… 専門的職種について、契約・登録に基づき雇われる者
その他…………………… 上記以外の非正規労働者

1 各企業ごとに、非正規労働者の占める割合を見てみると、一番高いのは金融・保険業であり、一番低いのは製造業である。
2 企業で雇用される男性労働者のうち非正規労働者である者は3割にすぎないが、女性労働者のうちでは7割を超える。
3 企業における非正規労働者の割合は、雇用形態の多様化で増加傾向にあったが、バブル崩壊を経て減少傾向に転じた。
4 非正規労働者に占める派遣労働者の割合は低いが、派遣労働者のうちでは事務職、製造業、運搬・清掃等、サービス業の従事者が多い。
5 非正規労働者の中で、パートタイマーは2割を占め、年齢階層別に見ると、35から44歳が最も多く、次に15から24歳が多くなっている。

おさえておきたい **Point** キーワードチェック

◉近年の労働事情

高度経済成長期には、労働者を確保するため正社員での雇用が一般的であった。しかし、バブル景気崩壊後、就業形態（雇用形態）が多様化し、企業は雇用の（ 1 ）として非正規雇用の労働者を増やしてきた。1990年に20％であった非正社員の比率は、2018年には約38％に上昇している。しかし、特に非正規雇用については、①少ない給与、②雇用が不安定、③福利厚生・（ 2 ）がない、④（ 3 ）形成ができない、などの問題点が指摘されている。

◉非正規労働者の就業形態とその特徴

⑴直接雇用

①パート、アルバイト

（ 4 ）法では、1週間の所定労働時間が同一の事業所に雇用される通常の労働者よりも短い労働者と定義される。特に、卸売・小売、飲食業などのサービス業でパート・アルバイト比率が多く、非正規労働者全体の約（ 5 ）割を占める。

②契約・嘱託社員

（ 6 ）的職種について、契約・登録に基づいて雇用される。臨時工・期間工や、退職後の再雇用などがある。

③臨時・日雇い

臨時（契約期間が1カ月以上1年以下）または日々雇われる者（契約期間が1カ月以下）で、多くの場合、所定労働時間や労働日数は正社員と同じである。

④出向社員

関連企業の労働者が（ 7 ）契約に基づき就労するが、企業のリストラ進行とともに増加する傾向にある。出向元の正社員であるが、労務を提供する企業で雇用関係になく、出向先では非正規労働に含められる場合がある。

⑵間接雇用

①派遣労働者

（ 8 ）法により、派遣元事業所から派遣される。制定当時の業種から拡大され、2004年には（ 9 ）業務の派遣、紹介予定派遣が認められた。2012年には日雇い派遣の原則禁止、派遣先企業社員との均衡、派遣スタッフへの待遇説明、派遣料金と派遣賃金の情報公開義務化。2015年には全ての業種で期間制限が原則3年、雇用安定措置・キャリアアップ措置の義務化が加えられた。

②請負労働者

厳密には雇用契約ではないが、就労形態が常勤の正社員と同じ場合があり、労働法規制を逃れるための違法な（ 10 ）請負として利用され問題となった。

1 調整弁　2 社会保障　3 キャリア　4 パートタイム労働　5 6　6 専門　7 出向
8 労働者派遣　9 製造　10 偽装

A04 正解－4

1－誤　金融・保険業も増えているが、多いのは飲食店、サービス業、卸売・小売業。
2－誤　男女ともに増加傾向であり、2018年で男性約22%、女性約56%。
3－誤　むしろ、非正規労働者に依存する構造に変化はない。
4－正　2018年の派遣労働者の割合は約2.5%である。
5－誤　パート・アルバイトで非正規労働者の7割で、45～54歳の層が多い。

Q05 社会保障制度

問　我が国の社会保障に関する記述として最も妥当なのはどれか。　(国家一般)

1　診療報酬については、個々の診療行為にそれぞれ点数を設定し、それを積み上げて算出する制度を基本としているが、この制度ではいわゆる過剰診療を招きやすいことなどから、2003年度に入院1日当たりを支払い単位とした包括払い制度が特定の医療機関に導入された。

2　長寿医療制度（後期高齢者医療制度）が2008年に創設された。この制度では、75歳以上の高齢者の医療に係る給付と負担のバランスを図るために、その医療費の財源を75歳以上の高齢者の保険料のみで賄うこととしており、現役世代からの支援金や公費負担がない点に特徴がある。

3　年金制度については、従来は民間被用者と公務員を区別することなく同一年金制度を適用していたが、年金財政の規模の拡大に伴って業務運営の非効率さが目立つようになったことから、2004年にこの年金制度を分割し、民間被用者と公務員とを区別して取り扱うようにした。

4　国民年金の保険料については、若い世代を中心に未納者が増加する中、2002年にその対策として徴収を担当する機関が社会保険庁から市町村に切り替えられた。その結果、国民年金納付率は改善し、2010年度以降の納付率は95%を超える水準となった。

5　2000年の介護保険制度施行後、要介護者・要支援者が増加しており、特に重度の要介護者が大幅に増加して、認定者の約7割を占めるに至った。このため、2014年の制度改正では、介護予防を重視する従来のシステムを改めるとともに、居宅サービスよりも施設サービスの供給を強化することとした。

おさえておきたい
Point　**キーワードチェック**

◉社会保障制度

社会保障制度は、日本国憲法25条が保障する国民の（　1　）、国の社会保障義務の下に成り立つ国の基本的な制度である。

⑴社会保険

生活上のさまざまな危険に対して相互（　2　）を行う制度。疾病、労働災害、失業、高齢化などに対して、被保険者による（　3　）制の各種社会保険制度がある。

⑵公的扶助

生活保護法により、（　4　）者に対して、生活･教育･住宅･医療･介護などに関する援助を公費負担で行い、自立を助ける制度。

⑶社会福祉

児童･老人･身体障害者･（　5　）などが安定した生活を営めるよう、公費負担を中心に、無償または低額の費用でさまざまな公的サービスを提供する制度。

⑷公衆衛生

生活環境の整備などによって、国民の健康の保持・増進を図ろうとする制度。主として（　6　）がその任に当たっている。

◉日本の社会保障制度

①社会保険

医療保険：（　7　）・（　8　）組合・国民健康保険・後期高齢者医療保険

年金保険：国民年金・（　9　）

雇用保険

労災保険：労働者災害補償保険・公務員災害補償保険

（　10　）保険

②公的扶助

（　11　）法

③社会福祉

（　12　）福祉法・母子及び寡婦福祉法・知的障害者福祉法・身体障害者福祉法・老人福祉法

④公衆衛生

疾病予防と治療・上下水道整備・廃棄物処理・薬害対策・自然保護

1 生存権　2 扶助　3 拠出　4 生活困窮　5 母子家庭　6 保健所　7 健康保険　8 共済
9 厚生年金　10 介護　11 生活保護　12 児童

A05 正解ー1

1ー正　包括払いであれば、診療が少ないほうが医療機関の収入は増えることになる。

2ー誤　医療給付の5割が公費、4割が現役世代の医療保険、1割を高齢者の保険料とする。

3ー誤　公務員が加入していた共済年金は、制度発足当初から別になっていた。ただ現在は年金一元化により、共済年金（長期給付）は厚生年金に一本化されている。

4ー誤　徴収は社会保険庁（現在は日本年金機構）。平成30年度の納付率は68.1%（過年度含まず）。

5ー誤　軽度要介護者が大きく増加し半数を占め、在宅医療・介護推進、地域包括ケアシステム構築、費用負担公平化などを行うとした。

Q06 消費者保護法制

問 我が国の消費者問題に関連する法律及び制度に関する記述として最も妥当なのはどれか。
(国家一般)

1 消費者基本法は1968年に制定され、これにより消費者保護のために国や地方公共団体の果たすべき責務が明記されたが、近年では消費者の権利及び事業者の義務についても明確にする必要が生じたため、消費者基本法の特別法として2004年に新たに消費者保護基本法が制定された。

2 製造物責任（PL）法は、企業の過失の有無を問わず、コンピュータのソフトウェアといった製造物や財形貯蓄などの金融商品を含む、すべての商品取引の対象物によって消費者に被害が生じたとき、企業に責任を問うことを可能にする法律で、1994年に制定された。

3 リコール制度は、欠陥商品による事故を未然に防ぐためにメーカーが回収、修理、交換する制度で、自動車の制度は道路運送車両法、電気製品の制度は電気用品安全法、医薬品及び医療器具の制度は薬事法で定められている。リコールの実施に際しては、自主回収は認められず、法律を所管する府省に、事前に届け出を行う義務がある。

4 消費者団体訴訟制度は、消費者が食料品による被害を受けた場合に、市町村長の認定を受けた適格消費者団体が、消費者の利益を守るために、消費者を代表して提訴する権利をもつとする制度である。2017年末現在、同制度は米国や英国においては法制化されているが、我が国では法制化が遅れている。

5 消費者契約法は、労働契約を除く消費者と事業者の間のすべての契約を対象とし、その契約が不適切な勧誘による誤認や困惑によってなされた場合には、一定の期間内に取り消すことができ、また消費者にとって一方的に不当・不利益な契約条項については、一部又は全部が無効となると規定する法律で、2000年に制定された。

おさえておきたい **Point**

キーワードチェック

◉消費者庁

従来の（ 1 ）行政と生産者サイドの政策では、十分な消費者の利益保護が実現できなかった反省から、消費者の視点から行政政策全体を（ 2 ）する機関として、消費者庁が内閣府の外局として設置された。消費者に関わる（ 3 ）情報集約、(3）分析・原因究明、各省庁・地方と連携して業界指導等を行う。（ 4 ）法、景品表示法、JAS法を所管する。

◉消費者基本法

消費者基本法は、消費者保護基本法を抜本的に改正し、消費生活の安定・向上とともに、消費者の（ 5 ）支援、消費者教育を図るために制定された。国・地方公共団体、事業者、消費者の責務・努力義務、消費者政策の基本的事項を規定する。

◉消費者契約法

（　6　）契約を除く消費者契約について、（　7　）に不適切な行為があった場合の（　8　）権、消費者の権利を害する契約条項の無効等を規定する。

◉特定商取引法

訪問・通信・電話勧誘販売や、連鎖販売取引（マルチ商法）、特定継続的役務提供（語学教室・エステサロンなど）、業務提供誘引販売取引（内職商法など）について、（　9　）制度などの規制をする。

◉製造物責任法

製造物の欠陥による損害賠償について、製造者に（　10　）責任を負わせる。

◉リコール

法令に基づくリコール（回収・修理・交換・返金）を行う場合として、消費生活用製品安全法、（　11　）法、薬事法、食品衛生法による命令・指示が行政機関から出される。

◉消費生活用製品安全法

経済産業大臣の（　12　）命令が出された例として、松下電器産業製石油温風機と、パロマ湯沸し器、TDK加湿器の3例がある。

◉消費者団体訴訟制度

消費契約法の規定に基づき、消費者団体が事業者の不当な行為に対する差止請求と被害回復が認められた。差止請求は「適格消費者団体」、被害回復は「（　13　）」が行う。

1 縦割り　2 監視　3 事故　4 特定商取引　5 自立　6 労働　7 勧誘　8 取消
9 クーリング・オフ　10 無過失　11 道路運送車両　12 危害防止　13 特定適格消費者団体

A06 正解－5

1－誤　消費者基本法は、消費者保護基本法を改正する形で2004年に成立した。
2－誤　PL法の対象は、製造物または加工された動産であり、ソフトウェアは含まない。
3－誤　リコールは自主回収の場合もある。電気製品は消費生活用製品安全法の対象。
4－誤　金額は少額だが多数の被害を生じる契約トラブルで、集団で提訴する制度。
5－正　消費者基本法と同じく、消費者・事業者間の情報・交渉力格差から、消費者利益を擁護することが目的である。

第3章 社会 Level 1

Q07 地球温暖化

問　地球温暖化に関する次の記述のうち、妥当なものはどれか。　(地方上級類題)

1　地球温暖化の原因となっているのは、主に硫黄酸化物(SO_X)と窒素酸化物(NO_X)である。
2　わが国は気候変動枠組み条約に基づく温室効果ガスの排出削減目標を達成し、京都会議の開催国になるなど、先進的な取り組みをしている。
3　2008年の温室効果ガスの排出量は、米国が最も多く、次いで中国、日本となっている。
4　ドイツ、イタリア、イギリスでは温暖化防止を目的とした環境税が導入されている。
5　排出量取引とは、先進国同士で他国の排出削減のために投資した場合、その削減単位が自国の削減目標達成に加算される仕組みである。

おさえておきたい **Point**　キーワードチェック

◉京都議定書

1997年12月（　1　）(COP3) で採択された議定書である。

⑴数値目標の設定

先進国の（　2　）排出量について、法的拘束力のある（　3　）を各国ごとに設定

基準年	1990年
対象ガス	二酸化炭素、メタン、一酸化二窒素、亜酸化窒素、ハイドロフルオロカーボン類、パーフルオロカーボン類、六フッ化硫黄
目標期間	2008年から2012年
吸収源の算入	（　4　）等の吸収源による（2）吸収量を算入
目標	各国毎の目標→日本（−6%)、米国（−7%)、ＥＵ（−8%）等。 先進国全体で少なくとも（　5　）%削減を目指す。

⑵京都メカニズム

国際的に協調して、目標を達成するための仕組みを導入

- （　6　）メカニズム：先進国が途上国の排出量削減を支援し、削減量に充当
- 排出量取引：先進国間で（　7　）を取引し削減目標を達成
- 共同実施：先進国間で資金提供・技術提供を行ないそれぞれの削減量を加える
- 吸収源活動：植林、植生回復、森林・耕作地管理の吸収量を排出枠から差し引く

⑶途上国の規制

途上国に対しては、数値目標などの新たな義務は導入しない

◉ポスト京都議定書とパリ協定

⑴新たな枠組みへの模索

2012年で目標期間が終了する京都議定書の次の枠組みについて、加盟国諸国の思惑が入

り組み、新たな合意形成は困難を極める。インドや（　8　）が途上国として規制対象外になっていたことの反省から、日本などの先進国は新枠組みの構築を主張したが、途上国とEUは京都議定書の継続を主張したためである。COP17で採択されたダーバン合意では、2013年以降の第二約束期間を設定、COP18で参加先進国の削減目標を設定することとし、規制の空白は回避した（日本は第二約束期間設定に不参加、カナダは離脱を表明）。

⑵パリ協定

京都議定書以来18年となる2015年12月、気候変動枠組条約第21回締約国会議（COP21）で「パリ協定」が採択された。ここでは、産業革命前からの世界の平均気温上昇を2度未満に抑え、さらに1.5度未満を目指す努力をするという長期目標が、全加盟国が参加する枠組みとして構築された。加えて、今世紀後半に人間活動による温暖化ガスの排出と吸収を均衡させ（カーボン・ニュートラル）、実質的に温暖化ガス排出をなくす脱炭素化社会のビジョンを示している。そのために、5年ごとに自国の目標を作成・提出し、必要な国内措置を実施することを全加盟国の義務とした。さらに、排出削減策だけでなく、温暖化の悪影響への適応策や途上国への資金提供・支援策も合意している。

⑶京都議定書との違い

①京都議定書が先進国のみの削減目標だったのに対して、パリ協定では、すべての国に作成した目標提出、達成のための措置を実施することが義務付けられている。

②中国・インド、さらにはアメリカの事情に配慮して、京都議定書で削減目標の達成自体を義務とするのではなく、削減目標を5年ごとに提出・更新し実施状況を報告することが義務とされている（2017年に米トランプ大統領は協定離脱を表明した）。

◉地球温暖化対策推進法

京都議定書締結の内容を実現するための国内法。国・地方公共団体・事業者の排出抑制策の基本方針、自主的抑制の促進、排出抑制の計画作成などを規定している。

1 第3回気候変動枠組条約締約国会議　**2** 温室効果ガス　**3** 数値目標　**4** 森林　**5** 5
6 クリーン開発　**7** 排出枠　**8** 中国

A07　正解－4

1－誤　地球温暖化の原因となる温室効果ガスは二酸化炭素やメタンである。硫黄酸化物（SO_X）、窒素酸化物（NO_X）は酸性雨の原因物質である。

2－誤　わが国は2000年までに二酸化炭素排出量を1990年レベルにすることが求められていたが、排出量はむしろ増加傾向にある。

3－誤　2008年は、中国、米国、ロシア、インド、日本、ドイツの順である。ただ、2009年からはインドがロシアを抜いて排出量3位となった（P193参照）。

4－正　炭素税などの形で、その他では、フィンランド、スウェーデン、ノルウェー、デンマーク、オランダでも導入されている。

5－誤　共同実施についての記述。排出量取引は排出量を売買する仕組み。

Q08 対人関係の理論

問　対人関係理論の用語に関する次の記述A～Dとその用語の名称の組合せとして最も妥当なのはどれか。　（国家一般）

A　相互行為において、一方の行為者が行為を選択するためには、他方の行為者がどのように反応するかを前もって知る必要があるという不確定な状況に互いがおかれている。

B　教師が期待をかけた生徒と期待をかけなかった生徒の成績の伸びを比較すると、期待をかけた生徒のほうがそうでない生徒よりも高い伸び率を見せる傾向がある。

C　他者との相互関係において、発話と身体行動など二つのレベルで相矛盾したメッセージが発せられることにより、受け手はどちらかを選択することが不可能になる。

D　ある人について、何か目立って好ましい特徴をもっていることが分かると、その人の他の諸側面に対して過大な評価を与える傾向がある。

1　A　ダブル・コンティンジェンシー　B　ピグマリオン効果
　　C　ダブル・バインド　D　ハロー効果

2　A　ダブル・コンティンジェンシー　B　ハロー効果
　　C　ダブル・バインド　D　ブーメラン効果

3　A　ダブル・コンティンジェンシー　B　ブーメラン効果
　　C　ダブル・バインド　D　ピグマリオン効果

4　A　ダブル・バインド　B　ピグマリオン効果
　　C　ダブル・コンティンジェンシー　D　ブーメラン効果

5　A　ダブル・バインド　B　ブーメラン効果
　　C　ダブル・コンティンジェンシー　D　ハロー効果

PointCheck

◉性格の分類

⑴フロイト（オーストリアの精神医学者）

　イド、自我、超自我の3領域を体系化し、心的エネルギーの分析から性格を分類。

⑵ユング（スイスの心理学者、精神医学者）

　フロイトの「リビドー概念」を拡大・発展する形で性格を分類。

　①外向性…情緒の表出が自由で、社交的。

②内向性…控えめで粘り強い。内省的。

⑶クレッチマー（ドイツの精神医学者）

精神分裂病、躁うつ病の患者がある一定の体格をしていることに着目し、体格と性格との相関関係を研究し独自の性格類型を提唱。

①分裂質…非社交的、生真面目、敏感で傷つきやすい。

②躁うつ質…高揚した気分と沈滞した気分が交互に出現する。

③粘着質…きちょうめんで粘り強い。鈍重。

⑷フロム（アメリカの社会心理学者）

生活様式などの社会体制が人間の性格に及ぼす影響を重視して性格を分類。

⑸アイゼンク（イギリスの心理学者）

統計的手法、精神医学的診断、動作テストで性格を分類。

◉ブーメラン効果

説得者の意図とは違う方向に影響が生じて、被説得者が異なる意見や態度をとること。ブーメランが曲がって飛ぶことから名づけられた。

Level up Point !

本問については出題レベルを知るためと、テクニカルタームを覚えるきっかけとしてほしい。心理学での現代的理解は高いレベルでは求められないので、まずは20世紀の学者と理論を確実にまとめておこう。

A08 正解ー1

A －ダブル・コンティンジェンシー（二重の偶然、二重の条件依存）
相互行為は、自己と相手の二重の条件に依存する。

B －ピグマリオン効果
他人に対する期待が他人に影響して期待が実現する。

C －ダブル・バインド（二重の拘束）
2つの矛盾するメッセージで混乱する。

D －ハロー効果（後光効果）
顕著な特徴に引きずられ他の特徴の評価にも影響する。

Q09 労働法制

問 労働者と使用者の関係の法的規律に関する記述として最も適当なのはどれか。

（裁判所職員）

1 労働契約は、労働者が使用者に対し労務を提供し、その対価として使用者が労働者に対し賃金を支払うことを約することにより成立する双務契約である。労働契約の付随義務として、労働者は企業秩序を遵守する義務を負い、他方、使用者は労働者の生命及び健康等を危険から保護するよう配慮する安全配慮義務を負うこととされている。

2 労働組合法は、使用者に対し、労働者の組合への加入や正当な組合活動等を理由に解雇その他の不利益な取扱いをすること、正当な理由なく団体交渉を拒否すること、および組合の結成や運営を支配しそれに介入することを禁止しているが、これらの禁止行為を争議行為という。

3 団体交渉の結果、労働組合と使用者またはその団体との合意に基づき作成される規則を就業規則という。労働基準法は、就業規則に事業場における最低基準としての効力を付与しており、就業規則が定める基準を下回る労働契約は、その部分が無効となり、無効となった部分は就業規則の基準により補充される。

4 労働協約で「労働者は雇い入れ後相当期間内に当該労働組合に加入しなければならず、労働者が組合に加入せず、あるいは除名・脱退等により組合から離脱した場合には、使用者は当該労働者を解雇しなければならない」と規定することは、個々の労働者の権利を過度に制限するものであるから無効とされている。

5 いわゆる労働者保護法と呼ばれる労働基準法、最低賃金法および労働安全衛生法は、賃金の支払い方法、労働時間、休憩、休日、有給休暇などの重要な労働条件について最低基準を定めるものであり、使用者が労働基準法で定める週40時間を超えて労働者を労働させることは、例外なく禁止される。

PointCheck

◉労働協約とショップ制

⑴労働組合法

労働三権の保障とともに、労働者の地位向上、労働条件改善を目的に制定された。労働組合法の目的に沿った形で、労働組合と会社との間には「労働協約」が結ばれる。

⑵ショップ制

労働者と労働組合の関係を、使用者と労働組合の間で規定する制度である。労働協約で、ショップ協定が結ばれる。

①クローズド・ショップ：労働組合員資格のある者のみを雇用する制度。

②オープン・ショップ：労働組合加入を労働者の自由意思に任せる制度。

③ユニオン・ショップ：採用後に労働組合員となることを雇用継続の条件とする制度。

◉不当労働行為

労働組合法では、労働組合の結成･運営などに対する使用者側の妨害や干渉を「不当労働行為」として、使用者側にさまざまな制約を加える。

⑴不利益取扱いの禁止

労働者が組合員であること、組合加入・組合結成、組合の正当な活動などを理由に、解雇その他労働者に不利益な取扱いをすることは禁止。

⑵黄犬契約の禁止

組合に加入しないこと､組合から脱退することを条件として労働者を雇用してはならない。

⑶少数組合とのユニオン･ショップ協定締結の禁止

事業所内の労働者の過半数を代表しない組合とのユニオン･ショップ協定締結禁止。

⑷団交拒否の禁止

使用者は、正当な理由なく労働組合の団体交渉申入れを拒否してはならない。

⑸支配介入の禁止

使用者は、組合の結成･運営に対して支配介入をしてはならない。また、組合に対して経費援助をしてはならない。ただし、労働時間中の交渉･協議に賃金を支払うこと、労組の厚生資金、福利基金に寄付すること、最小限の広さの組合事務所供与は許される。

Level up Point! 労働組合法の出題はそれほど多くないが、知っているだけで確実に得点になる。選択肢をPOINTで補充しておけば、この分野は十分である。

A09 正解ー1

1－正　基本は民法の雇用契約であり、特別法である労働法制により規制される。

2－誤　不当労働行為の説明である。労働争議は労働条件向上のための労使間の活動である。

3－誤　就業規則は使用者が定める。組合と使用者が締結するのは労働協約である。

4－誤　ユニオン・ショップ協定は組合の団結を保障するため有効とされる。

5－誤　時間外労働は、労働基準法36条の協定を締結して可能である。

Q10 社会保障関連法規

問　我が国の社会保障関連法令に関する記述として最も妥当なのはどれか。　（国税専門官）

1　児童手当法は、父親と生計を異にする児童を監護・養育する者への手当について規定したものである。対象となるのは中学校修了前の児童で、支給額は、第１子について月額２万円、第２子以降について月額１万５千円となっている。
2　労働者災害補償保険法は、業務上の災害や職業病、通勤途上の災害に対して、国の責任において労働者に必要な給付を行うことを規定したものである。給付金については、原則として、国及び都道府県が負担することとされている。
3　介護保険法は、市町村（特別区を含む。）を保険者として、被保険者の要介護状態等に関し、必要な保険給付を行うことを規定している。給付費の財源は、国民から徴収した保険料がその半分を構成し、残り半分は国・都道府県・市町村の負担となっている。
4　国民年金法は、老齢、障害又は死亡によって生ずる所得の中断や減少に対して所得保障を行うことを目的としている。民間の給与所得者や公務員については、厚生年金に加入しているため、対象から除外されている。
5　生活保護法は、憲法に規定される生存権の理念に基づき、生活に困窮する国民の最低限度の生活を保障することを掲げている。ただし、民法上の扶養義務者がいる場合には、急迫した事由の有無にかかわらず、生活保護の対象外とされている。

PointCheck

◉医療保険

⑴健康保険

民間企業に働く者およびその家族の疾病･負傷･出産･死亡などに関して、医療サービスや現金給付（傷病手当金や出産手当金の給付）を行う医療保険制度。全国健康保険協会が保険者となる全国健康保険協会管掌健康保険（協会けんぽ）と、企業の健康保険組合が保険者となる組合管掌健康保険（組合健保）がある。定率の患者負担が過重にならないよう、高額医療費制度によって本人（家族）負担には上限が定められている。

⑵共済組合

国･地方の公務員や私立学校教職員およびその家族に対して医療サービスや現金給付を行う医療保険制度。保険者はそれぞれの共済組合で、平成30年度末で約870万人（家族含む）が加入している。医療給付、高額医療費制度適用、保険料などは健康保険と同じである。

⑶国民健康保険

自営業者、農業者、定年退職者とその家族などに加入が義務づけられている医療保険制度。医療サービスと現金給付（任意給付）を行う。保険者は市町村が中心だが、都道府県知事の認可を受けて同業者が組織する国民健康保険組合もある。医療給付は7割で、健康保険と同様に高額医療費制度が適用される。保険料は、所得や資産で評価する応能割と世帯人員で評価する応益割を組み合わせて保険税（料）が決定される（自治体により異なる）。

◉年金保険

⑴国民年金

1959年制定の国民年金法に基づき、自営業者、農業者などそれまで公的年金の対象でなかった者を加入者として発足した年金制度。85年の年金改正ですべての国民を対象とすることとなり、全国民共通の基礎年金を支給する制度となった。加入者は自営業者･農業者などの第1号被保険者、厚生年金の加入者の第2号被保険者、第2号被保険者の配偶者で無業者の第3号被保険者からなり、20歳以上の学生も第1号被保険者として加入が義務づけられた。老齢、障害、死亡について、定額年金が給付される。老齢基礎年金は25年以上の加入期間が条件で、原則として65歳から支給。

⑵厚生年金

主として民間企業の被用者を対象とする公的年金制度。1985年の年金改正で、定額部分と報酬比例部分に分かれていた年金額のうちの定額部分が国民年金の基礎年金となり、この制度は報酬比例部分のみを給付する制度に変わった。老齢、障害、死亡について、基礎年金（国民年金）に上乗せして支給される。老齢厚生年金の支給開始は65歳が原則。

◉介護保険

寝たきりや認知症老人の急増に対して、少子化、核家族化がすすみ、その結果、高齢者が高齢者を介護する（「老老介護」）状況に対処しようとするものである。①負担に見合うだけのサービスが受けられない、②認定・サービスにばらつきが生じる、③将来の保険料が不透明等の問題点も指摘されている。

Level up Point!
変化の激しい社会保障分野では、制度の基本、中心的な仕組みが問われることが多い。時事的な視点で、各制度の変容を確認すること。

A10 正解ー3

1ー誤　一人親家庭への支給は児童扶養手当。なお、2010年度こども手当が新設されたが、2012年度から児童手当（改正）が復活した。
2ー誤　保険料は全額事業主負担とされる。
3ー正　公費負担の国・都道府県・市町村の比率は、2：1：1である。
4ー誤　国民年金は基礎年金であり、厚生年金加入者は第2号被保険者となる。
5ー誤　扶養義務が優先するが、急迫の事由がある場合は保護を受けることができる。

第3章 社会 Level 2

Q11 男女共同参画社会

問　男女平等に向けた取組等に関する記述として最も妥当なのはどれか。なお、文中の法律等の名称については、すべて通称を用いている。　（国家一般改題）

1　男女雇用機会均等法の制定以来、女性の働き方は変化を遂げてきた。これまでのパートやアルバイトといった非正規雇用から正規雇用への転換が進み、2017年には女性雇用者の7割以上が正規雇用となった。正規雇用で比較すると男女の賃金格差も大幅に縮小し、男性の給与水準を100とした場合、1990年には女性は約60であったが、2017年には約85となった。

2　2010年に改正育児・介護休業法が施行され、妻だけでなく夫にも育児休業が認められるなど、男性の育児参加を促進する制度が導入された。これにより、2011年度の男性の育児休業取得率は約5%に上昇し、「イクメン」が流行語となった。今後は、父母が同時に育児休業を取得することや、専業主婦の妻をもつ夫でも育児休業が取得できる制度の導入が課題となっている。

3　業務上や通勤による事故で、頭や顔、首といった「外貌《がいぼう》」に火傷《やけど》や傷跡などが残った場合、労働者災害補償保険から障害補償給付が支給されるが、障害が同じ程度でも男性は女性より低く取り扱われ、男女差が生じていた。これに対して不服を申し立てた裁判の判決を機に、2011年に外貌障害に関する障害等級の男女差が解消された。

4　世界各国の指導的地位における女性の活躍をみると、英国やドイツなど欧州や南北アメリカ大陸の諸国では女性が大統領や首相に就任する例が数多く見られるが、アジア、アフリカではそのような例はない。我が国でも女性の閣僚や都道府県知事は存在するが、首相のほか衆議院、参議院の議長に女性が就任したことはない。

5　政治分野におけるポジティブ・アクションの手法の一つとして、議席数のうち一定数を女性に割り当てるクォータ制があり、憲法又は法律で導入している米国やEU諸国では、国会議員における女性の割合はいずれも40%を超えている。一方、我が国では、2017年末現在で、全国の地方議会議員における女性の割合は30%を超えているが、国会議員における女性の割合は衆議院・参議院ともに5%を切っており、その少なさが際立っている。

PointCheck

◉女性と労働

⑴労働力率

15歳以上人口に占める労働力人口の割合を表す労働力率は、女性では2018年には52.5%であった。15歳以上の女性の半数がなんらかの仕事に従事していることになる。男女就業者数の推移でみても、2008年から2018年までで男性が約28万人減少しているのに対し、女性は約282万人増加している。

⑵女性の労働力率の特徴

日本の労働力率を年齢階級別に見てみると、30代前半を底とするM字型曲線を描く。結婚、出産、育児にともなう退職が表れている。しかし、近年、女性の高学歴化や社会的意識の向上、就労形態の多様化、事務の機械化などの労働環境の変化、95年の完全義務化された育児休暇制度の普及、99年の男女雇用機会均等法の改正など、様々な面において女性が働く環境が整備されてきており、今後はさらにグラフでの底上げ、高齢シフトが予測される。

⑶賃金格差

男性を100としたときの女性の給与額は、一般労働者で73.3、正社員・職員で75.6であり、徐々に縮まっているが、男女間の賃金格差は依然として存在する。その原因としては、女性職・男性職といわれるような性別職務分離が行われていることが挙げられる。

⑷改正育児・介護休業法

正式名称は「育児休業、介護休業等育児または家族介護を行う労働者の福祉に関する法律」。1995年制定され、99年4月から施行。1歳未満の子供を養育する男女労働者に1年間の休暇を保障。父母両方が取得する場合に1歳2カ月までに延長され、一定の場合には1歳6カ月まで休業が可能となる（保育所に入れない等の場合、最長2歳まで）。さらに、勤務時間短縮措置や所定外労働免除がある。介護については、要介護家族1人につき年3回まで、合計93日の休暇の保障などを主な柱とする。

Level up Point!

出題者の立場からは、改革も進んでいる反面、残された課題も明確で、非常に出題しやすい分野のはず。ポイント満載の内閣府・厚労省のホームページは要チェック。

A11 正解－3

1－誤　男性雇用者の減少に対して女性雇用者は増加傾向にあるが、女性雇用者の過半数（55.5%：2017年）が非正規雇用である。また、賃金格差も長期的には縮小傾向にあるが、男性100に対し女性は73.4である（2017年）。

2－誤　イクメンの流行で男性の取得率は2.63%（2011年）で過去最高とはなったが、以前から存在した男性の育児休業の取得率が低いため改正されたものである。夫婦同時取得や専業主婦（夫）除外廃止もすでに導入している。

3－正　2000年の京都地裁判決を機に労災保険の障害等級の男女差が解消されている。

4－誤　アジアではフィリピンのアキノ氏・アロヨ氏、最近では韓国の朴氏などの女性指導者がおり、中国やアフリカにも多くの例がある。女性初の国会・衆院議長は土井たか子氏、参院議長では林寛子（扇千景）氏が就任している。

5－誤　ヨーロッパでも女性国会議員の割合が40%を超える国はスウェーデンなどの数カ国である。アメリカは議席クォータ制を導入しておらず、女性国会議員の割合は約24%。わが国の女性議員の割合は、特別区議会が最高で27%だが、参院約21%、衆院約10%、都道府県・市町村議会10%台である（以上2018年）。

Q12 循環型社会

問　我が国が循環型社会づくりのために取り組んでいる3R（リデュース、リユース、リサイクル）に関する記述として最も妥当なのはどれか。　　（国家一般）

1　京都議定書に掲げられた、バイオマスの利用による二酸化炭素排出量削減の数値目標に対応するため、木くずやバガス（サトウキビの絞りかす）などのバイオマスを利用した発電が導入されたが、いまだ目標数値の達成に至らず、新たなバイオ燃料の開発が急がれている。

2　医療廃棄物は特に危険なため、不法投棄を防止する目的で、平成9年度にその流通状況を把握・管理する電子マニフェストが導入された。このマニフェストへの加入者数は順調に増加し、平成19年度末現在で、全国の医療機関の約80％が加入している。

3　資源やエネルギーを効率的に回収する目的で、平成17年度から企業による自主行動計画の策定を支援する循環型社会形成推進交付金制度が導入された。この交付金を受給した各企業による施設整備の進展は企業間の連携を深め、地方公共団体の3R推進に貢献している。

4　有害廃棄物の国境を越えた移動に起因する環境汚染等に対処する、バーゼル条約に関連した輸出入の状況については、平成17年度に、金属の回収やガラスの再生利用のために、我が国から開発途上国へ、ニカド電池スクラップ、電子部品スクラップなどが輸出された。

5　すべての廃棄物を新たに他の分野の原料として活用するなど、廃棄物のゼロを目指す「ゼロ・エミッション構想」を基本構想として、それぞれの地域の特性に応じて地方公共団体や民間団体を総合的・多面的に支援するエコタウン事業が推進されている。

PointCheck

◉循環型社会

「循環型社会」とは、製品等が廃棄物等となることが抑制され、ならびに製品等が循環資源となった場合においてはこれについて適正に循環的な利用が行われることが促進され、および循環的な利用が行われない循環資源については適正な処分が確保され、もって天然資源の消費を抑制し、環境への負荷ができる限り低減される社会をいう（循環型社会形成推進基本法2条）。

◉3R運動

ごみ・廃棄物について、①リデュース（発生抑制）、②リユース（再使用）、③リサイクル（再利用）の順で、削減に努力する政策・理念である。

今日、日本は、高水準な廃棄物発生量、リサイクル率の低迷、処理施設の新設困難、不法投棄の増大といった状況に直面している。「大量生産・大量消費・大量廃棄」型の経済社会から脱却し、生産から流通、消費、廃棄に至るまで物質の効率的な利用やリサイクルを進めることで、資源の消費が抑制され、環境への負荷が少ない「循環型社会」を形成することが急務となっている。

◉ゼロ・エミッション構想

産業から出るすべての廃棄物を新たに他の分野の原料として活用し、あらゆる廃棄物をゼロにすることをめざすことで、新しい資源循環型の産業社会の形成をめざす構想である。単なる資源の有効利用にとどまらず、環境負荷の低減にも大きな貢献をなすことになり、さらに、リサイクルの際に発生する余熱利用による暖房や給湯、ゴミの固形燃料化などエネルギー化による省エネルギーにも資することになる。

◉エコタウン事業

増加する廃棄物処理について、地方公共団体の対応が急務となっているが、環境産業の自立的発展を促進する基盤を整備することにより、環境対策の効率化を図る必要がある。そこで、「ゼロ・エミッション構想」を実際の地域の環境調和型経済社会形成のための基本構想として位置づけ、あわせて地域振興の基軸として推進するものがエコタウン事業である。これにより環境調和型の地域経済の形成の観点から、既存の枠にとらわれない先進的な環境調和型まちづくりを行うとともに、民間の力によって環境対策の効率化を進めることが可能となる。

◉バイオマス燃料

バイオマスとは生物体を利用した有益物質であり、それをエネルギーとして加工したものがバイオマス燃料である。主にアルコールやメタンガスを精製し、石油・天然ガスの代替エネルギーとして転換することを目標としており、結果として、環境中のCO_2の総量に変化は生じない（炭素循環、カーボンニュートラル）。京都議定書ではバイオマス燃料燃焼により発生するCO_2は温室効果ガス排出量に算入しないこととしている。

Level up Point!

環境問題は、国際的な枠組みから、国内法制度、具体的政策と、一直線にまとめておくと、広い出題ポイントに対応できる。資源の少ない日本での環境問題が、3R運動・エコタウンに集約されているのだ。

A12 正解ー5

1ー誤　バイオマス燃料はいまだ実用段階にはなく、CO_2削減に結びついていない。
2ー誤　電子マニフェストは、不法投棄を防ぐため、産業廃棄物全般の処理管理を目的とする。排出事業者の中で医療機関の割合は大きいが、加入率は1割程度。
3ー誤　交付金制度は、地方の自主行動計画を国が支援するためのものである。
4ー誤　金属再利用のため、ニカド電池・電子部品スクラップは輸入されている。
5ー正　承認を受けた自治体のエコタウン・プランに、補助金・助成が行われている。

Q13 情報関係用語

問 社会における情報関係用語に関する記述として最も妥当なのはどれか。（国税専門官）

1 VOD（Video On Demand）とは、視聴者の要望に応じて、サービス提供者がビデオプロジェクタに蓄積しておいた様々な番組を配信するサービスであり、映像の一時停止・巻き戻し等が行えない点については通常の番組放送と共通している。

2 GPS（Global Positioning System）とは、人工衛星を利用した全地球規模の測位システムであり、元来カーナビゲーションシステムとして活用するために開発されたものであるが、その後、現在地を地図上に示す性質を利用して、防衛用システムとしても改良されている。

3 CAD（Computer-Aided Design）とは、コンピュータがその内部に記憶されている設計情報を用いて自動的に製品設計を行うシステムであり、画面を必要としない特徴がある。現在では、機械用CADが一般に普及しており、建築用CADが開発途上の段階である。

4 POS（Point Of Sales）システムとは、商品を販売した時点でバーコードから情報を入力し、売上処理だけではなく在庫管理や経営分析に利用する総合的なシステムであり、主にスーパーマーケットやコンビニエンスストア、外食産業などで普及している。

5 SOHO（Small Office/Home Office）とは、事業規模やオフィスは小規模であるが、独創的な技術やサービスを開発し、未知の要因が多い新しい事業に取り組む業務形態で、現在急成長をしているインターネット関連企業の多くがこの形態である。

PointCheck

◉IT情報関連用語

・ASP（Application Service Provider：エーエスピー）
　インターネットを介し必要なソフトウェアを企業や個人のパソコンに供給するサービス。

・CLOUD（Cloud computing：クラウド）
　ネットワーク上に分散したコンピューティングリソースを使って、情報・アプリケーション提供を行う。個別のソフト・データを、一括運用・管理し、作業やコストの軽減を図る。

・DNS（Domain Name System：ネームサーバ、ディーエヌエス）
　インターネット上のコンピューターのドメイン名（文字列）とIPアドレス（数値）を対応、変換するシステム。全世界のDNSサーバが連携して運用されている。

・DTP（DeskTop Publishing：デスクトップパブリッシング、ディーティーピー）
　旧来の植字を用いず、出版物の原稿作成から版下データ作成までをコンピューター上で行い、直接印刷所でデータを印刷すること。専用DTPソフト、画像編集ソフトで行われる。

・EC（E-commerce：イーコマース、イーシー）
　電子商取引。インターネット上で物品の売買や決裁などの取引を行う仕組み。

・EL（Electro-Luminescence：エレクトロルミネセンス、イーエル）

蛍光物質に電界を加えておこる発光現象。発光ダイオード（LED）は半導体に電圧を加えて発光させる。有機ELディスプレイ・テレビの開発が進んでいる。

・5G（Five Generation：ファイブジー）
高速・大容量、低遅延、多数端末との接続を特徴とした、第5世代移動通信システム。主にスマートフォン等携帯端末での次世代無線通信規格。

・MP3（MPEG Audio Layer-3：エムピースリー）
音声データの圧縮方式、または圧縮されたデータ。元は映像圧縮であるMPEG1の音声部分で、パソコン・携帯オーディオの普及で録音・コピーの形式として主流となった。

・PD（Public Domain：パブリックドメイン）
公共の所有財産を指し、普通は、著作物などの知的創作について権利者がおらず、誰でも自由に利用できることをいう。(例：著作権の保護期間を経過、著作者が権利を放棄)

・SEO（Search Engine Optimization：エスイーオー）
検索エンジンで検索したときに、WEBページが上位に表示されるよう工夫すること。検索サービスで使用されるアルゴリズム（処理手順）を分析して､結果表示を適正化する。

・SNS（Social Networking Site：ソーシャルネットワーキングサイト）
インターネット上にコミュニティを創り出すように、通信を介して人のつながりを広げる目的で構成されたWEBサイト。自由参加型と会員制のサービスがあり、多くが無料である。

・SSL（Secure Socket Layer：エスエスエル）
インターネット上で送受信する情報を暗号化するプロトコル（通信規約）。一般に、アドレスの先頭に「https」が付けられたWEBページでSSLが利用されている。

・USB（Universal Serial Bus：ユーエスビー）
シリアル転送方式（1ビットを順に転送）でデータ転送を行う､パソコンと周辺機器（キーボード、マウス、メモリーなど）の接続規格。

・Wi-Fi（Wireless Fidelity：ワイファイ）
無線LANで使用する規格（IEEE802.11）に準拠した機器であることをあらわす、無線LAN関連業界団体が発行する表示。

Level up Point!
よく見聞きはするが意味があいまいな用語が多いはず。苦手意識がある人もいるが、特にIT関連の用語には慣れておきたい。用語集などで確認することも必要だが、できれば仕組みや製品が出来上がった背景まで押えておくことが大切。

A13 正解－4

1－誤　ライブ配信と異なり「On Demand」なので自由に視聴が可能である。
2－誤　米国防総省が軍事目的で開発したシステムを、民生品に転用したものである。
3－誤　通常のコンピューターを利用した設計であり、建設用も広く普及している。
4－正　POS レジ端末からの情報を一括管理する「販売時点情報管理」である。
5－誤　SOHO は小規模な事業形態を指し、ベンチャー、ネット企業に限らない。

Q14 現代の日本文化

問　我が国における文化や文化活動に関する記述として最も妥当なのはどれか。

（国税専門官）

1　1990年代後半以降、書籍の新刊発行点数、販売部数はともに減少の一途をたどっており、出版産業の市場規模は縮小傾向にある。その背景には、インターネットの普及や娯楽の多様化など社会情勢の変化もあるが、従来の再販売価格維持制度が特に問題とされ、2006年、同制度の改正により、小売店が自由に販売価格を設定することが可能となった。

2　芥川賞と直木賞は、芥川龍之介と直木三十五の業績を記念し、昭和初期に有島武郎が創設した文学賞である。芥川賞は純文学、直木賞は大衆文学の、いずれも新進作家の作品を対象としている。2008年上半期の直木賞は、日本語を母語としない外国人が初めて受賞したことで話題を呼んだ。

3　映画の興行収入については、長年、日本映画のシェアが外国映画を上回っていたが、2006年、外国映画のシェアが日本映画を上回り、興行収入全体も増加に転じた。外国映画の活況の要因として、映画祭での受賞作品等を中心に話題性の高い作品を全国的に公開するという手法が効果を上げたと考えられている。

4　我が国の漫画は、高いストーリー性など独自の特徴をもち、多くの作品が各国において翻訳・出版されている。海外市場では、漫画作品についても著作権保護制度が確立しているが、国内市場では、いわゆる貸与権（無断で貸与されない権利）が漫画本について付与されておらず、著作者の経済的利益に影響を与えているとされている。

5　京都国立近代美術館、国立国際美術館（大阪）に次ぐ5番目の国立美術館として、2007年、東京に国立新美術館が開館した。建築家の黒川紀章が設計した同美術館は、コレクション（所蔵作品）をもたず、国内最大級の展示スペースをいかした多彩な展覧会の開催、美術に関する情報の収集・提供、教育普及などの事業を行っている。

PointCheck

◉日本の漫画・アニメ産業

日本の漫画・アニメは、独特の創作性と表現技術で世界的な評価を得ており、著作権等の知的財産権保護だけでなく、文化・産業としての政策的保護・推進が必要とされる。文化庁は文化行政の一環として、メディア芸術祭の開催、文化芸術振興基本法の制定を進め、さらに「コンテンツの創造、保護及び活用の促進に関する法律」では、漫画・アニメーション・コンピューターゲームを含む創作に関して、産業活性化のための国・自治体・国民の責務を規定している。

◉近年の文学

⑴芥川賞・直木賞受賞者

芥川賞

2015上	羽田圭介 又吉直樹	スクラップ・アンド・ビルド 火花
2015下	滝口悠生 本谷有希子	死んでいない者 異類婚姻譚
2016上	村田沙耶香	コンビニ人間
2016下	山下澄人	しんせかい
2017上	沼田真佑	影裏
2017下	石井遊佳 若竹千佐子	百年泥 おらおらでひとりいぐも
2018上	高橋弘希	送り火
2018下	上田岳弘 町屋良平	ニムロッド 1R(ラウンド)1分34秒
2019上	今村夏子	むらさきのスカートの女

直木賞

2015上	東山彰良	流
2015下	青山文平	つまをめとらば
2016上	荻原浩	海の見える理髪店
2016下	恩田　陸	蜜蜂と遠雷
2017上	佐藤正午	月の満ち欠け
2017下	門井慶喜	銀河鉄道の父
2018上	島本理生	ファーストラヴ
2018下	真藤順丈	宝島
2019上	大島真寿美	渦　妹背山婦女庭訓 魂結び

⑵ノーベル文学賞

1968年に川端康成（『伊豆の踊り子』、『雪国』）、1994年に大江健三郎（『万延元年のフットボール』）がノーベル文学賞を受賞しており、近年、村上春樹（『ノルウェイの森』『1Q84』）の受賞が期待されている。

Level up Point!

文化や科学技術に関する出題分野は予想が難しいが、一般的な知識・情報にさえ触れていれば、必ず選択肢にヒントや助け舟が隠されている。しっかり読み込めば常識で判断できる問題が多いので、日頃から偏りなくニュース情報に触れておくべきだ。

A14 正解－5

1－誤　出版産業の市場規模は縮小傾向にある。しかし新刊発行点数は増加している。また、再販売価格維持制度（再販制度）は、書籍・雑誌・新聞で維持されている。

2－誤　いずれの賞も菊池寛が1935年に創設した。芥川賞の対象は新人作家による発表済みの純文学短編・中編作品、直木賞の対象は主に中堅作家の大衆文学である。

3－誤　2006年に日本映画が外国映画を21年ぶりに上回っている。2007年に再度逆転するが、その後2018年まで日本映画が興行収入で上回っている。

4－誤　アジアや中南米では十分な著作権保護がなされてはいない。また、貸本などの貸与権についても保留条項が削除され認められている。

5－正　東京・六本木に、公募展や大規模企画展の会場として開設された。

INDEX

※色のついた数字は、Level 2 です。

【さ行】

【た行】

【な行】

【は行】

【ま行】

【や行】

【ら行】

【わ行】

本書の内容は、小社より2020年3月に刊行された
「公務員試験 出るとこ過去問 15 社会科学」(ISBN : 978-4-8132-8757-5)
および2023年3月に刊行された
「公務員試験 出るとこ過去問 15 社会科学 新装版」(ISBN : 978-4-300-10615-0)
と同一です。

公務員試験　過去問セレクトシリーズ

公務員試験《こうむいんしけん》　出《で》るとこ過去問《かこもん》　15　社会科学《しゃかいかがく》　新装第《しんそうだい》2版《はん》

2020年 4 月 1 日　初　　版　第1刷発行
2024年 4 月 1 日　新装第2版　第1刷発行

編著者　TAC株式会社
(出版事業部編集部)
発行者　多田敏男
発行所　TAC株式会社　出版事業部
(TAC出版)

〒101-8383
東京都千代田区神田三崎町 3-2-18
電話　03（5276）9492（営業）
FAX　03（5276）9674
https://shuppan.tac-school.co.jp/

印刷　株式会社　光邦
製本　株式会社　常川製本

ISBN 978-4-300-11135-2
N.D.C. 317

乱丁・落丁による交換，および正誤のお問合せ対応は，該当書籍の改訂版刊行月末日までといたします。なお，交換につきましては，書籍の在庫状況等により，お受けできない場合もございます。
また，各種本試験の実施の延期，中止を理由とした本書の返品はお受けいたしません。返金もいたしかねますので，あらかじめご了承くださいますようお願い申し上げます。

公務員講座のご案内

無料体験入学のご案内

3つの方法でTACの講義が体験できる！

教室で体験　迫力の生講義に出席　予約不要！　最大3回連続出席OK！

1. **校舎と日時を決めて、当日TACの校舎へ**

TACでは各校舎で毎月体験入学の日程を設けています。

2. **オリエンテーションに参加（体験入学1回目）**

初回講義「オリエンテーション」にご参加ください。体験入学ご参加の際に個別にご相談をお受けいたします。

3. **講義に出席（体験入学2・3回目）**

引き続き、各科目の講義をご受講いただけます。参加者には体験用テキストをプレゼントいたします。

- 最大3回連続無料体験講義の日程はTACホームページと公務員講座パンフレットでご覧いただけます。
- 体験入学はお申込み予定の校舎に限らず、お好きな校舎でご利用いただけます。
- 4回目の講義前までにご入会手続きをしていただければ、カリキュラム通りに受講することができます。

※地方上級・国家一般職、理系（技術職）、警察・消防以外の講座では、最大2回連続体験入学を実施しています。また、心理職・福祉職はTAC動画チャンネルで体験講義を配信しています。
※体験入学1回目や2回目の後でもご入会手続きは可能です。「TACで受講しよう！」と思われたお好きなタイミングで、ご入会いただけます。

ビデオで体験　校舎のビデオブースで体験視聴

TAC各校のビデオブースで、講義を無料でご視聴いただけます。（要予約）

各校のビデオブースでお好きな講義を視聴できます。視聴前日までに視聴する校舎受付までお電話にてご予約をお願い致します。

ビデオブース利用時間 ※日曜日は④の時間帯はありません。

① 9：30 ～ 12：30　② 12：30 ～ 15：30
③ 15：30 ～ 18：30　④ 18：30 ～ 21：30

※受講可能な曜日・時間帯は一部校舎により異なります。
※年末年始・夏期休業・その他特別な休業以外は、通常平日・土日祝祭日にご覧いただけます。
※予約時にご希望日とご希望時間帯を合わせてお申込みください。
※基本講義の中からお好きな科目をご視聴いただけます。（視聴できる科目は時期により異なります）
※TAC提携校での体験視聴につきましては、提携校各校へお問合せください。

Webで体験　スマートフォン・パソコンで講義を体験視聴

TACホームページの「TAC動画チャンネル」で無料体験講義を配信しています。時期に応じて多彩な講義がご覧いただけます。

TACホームページ　https://www.tac-school.co.jp/

※体験講義は教室講義の一部を抜粋したものになります。

TAC出版 書籍のご案内

TAC出版では、資格の学校TAC各講座の定評ある執筆陣による資格試験の参考書をはじめ、資格取得者の開業法や仕事術、実務書、ビジネス書、一般書などを発行しています！

TAC出版の書籍

＊一部書籍は、早稲田経営出版のブランドにて刊行しております。

資格・検定試験の受験対策書籍

- 日商簿記検定
- 建設業経理士
- 全経簿記上級
- 税　理　士
- 公認会計士
- 社会保険労務士
- 中小企業診断士
- 証券アナリスト
- ファイナンシャルプランナー(FP)
- 証券外務員
- 貸金業務取扱主任者
- 不動産鑑定士
- 宅地建物取引士
- 賃貸不動産経営管理士
- マンション管理士
- 管理業務主任者
- 司法書士
- 行政書士
- 司法試験
- 弁理士
- 公務員試験(大卒程度・高卒者)
- 情報処理試験
- 介護福祉士
- ケアマネジャー
- 社会福祉士　ほか

実務書・ビジネス書

- 会計実務、税法、税務、経理
- 総務、労務、人事
- ビジネススキル、マナー、就職、自己啓発
- 資格取得者の開業法、仕事術、営業術
- 翻訳ビジネス書

一般書・エンタメ書

- ファッション
- エッセイ、レシピ
- スポーツ
- 旅行ガイド（おとな旅プレミアム/ハルカナ）
- 翻訳小説

地方上級・国家一般職(大卒程度)・国税専門官 等 対応　TAC出版

過去問学習

『ゼロから合格 基本過去問題集』
A5判
TAC公務員講座
●「解ける」だから「つづく」／充実の知識まとめでこの1冊で知識「ゼロ」から過去問が解けるようになる、独学で学習を始めて完成させたい人のための問題集です。

全12点
・判断推理　・数的推理　・空間把握・資料解釈
・憲法　・民法Ⅰ　・民法Ⅱ
・行政法　・ミクロ経済学　・マクロ経済学
・政治学　・行政学　・社会学

『一問一答で論点総チェック』
B6判
TAC公務員講座講師 山本 誠
●過去 20 年の出題論点の 95%以上を網羅
●学習初期の確認用にも直前期のスピードチェックにも

全4点
・憲法　・民法Ⅰ
・民法Ⅱ　・行政法

『出るとこ過去問』 A5判
TAC出版編集部
●本試験の難問、奇問、レア問を省いた効率的なこの1冊で、合格ラインをゲット! 速習に最適

全16点
・憲法　・民法Ⅰ　・民法Ⅱ
・行政法　・ミクロ経済学　・マクロ経済学
・政治学　・行政学　・社会学
・国際関係　・経営学　・数的処理(上・下)
・自然科学　・社会科学　・人文科学

直前対策

『小論文の秘伝』
A5判
年度版
TAC公務員講座講師 山下 純一
●頻出 25 テーマを先生と生徒のブレストで嚙み砕くから、解答のツボがバッチリ!
●誌上「小論文道場」で答案改善のコツがわかる!
●合格者のアドバイスも掲載!

『面接の秘伝』
A5判
年度版
TAC公務員講座講師 山下 純一
●面接で使えるコア(自分の強み)を見つけられる「面接相談室」で自己分析が進む!
●集団討論のシミュレーション、官庁訪問のレポートも掲載!

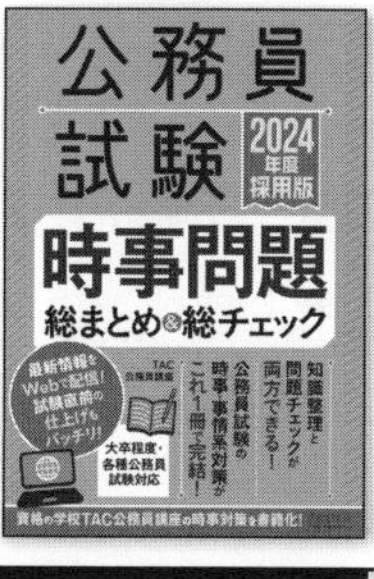

『時事問題総まとめ&総チェック』
A5判
年度版
TAC公務員講座
●知識整理と問題チェックが両方できる!
●試験種別の頻出テーマが一発でわかる!

『科目別・テーマ別過去問題集』
B5判　**年度版**
TAC出版編集部
●試験ごとの出題傾向の把握と対策に最適
●科目別、学習テーマ別の問題掲載なので、学習のどの段階からも使えます

・東京都Ⅰ類B(行政／一般方式)
・特別区Ⅰ類(事務)
・裁判所(大卒程度／一般職)
・国税専門官(国税専門A)
・国家一般職(大卒程度／行政)

TAC出版の書籍はこちらの方法でご購入いただけます

1 全国の書店・大学生協
2 TAC各校 書籍コーナー
3 インターネット　CYBER BOOK STORE　TAC出版書籍販売サイト
アドレス https://bookstore.tac-school.co.jp/

(2023年3月現在・刊行内容、刊行月、表紙等は変更になることがあります／**年度版** マークのある書籍は、毎年、新年度版が発行される予定です)

書籍の正誤に関するご確認とお問合せについて

書籍の記載内容に誤りではないかと思われる箇所がございましたら、以下の手順にてご確認とお問合せをしてくださいますよう、お願い申し上げます。
なお、正誤のお問合せ以外の**書籍内容に関する解説および受験指導などは、一切行っておりません。**
そのようなお問合せにつきましては、お答えいたしかねますので、あらかじめご了承ください。

1 「Cyber Book Store」にて正誤表を確認する

TAC出版書籍販売サイト「Cyber Book Store」の
トップページ内「正誤表」コーナーにて、正誤表をご確認ください。

CYBER BOOK STORE TAC出版書籍販売サイト

URL:https://bookstore.tac-school.co.jp/

2 1の正誤表がない、あるいは正誤表に該当箇所の記載がない ⇒ 下記①、②のどちらかの方法で文書にて問合せをする

★ご注意ください★

お電話でのお問合せは、お受けいたしません。
①、②のどちらの方法でも、お問合せの際には、「お名前」とともに、
「対象の書籍名(○級・第○回対策も含む)およびその版数(第○版・○○年度版など)」
「お問合せ該当箇所の頁数と行数」
「誤りと思われる記載」
「正しいとお考えになる記載とその根拠」
を明記してください。
なお、回答までに1週間前後を要する場合もございます。あらかじめご了承ください。

① ウェブページ「Cyber Book Store」内の「お問合せフォーム」より問合せをする

【お問合せフォームアドレス】

https://bookstore.tac-school.co.jp/inquiry/

② メールにより問合せをする

【メール宛先 TAC出版】

syuppan-h@tac-school.co.jp

※土日祝日はお問合せ対応をおこなっておりません。
※正誤のお問合せ対応は、該当書籍の改訂版刊行月末日までといたします。

乱丁・落丁による交換は、該当書籍の改訂版刊行月末日までといたします。なお、書籍の在庫状況等により、お受けできない場合もございます。
また、各種本試験の実施の延期、中止を理由とした本書の返品はお受けいたしません。返金もいたしかねますので、あらかじめご了承くださいますようお願い申し上げます。

TACにおける個人情報の取り扱いについて
■お預かりした個人情報は、TAC(株)で管理させていただき、お問合せへの対応、当社の記録保管にのみ利用いたします。お客様の同意なしに業務委託先以外の第三者に開示、提供することはございません(法令等により開示を求められた場合を除く)。その他、個人情報保護管理者、お預かりした個人情報の開示等及びTAC(株)への個人情報の提供の任意性については、当社ホームページ(https://www.tac-school.co.jp)をご覧いただくか、個人情報に関するお問い合わせ窓口(E-mail:privacy@tac-school.co.jp)までお問合せください。

(2022年7月現在)